Ring

Das neue Bauvertragsrecht in der anwaltlichen Praxis

Rechtsanwaltskanzlei
Gerald Munz
Heinestraße 15
70597 Stuttgart
Tel.: 0711 / 305 868-5
Fax: 0711 / 305 868-4
E-Mail: info@ra-munz.de
Internet: www.ra-munz.de

AnwaltsPraxis

Das neue Bauvertragsrecht in der anwaltlichen Praxis

von
Univ.-Prof. Dr. **Gerhard Ring**,
Lehrstuhl für Bürgerliches Recht, Deutsches und Europäisches Wirtschaftsrecht,
TU Bergakademie Freiberg

Zitiervorschlag:
Ring, Das neue Bauvertragsrecht, § 1 Rn 1

Hinweis
Die Ausführungen in diesem Werk wurden mit Sorgfalt und nach bestem Wissen erstellt. Sie stellen jedoch lediglich Arbeitshilfen und Anregungen für die Lösung typischer Fallgestaltungen dar. Die Eigenverantwortung für die Formulierung von Verträgen, Verfügungen und Schriftsätzen trägt der Benutzer. Herausgeber, Autoren und Verlag übernehmen keinerlei Haftung für die Richtigkeit und Vollständigkeit der in diesem Buch enthaltenen Ausführungen.

Anregungen und Kritik zu diesem Werk senden Sie bitte an
kontakt@anwaltverlag.de
Autoren und Verlag freuen sich auf Ihre Rückmeldung.

Copyright 2018 by Deutscher Anwaltverlag, Bonn
Satz: Reemers publishing services GmbH, Krefeld
Druck: Medienhaus Plump GmbH, Rheinbreitbach
Umschlaggestaltung: gentura, Holger Neumann, Bochum
ISBN 978-3-8240-1538-2

Bibliografische Information der Deutschen Nationalbibliothek
Die Deutsche Nationalbibliothek verzeichnet diese Publikation in der Deutschen Nationalbibliografie; detaillierte bibliografische Daten sind im Internet über http://dnb.d-nb.de abrufbar.

Inhaltsverzeichnis

Abkürzungsverzeichnis. 11
Literaturverzeichnis. 15

§ 1 Einleitung. 23
A. Bauvertragsrecht im BGB und in der VOB 23
B. Überblick. 24
C. Gesetzgeberische Intention. 26

§ 2 Bauvertragsrecht. 29
A. Einleitung. 29
B. Der Begriff „Bauvertrag" (§ 650a Abs. 1 S. 1 und Abs. 2 BGB) 29
    I. Bauwerk 31
    II. Außenanlage 32
    III. „Teil" eines Bauwerks oder einer Außenanlage 33
    IV. Herstellung, Wiederherstellung, Beseitigung oder Umbau 33
    V. Auf den Bauvertrag anwendbare Vorschriften 34
    VI. Vertrag über die Instandhaltung eines Bauwerks 35
C. Vertragsänderung und Anordnungsrecht des Bestellers. 36
    I. Herstellen einer einvernehmlichen Lösung 38
      1. (Un-)Zumutbarkeit der Änderung 42
      2. Beweislastverteilung 46
      3. Planungsverantwortung des Bestellers 47
    II. Anordnungsrecht des Bestellers (Änderungsanordnung nach
      § 650b Abs. 2 BGB). 48
D. Vergütungsanpassung bei Anordnungen nach § 650b Abs. 2 BGB
    (§ 650c BGB) 52
    I. Ratio legis 53
    II. Grundsätzlicher Berechnungsmaßstab: Die tatsächlich erforderlichen
      Kosten (§ 650c Abs. 1 S. 1 BGB) 54
    III. Alternativer Berechnungsmaßstab: Ansätze einer vereinbarungsgemäß
      hinterlegten Urkalkulation (§ 650c Abs. 2 BGB) 59
      1. Preisfortschreibung der Ansätze aus der Urkalkulation 59
      2. Gesetzliche Vermutung nach § 650c Abs. 2 S. 2 BGB 60
    IV. Abschlagszahlungen 62
      1. Die 80 %-Regelung 64
      2. Fälligkeit der Mehrvergütung. 65
      3. Rückgewähr- und Zinspflicht bei Überzahlungen 65

Inhaltsverzeichnis

E. Einstweilige Verfügung (§ 650d BGB) 67
   I. Anwendungsbereich 67
   II. Vermutungswirkung in Bezug auf das Vorliegen eines Verfügungsgrundes 68
   III. Anträge im einstweiligen Verfügungsverfahren 70
F. Sicherungshypothek des Bauunternehmers 71
   I. Anspruch des Bauunternehmers auf Einräumung einer
      Sicherungshypothek (§ 650e S. 1 BGB). 72
   II. Fehlende Vollendung des Werks (§ 650e S. 2 BGB) 73
   III. Erfüllung des Anspruchs 74
   IV. Abdingbarkeit? 74
G. Bauhandwerkersicherung (§ 650f BGB). 75
   I. Anspruchsvoraussetzungen. 78
   II. Sicherungsmittel 80
   III. Kosten der Sicherheitsleistung. 81
   IV. Verhältnis von Bauhandwerkersicherung und Sicherungshypothek ... 82
   V. Rechtsfolgen bei Nichterfüllung des Anspruchs nach
      § 650f Abs. 1 BGB (d.h. bei unzureichender Sicherheitsleistung) 82
   VI. Anwendungsausschluss 84
   VII. § 650f BGB als zwingendes Recht 86
H. Zustandsfeststellung bei Verweigerung der Abnahme sowie Schlussrechnung
   (§ 650g BGB). 86
   I. Gemeinsame Zustandsfeststellung (§ 650g Abs. 1 BGB). 88
      1. Gemeinsame Zustandsfeststellung bei Verweigerung der Abnahme
         durch den Besteller unter Angabe von Mängeln 89
      2. Anforderungen an eine gemeinsame Zustandsfeststellung 90
   II. Einseitige Zustandsfeststellung durch den Unternehmer
      (§ 650g Abs. 2 BGB). 91
   III. (Widerlegbare) Vermutungswirkung beim Auftreten eines Mangels
      nach der Zustandsfeststellung (§ 650g Abs. 3 BGB). 93
   IV. Fälligkeit der Vergütung und Schlussrechnung (§ 650g Abs. 4 BGB). . 95
I. Schriftform der Kündigung (§ 650h BGB) 97

§ 3 Der Verbraucherbauvertrag (§§ 650i bis 650n BGB) 99
A. Einleitung 99
B. Legaldefinition des Verbraucherbauvertrags 100
   I. Verbraucher 101
   II. Unternehmer 102
   III. Der Bau eines neuen Gebäudes 102
   IV. Der Begriff der „erheblichen Umbaumaßnahme" 103
   V. Verbraucherbauvertrag als Vertrag über alle Bauleistungen des Gebäudes 104
   VI. Weite Begriffsbestimmung im Verbraucherschutzinteresse 105

Inhaltsverzeichnis

VII. Verbraucherverträge außerhalb des Anwendungsbereichs des § 650i Abs. 1 BGB 106
VIII. Textformerfordernis 107
IX. Ergänzende Anwendbarkeit des allgemeinen Werkvertragsrechts und des Bauvertragsrechts auf den Verbraucherbauvertrag 109
C. Vorvertragliche Informationspflicht: Baubeschreibung 109
    I. Form und Zeitpunkt der vorvertraglichen Informationen 112
    II. Inhalt der Baubeschreibung 113
        1. Informatorischer Mindestinhalt 113
        2. Angaben zur Bauzeit bzw. zur Dauer der Baumaßnahme 115
    III. Rechtsfolgen einer Pflichtverletzung 116
D. Der Inhalt des Verbraucherbauvertrags 117
    I. Baubeschreibung (Angaben zur Bauausführung) als Vertragsinhalt ... 118
    II. Rechtsfolgen einer unzulänglichen (weil den Anforderungen nicht genügenden) Baubeschreibung (ergänzende Vertragsauslegung und Unklarheitenregel) 119
        1. Berücksichtigung der Gesamtumstände 120
        2. Unklarheitenregelung (§ 650k Abs. 2 S. 2 BGB) 121
    III. Vereinbarte Leistungszeit als Mindestinhalt (notwendiger Bestandteil) des Verbraucherbauvertrags 122
    IV. Rechtsfolgen eines Verstoßes gegen die Baubeschreibungspflicht 123
E. Widerrufsrecht (§ 650l BGB) 125
    I. Das Widerrufsrecht nach § 355 BGB 127
    II. Widerrufsfrist 128
    III. Die Widerrufsbelehrungspflicht des Unternehmers 131
        1. Zeitliche und formelle Anforderungen an die Widerrufsbelehrung .. 132
        2. Deutlichkeitsgebot 132
        3. Notwendiger Inhalt der Widerrufsbelehrung 133
        4. Musterwiderrufsbelehrung 133
    IV. Folgen einer fehlerhaften Widerrufsbelehrung 135
F. Abschlagszahlungen und Absicherung des Vergütungsanspruchs 136
    I. Begrenzung des Gesamtbetrags der Abschlagszahlungen 139
    II. Verpflichtung des Unternehmers zur Sicherheitsleistung für die rechtzeitige und mängelfreie Herstellung des Werks 141
        1. Erste Abschlagszahlung 141
        2. Weitere Abschlagszahlungen 142
        3. Einbehalt durch den Besteller 143
        4. Zusammenfassung: Verpflichtung zur Sicherheitsleistung nach § 650m Abs. 2 BGB 143
        5. Arten der Sicherheit 144

III. Nur eingeschränkte Sicherung des Vergütungsanspruchs
bei Verbraucherbauverträgen (Verbraucherprivileg). 145
G. Pflicht des Unternehmers zur Erstellung und Herausgabe von Unterlagen . 147
   I. Pflicht zur Herausgabe von Planungsunterlagen vor Beginn der
      Ausführung. 149
   II. Pflicht zur Herausgabe von Bauunterlagen nach Fertigstellung des
      Werks (Ausführungsunterlagen) 151
   III. Nachweisverlangen eines Dritten, dass bestimmte Bedingungen
      eingehalten worden sind (Unterlagen für Dritte) 152
H. Unabdingbarkeit und abweichende Vereinbarungen 153

§ 4 Architektenvertrag und Ingenieurvertrag. 157

A. Einleitung 157
B. Vertragstypische Pflichten aus Architekten- und Ingenieurverträgen 158
   I. Vertragstypische Leistungspflichten des Unternehmers in der
      Leistungsphase (§ 650p Abs. 1 BGB) 160
   II. Zielfindungsphase (Erstellung einer Planungsgrundlage bei noch nicht
      vereinbarten Planungs- und Überwachungszielen – § 650p Abs. 2 BGB) 163
C. Auf den Architekten- und Ingenieurvertrag anwendbare Vorschriften. . . . 169
   I. Anwendbare Vorschriften 169
   II. Vergütungsanpassung im Fall von Anordnungen. 171
D. Sonderkündigungsrecht (§ 650r BGB) 173
   I. Kündigung durch den Besteller nach Vorlage der Planungsgrundlage
      und der Kostenschätzung 176
      1. Voraussetzungen des (Sonder-)Kündigungsrechts des Bestellers. . . 176
      2. Erlöschen des Sonderkündigungsrechts des Bestellers 177
   II. Kündigung durch den Unternehmer (§ 650r Abs. 2 BGB) 179
   III. Rechtsfolgen einer Kündigung durch den Besteller bzw. den
      Unternehmer. 181
E. Teilabnahme (§ 650s BGB). 182
F. Gesamtschuldnerische Haftung mit dem bauausführenden Unternehmer
(§ 650t BGB). 186
   I. Leistungsverweigerungsrecht des Unternehmers nach § 650t BGB . . . 186
   II. Ratio legis 187
   III. Anwendungsprobleme der Norm 188

§ 5 Der Bauträgervertrag 191

A. Einleitung 191
B. Der Begriff „Bauträgervertrag" und die auf ihn anwendbaren Vorschriften
(§ 650u BGB). 192
C. Die auf den Bauträgervertrag anwendbaren Vorschriften 195

Inhaltsverzeichnis

    I. Anwendung des Werk-, Bau- und Verbraucherbauvertragsrechts   195
   II. Anwendung des Kaufvertragsrechts.   196
  III. Einschränkung der Anwendbarkeit des Werkvertragsrechts   196
     1. Keine freie Kündigung des Werkvertrags nach § 648 BGB
        (§ 649 BGB alt)   197
     2. Keine Kündigung aus wichtigem Grund nach § 648a BGB.   197
     3. Kein Anordnungsrecht des Bestellers nach den §§ 650b, 650c und
        650d BGB   199
     4. Keine Bauhandwerkersicherungshypothek (§ 650e BGB –
        § 648 Abs. 1 BGB alt)   199
     5. Keine Anwendung der Regelung zur Baubeschreibung, wonach der
        Inhalt derselben zum Vertragsinhalt wird (§ 650k Abs. 1 BGB). . . .   199
     6. Kein Widerrufsrecht (§ 650l Abs. 1 BGB)   200
     7. Keine Anwendbarkeit der Obergrenze für Abschlagszahlungen
        (§ 650m Abs. 1 BGB)   200
D. Abschlagszahlungen (§ 650v BGB)   201

§ 6 Exkurs: Zentrale Änderungen der kaufrechtlichen Mängelgewährleistung infolge der Baurechtsreform   207

A. Einleitung.   207
B. Ausgangslage   207
    I. Das EuGH-Urteil vom 16.6.2011   207
   II. Richtlinienkonforme Rechtsfortbildung des BGH durch teleologische
       Reduktion   208
C. Aufwendungsersatz für Ein- und Ausbauleistungen (§ 439 Abs. 3 BGB) . .   209
    I. Konsequenzen der gesetzgeberischen Umsetzung der
      EuGH-Entscheidung   209
   II. Anwendungsbereich: alle Kaufvertragsverhältnisse und beide
      Alternativen der Nacherfüllung   210
  III. Voraussetzungen des Aufwendungsersatzanspruchs   210
     1. Art- und verwendungszweckgemäßer Einbau der Sache   210
     2. Gutgläubiger Einbau durch den Käufer   211
D. Rückgriffsansprüche des Verkäufers   212
    I. Rückgriff gegen den Lieferanten (§ 445a Abs. 1 BGB)   212
   II. Entbehrlichkeit einer Fristsetzung beim Regress (§ 445a Abs. 2 BGB) .   213
  III. Lieferkette   214
  IV. Untersuchungs- und Rügeobliegenheit beim Handelskauf   214
E. Verjährung von Rückgriffsansprüchen   214
    I. § 445b Abs. 1 BGB als eigenständige Verjährungsregelung
      für Aufwendungsersatzansprüche   215
   II. § 445b Abs. 2 BGB als Sonderregelung zugunsten des Letztverkäufers .   215

III. Verjährung bei der Weitergabe des Regresses in der Lieferkette 215
F. Beschränktes Leistungsverweigerungsrecht des Unternehmers beim Verbrauchsgüterkauf (§ 475 Abs. 4 BGB) 216
   I. Ausschluss der Einrede der absoluten Unverhältnismäßigkeit. 216
   II. Ausnahme: Die einzig mögliche Art der Nacherfüllung würde aufgrund der Aus- und Einbaukosten zu unverhältnismäßigen Kosten führen ... 217
   III. Anwendbarkeit des § 440 S. 1 BGB auf Fälle, in denen der Verkäufer die Nacherfüllung nach § 475 Abs. 4 S. 2 BGB beschränken kann ... 218
G. Vorschussanspruch des Verbrauchers 219
H. Sonderregelung zu den allgemeinen Vorschriften des Rückgriffs des Verkäufers nach § 445a BGB für den Verbrauchsgüterkauf 219
I. Zusammenfassung..................................... 219
Stichwortverzeichnis...................................... 221

Abkürzungsverzeichnis

a.a.O.	am angegebenen Ort
Abs.	Absatz
AGB	Allgemeine Geschäftsbedingungen
arg.	argumentum
Art.	Artikel
b2b	Business-to-Business
b2c	Business-to-Consumer
BauFordSiG	Gesetz über die Sicherung der Bauforderungen
BauR	baurecht (Zeitschrift)
BauVertrRRG	Bauvertragsrechtsreformgesetz
BB	Betriebsberater (Zeitschrift)
BeckOK	Beck'scher Online-Kommentar
BeurkG	Beurkundungsgesetz
BGB	Bürgerliches Gesetzbuch
BGB-E	BGB-Entwurf
BGBl	Bundesgesetzblatt
BGH	Bundesgerichtshof
BGHZ	Entscheidungen des Bundesgerichtshofes in Zivilsachen
BMJV	Bundesministerium der Justiz und für Verbraucherschutz
BR-Drucks	Bundesrats-Drucksache
bspw.	beispielsweise
BT-Drucks	Bundestags-Drucksache
Buchst.	Buchstabe
bzw.	beziehungsweise
ca.	circa
d.h.	das heißt

Abkürzungsverzeichnis

ders.	derselbe
DZWiR	Deutsche Zeitschrift für Wirtschafts- und Insolvenzrecht
EGBGB	Einführungsgesetz zum Bürgerlichen Gesetzbuche
Einl.	Einleitung
EnEV	Energieeinsparverordnung
EuGH	Europäischer Gerichtshof
f./ff.	folgend/e
FS	Festschrift
GbR	Gesellschaft bürgerlichen Rechts
GewO	Gewerbeordnung
ggf.	gegebenenfalls
GPR	Zeitschrift für das Privatrecht der Europäischen Union
GVG	Gerichtsverfassungsgesetz
GWB	Gesetz gegen Wettbewerbsbeschränkungen
Halbs.	Halbsatz
HOAI	Honorarordnung für Architekten und Ingenieure
IBR	Immobilien und Baurecht (Zeitschrift)
i.d.R.	in der Regel
i.S.d.	im Sinne des
i.S.v.	im Sinne von
i.Ü.	im Übrigen
i.V.m.	in Verbindung mit
jurisPK-BGB	juris Praxiskommentar BGB (8. Aufl., online)
JuS	Juristische Schulung
KWG	Gesetz über das Kreditwesen

MaBV	Makler- und Bauträgerverordnung
MDR	Monatsschrift für Deutsches Recht
MRVerbG	Mietrechtsverbesserungsgesetz
MüKo-BGB	Münchener Kommentar zum Bürgerlichen Gesetzbuch
NJW	Neue Juristische Wochenschrift
NJW-RR	NJW-Rechtsprechungsreport
NK-BGB	Nomos-Kommentar zum BGB
Nr.	Nummer
NZBau	Neue Zeitschrift für Bau- und Vergaberecht
Rdn	Randnummer innerhalb des Werks
RegE	Regierungsentwurf
Rn	Randnummer in anderen Veröffentlichungen
S.	Satz, Seite
s.	siehe
Urt.	Urteil
u.U.	unter Umständen
VerbrGKRL	Verbrauchsgüterkaufrichtlinie
VerbrRRL	Verbraucherrechte-Richtlinie
vgl.	vergleiche
VOB	Vergabe- und Vertragsordnung für Bauleistungen
VuR	Zeitschrift für Wirtschafts- und Verbraucherrecht
WEG	Wohnungseigentumsgesetz
z.B.	zum Beispiel
ZfBR	Zeitschrift für deutsches und internationales Bau- und Vergaberecht

Abkürzungsverzeichnis

ZIP	Zeitschrift für Wirtschaftsrecht
ZPO	Zivilprozessordnung
ZRP	Zeitschrift für Rechtspolitik

Literaturverzeichnis

Abel/Schönfeld, Das Anordnungsrecht des Bestellers nach § 650b BGB, BauR 2017, 1901 und 2079 sowie BauR 2018, 1

Augenhofer/Appenzeller/Holm, Nacherfüllungsort und Aus- und Einbaukosten, JuS 2011, 680

Bachem/Bürger, Die Neuregelung zur Abnahmefiktion im Werkvertragsrecht, NJW 2018, 118

Basty, Baurechtsreform 2017 und Bauträgervertrag, MittBayNot 2017, 445

Berger, Neue Leistungspflichten für Architekten und Ingenieure?, IBR 2018, 39

Berger, Abnahme bereits nach Leistungsphase 8, IBR 2018, 46

Billen, Das neue gesetzliche Bauvertragsrecht, BauR 2016, 1537

Blomeyer/Zimmermann, Die Leistungsphase 0 nach § 650p II BGB nF, NZBau 2017, 703

Bolz, Abnahme verweigert: Unternehmer kann Zustandsfeststellung verlangen!, IBR 2018, 18

Bolz, Besteller kommt nicht zur Zustandsfeststellung: Was kann Unternehmer tun?, IBR 2018, 19

Bolz, Beweislastumkehr für offenkundige Mängel!, IBR 2018, 20

Breitling, Abnahme und Zustandsfeststellung nach neuem Recht, NZBau 2017, 393

Brors, Die Bestimmung des Nacherfüllungsorts vor dem Hintergrund der Verbrauchsgüterkaufrichtlinie, NJW 2013, 3329

Cordes, Haftungsbegrenzung in Bauverträgen, BauR 2017, 1920

Dammert, Das geplante Gesetz zur Reform des Bauvertragsrechts – Architekten- und Ingenieurvertrag, BauR 2017, 421

Dammert/Lenkeit/Oberhauser/Pause/Stretz, Das neue Bauvertragsrecht, 2017

Dauner-Lieb, Die geplante Änderung der kaufrechtlichen Mängelhaftung – Der Referentenentwurf des Bundesjustizministeriums, NZBau 2015, 684

Deckers, Das neue Architekten- und Ingenieurvertragsrecht im Bürgerlichen Gesetzbuch, ZfBR 2017, 523

Digel/Jacobsen, Änderungsanordnung und Vergütung im Architekten- und Ingenieurvertrag nach neuem Bauvertragsrecht, BauR 2017, 1587

Ehrl, Das neue Bauvertragsrecht im Überblick, DStR 2017, 2395

Literaturverzeichnis

Ehrlich, Neuerungen im Bauträgervertragsrecht und deren Auswirkungen auf die notarielle Praxis, NotBZ 2018, R6-R/7

Eimler, Prüfbare Schlussrechnung ist jetzt auch im BGB-Bauvertrag Fälligkeitsvoraussetzung!, IBR 2018, 10

Elzer, Was ist ein Bauträgervertrag?, IBR 2018, 21

Elzer, Welche (neuen) Vorschriften finden auf den Bauträgervertrag keine Anwendung?, IBR 2018, 22

Elzer, Voraussetzungen für Abschlagszahlungen?, IBR 2018, 23

Englert/Englert, Die „Zumutbarkeit" der Befolgung von Anordnungen nach dem neuen Bauvertragsrecht, NZBau 2017, 579

Erman, Bürgerliches Gesetzbuch mit Nebengesetzen, Kommentar, 15. Aufl. 2017

Franz, Besteller kann eine Änderung des Werkerfolgs „begehren", IBR 2018, 4

Franz, Anordnungsrecht besteht erst nach 30 Tagen!, IBR 2018, 5

Franz, Wie wird die Nachtragshöhe ermittelt?, IBR 2018, 6

Franz, Unternehmer kann (auch) auf die Urkalkulation zurückgreifen!, IBR 2018, 7

Franz, Besteller muss 80 % der angebotenen Nachtragsvergütung als Abschlag zahlen!, IBR 2018, 8

Fuchs, Welche neuen Vorschriften gelten auch für Architekten- und Ingenieurverträge?, IBR 2018, 41

Fuchs, Wie werden Plannachträge vergütet?, IBR 2018, 42

Georg, Neuregelung der Nacherfüllungsverweigerung beim Verbrauchsgüterkauf, NJW 2018, 199

Glöckner, Die Folgen der Verbraucherrechterichtlinie und ihre Umsetzung für Bauverträge, BauR 2014, 411

Glöckner, BGB-Novelle zur Reform des Bauvertragsrechts als Grundlage effektiven Verbraucherschutzes, VuR 2016, 123 (Teil 1) und 163 (Teil 2)

Göpner, Nachtragsstreitigkeit kann im einstweiligen Verfügungsverfahren (vorläufig) geklärt werden!, IBR 2018, 9

Höpfner/Fallmann, Die Reform des kaufrechtlichen Gewährleistungsrechts 2018, NJW 2017, 3745

Horn, Der kaufrechtliche Ausbesserungsanspruch – Nachbesserung um den Preis eines neuen Mangels, NJW 2017, 289

Illmer, Warum nur Bauverträge?, ZRP 2017, 122

Jaensch, Der Umfang der kaufrechtlichen Nacherfüllung, NJW 2012, 1025

Jauernig, Bürgerliches Gesetzbuch mit AGG, Kommentar, 16. Aufl. 2015

Jochem, Vorauseilender Gehorsam der Gerichte schon vor Inkrafttreten der Bauvertragsrechtsreform?, NZBau 2017, 346

jurisPK-BGB, juris Praxiskommentar BGB (8. Aufl., Online-Kommentar)

Kaiser, EuGH zum Austausch mangelhaft eingebauter Verbrauchsgüter, JZ 2011, 978

Kapellmann, Die AGB-Festigkeit von § 1 III, IV und § 2 V, VI VOB/B angesichts des neuen BGB-Bauvertragsrechts, NZBau 2017, 635

Kimpel, Der Entwurf des gesetzlichen Bauvertragsrechts aus Sicht des gewerblichen Unternehmers, NZBau 2016, 734

Klose, Reform des Bauvertragsrechts 2017, MDR 2017, 793

Kniffka, Gesetzesinitiative Bauvertragsrecht, BauR 2016, 1533

Kniffka, Das neue Recht nach dem Gesetz zur Reform des Bauvertragsrechts, BauR 2017, 1846 (Teil 1) und 1881 (Teil 2)

Kuhn, Das künftige Recht der Architekten und Ingenieure auf Teilabnahme nach § 650r BGB-E, ZfBR 2017, 211

Langen, Änderung des Werkvertragsrechts und Einführung eines Bauvertragsrechts. Der Referentenentwurf des Bundesjustizministeriums, NZBau 2015, 658

Langjahr, Was ist ein Verbraucherbauvertrag?, IBR 2018, 24

Langjahr, Verbraucherbauverträge bedürfen der Textform!, IBR 2018, 25

Langjahr, Welche besonderen Vorschriften gelten für Verbraucherbauverträge?, IBR 2018, 26

Langjahr, Unternehmer muss über den Inhalt der Bauleistung informieren!, IBR 2018, 27

Langjahr, Vor Vertragsschluss übergebene Baubeschreibung wird Vertragsbestandteil, IBR 2018, 28

Langjahr, Zweifel bei der Auslegung des Vertrags gehen zu Lasten des Verfassers!, IBR 2018, 29

Langjahr, Fertigstellungstermin ist anzugeben!, IBR 2018, 30

Langjahr, Verbraucher kann Bauvertrag widerrufen!, IBR 2018, 31

Langjahr, Abschlagszahlungen nur in Höhe von 90 % der Gesamtvergütung!, IBR 2018, 32

Langjahr, Unternehmer muss Vertragserfüllungssicherheit in Höhe von 5 % der Gesamtvergütung leisten!, IBR 2018, 33

Langjahr, Unternehmer verlangt Abschlagszahlung: Höhe der Sicherheit ist begrenzt!, IBR 2018, 34

Langjahr, Vor Baubeginn sind öffentlich-rechtlich relevante Pläne herauszugeben!, IBR 2018, 35

Langjahr, Mit Fertigstellung sind öffentlich-rechtlich relevante Unterlagen zu übergeben!, IBR 2018, 36

Langjahr, Bauvorhaben wird gefördert: Unternehmer muss bauwerksbezogene Unterlagen herausgeben!, IBR 2018, 37

Langjahr, Verbraucherbaurecht ist zwingendes Recht!, IBR 2018, 38

Leinemann, Das neue Bauvertragsrecht und seine praktischen Folgen, NJW 2017, 3113

Lenkeit, Gekauftes Baumaterial mangelhaft: Käufer kann Vorschuss für Mängelbeseitigung verlangen, IBR 2012, 262

Lenkeit, Kaufrechtliche Mangelhaftung, in: Dammert/Lenkeit/Oberhauser/Pause/Stretz, Das neue Bauvertragsrecht, 2017, § 7 (S. 249 ff.).

Lenkeit, Das neue Widerrufsrecht für Verbraucher bei Verträgen am Bau, BauR 2017, 454 (Teil 1) und 615 (Teil 2)

Leupertz, Das neue gesetzliche Bauvertragsrecht, DRiZ 2017, 244

Looschelders, Neuregelungen im Kaufrecht durch das Gesetz zur Reform des Bauvertragsrechts und zur Änderung der kaufrechtlichen Mängelhaftung, JA 2018, 81

Maultzsch, Der Umfang des Nacherfüllungsanspruchs nach Art. 3 VErbrGKRL, GPR 2011, 253

Motzke, Der Reformgesetzgeber am Webstuhl des Architekten- und Ingenieurrechts, NZBau 2017, 251

Motzke, Hintergründe und Rechtsfolgen zweier unterschiedlicher Bauvertrag-Legaldefinitionen, NZBau 2017, 515

Münchener Kommentar zum Bürgerlichen Gesetzbuch mit Nebengesetzen, 7. Aufl., ab 2015

Nietsch/Osmanovic, Die kaufrechtliche Sachmängelhaftung nach dem Gesetz zur Änderung des Bauvertragsrechts, NJW 2018, 1

Omlor, Aktuelles Gesetzgebungsverfahren: Neukodifizierung des Bauvertragsrechts, JuS 2016, 967

Orlowski, Das gesetzliche Bauvertragsrecht – Übersicht und Stellungnahme zum Gesetzentwurf der Bundesregierung, ZfBR 2016, 419

Orlowski, Das neue Anordnungsrecht ds Bestellers, BauR 2017, 1427

Orlowski, Mehr Sicherheit von Verbrauchern?, BauR 2017, 1470

Palandt, Bürgerliches Gesetzbuch mit Nebengesetzen, Kommentar, 77. Aufl. 2018

Pause, Ausgewählte Probleme zum neuen Architekten- und Ingenieurrecht in der Praxis, BauR 2018, 15

Pause, Theorie und Praxis des neuen Rechts der Architekten und Ingenieure, NZBau 2017, 698

Pause, Verbraucherbaurecht und Bauträgerrecht – zugleich ein Ausblick auf weitere Entwicklungen im Gesetzgebungsverfahren, BauR 2017, 430

Pause/Vogel, Vorschläge zum Verbraucherbau- und Bauträgervertrag – Der Referentenentwurf des Bundesjustizministeriums, NZBau 2015, 667

Popescu, Werkvertragsähnliche Nacherfüllungspflicht des Verkäufers zum Aus- und Wiedereinbau der Kaufsache, BauR 2011, 1734

von Proff, Neue Vorgaben für Bauträgerverträge und Verbraucherbauträgerverträge, ZfIR 2017, 589

Prussner, Überwachungs- und Ausführungsfehler: Besteller muss sich zuerst an den Bauunternehmer halten!, IBR 2018, 47

Reinelt, Verfassungswidrigkeit des Regierungsentwurfs zum Bauvertragsrecht?, ZAP 2016, 939

Retzlaff, Das neue Recht nach dem Gesetz zur Reform des Bauvertragsrechts, BauR 2017, 1781 (Teil 1) und 1830 (Teil 2)

Ring, Die Reform des Bauvertragsrechts zum 1.1.2018, NJ 2017, 485

Ring, Die neue kaufrechtliche Mängelhaftung ab dem 1.1.2018 infolge der Reform des Bauvertragsrechts, NJ 2018, 8

Ring, Das neue Bauvertragsrecht in der anwaltlichen Praxis – Ein Überblick, ZAP 2018, 81

Ring, Der Aufwendungsersatzanspruch des Käufers für den Ausbau einer mangelhaften und den Einbau einer mangelfreien Sache, ZAP 2018, 119

v. Rintelen, Die Preisfortschreibung nach § 2 V und VI VOB/B im Lichte des neuen Bauvertragsrechts, NZBau 2017, 315

Ritter, Anwendung des neuen Bauvertragsrechts auf Altverträge als Rechtsfolge einer Vertragsänderung nach dem 1.1.2018?, NJOZ 2018, 1

Rodemann, Neue „Leistungsphase 0": Die Zielfindung!, IBR 2018, 40

Literaturverzeichnis

Rodemann, Planungsgrundlage und Kosteneinschätzung vorgelegt: Kündigung nach Fristsetzung möglich!, IBR 2018, 44

Rodemann, Zielfindungsphase abgeschlossen: Höhe der Vergütung nach Kündigung?, IBR 2018, 45

Rodemann/Schwenker, Zielfindungsphase und Architekten- und Ingenieurvertrag nach dem Bauvertragsgesetz, ZfBR 2017, 731

Scheibengruber, Bauträgerrecht, notar 2016, 86 und 95

Schmidt, V., Der Architekten- und Ingenieurvertrag im neuen Bauvertragsrecht, NJW-Spezial 2017, 620

Schramke/Keilmann, Das Anordnungsrecht des Bestellers und der Streit um die Vergütung, Eine kritische Auseinandersetzung mit §§ 650b, 650c BGB-E, NZBau 2016, 333

Schwenker/Wessel, Der Bauvertrag, MDR 2017, 1096

Sturmberg, Kündigung ist schriftlich zu erklären, BR 2018, 16

Tschäpe/Werner, Die Zustandsfeststellung nach Abnahmeverweigerung gem. § 650 lit. g E-BGB, ZfBR 2017, 419

Tyroller, Das Gesetz zur Änderung des Bauvertragsrechts, Life&Law 2017, 423

Ulber, Aktuelles Gesetzgebungsvorhaben: Änderung der kaufrechtlichen Mängelhaftung, JuS 2016, 584

Vogel, Der neue Vertragstyp „Bauträgervertrag" als haftungsrechtliche Grundlage, NZM 2017, 681

Weber, Die Auswirkungen des neuen Bauvertragsrechts auf das Bauträgerrecht, notar 2017, 379

Weise, Die einseitige Änderung im neuen Bauvertragsrecht, NJW-Spezial 2017, 492

Wellensiek, Was ist ein Bauvertrag, IBR 2018, 2

Wellensiek, Wann ist ein Vertrag über Instandhaltungsarbeiten ein Bauvertrag?, IBR 2018, 3

Wessel/Schwenker, Der Architekten- und Ingenieurvertrag, MDR 2017, 1155

Wessel/Schwenker, Verbrauchervertrag und Bauträgervertrag, MDR 2017, 1218

v. Westphalen, Der Referentenentwurf zur Änderung der kaufrechtlichen Mängelhaftung – Licht und Schatten, BB 2015, 2883

Wolffskeel, Reform des Bauvertragsrechts und Änderung der kaufrechtlichen Mängelhaftung – ein „update", ZRP 2016, 76

Zahn, Verjährungsbeginn des Ausgleichsanspruchs bei Gesamtschuld zwischen Architekt und Bauunternehmer, BauR 2017, 1262

Zahn, Neues Bauvertragsrecht: Was sich ab Januar 2018 alles ändert, AnwBl 2017, 842

§ 1 Einleitung

A. Bauvertragsrecht im BGB und in der VOB

Mit Inkrafttreten des Bürgerlichen Gesetzbuchs zum 1.1.1900 war der BGB-Gesetzgeber noch davon ausgegangen, das Bauvertragsrecht im Werkvertragsrecht (in den §§ 631 ff. BGB) **mit** (wenngleich in nur wenigen Vorschriften) **geregelt** zu haben.

Das „Regelungsvakuum"[1] wurde später durch die VOB/B als „Ersatzvertragsordnung"[2] gefüllt – deren Bedeutung allerdings durch die Entscheidung des BGH vom 24.7.2008[3] erheblich zurückgegangen ist: Die Vergabe- und Vertragsordnung für Bauleistungen – Teil B: Allgemeine Vertragsbedingungen für die Ausführung von Bauleistungen (VOB/B) – sind nach h.M. Allgemeine Geschäftsbedingungen (AGB), die nur durch eine zwischen den Parteien vereinbarte Einbeziehung in den Bauvertrag gelten. Sie unterliegen der Inhaltskontrolle nach den §§ 307 ff. BGB – wobei die Rechtsprechung unter dem Regime von § 23 Abs. 2 Nr. 5 AGBG alt jedoch davon ausgegangen war, dass die Regelungen der VOB/B dann keiner Inhaltskontrolle unterworfen sein sollten, wenn die VOB/B als Ganzes in einen Bauvertrag einbezogen worden waren. Im Nachgang zur Schuldrechtsreform 2002 wurde die Frage aufgeworfen, ob eine Privilegierung der VOB/B – mithin das Fehlen einer Inhaltskontrolle einzelner Klauseln – weiterhin Bestand haben könne (vgl. § 308 Nr. 5 bzw. § 309 Nr. 8 Buchst. b ff. BGB alt). In Bezug auf Verbraucherverträge wurde die Privilegierung der VOB/B auch als Verstoß gegen die europäische Klauselrichtlinie gewertet.

Mit Urteil vom 22.1.2004[4] hat der BGH festgestellt, dass jede vertragliche Abweichung von der VOB/B dazu führt, dass die VOB/B nicht als Ganzes vereinbart worden ist, wobei es nicht auf das Gewicht der Abweichung ankomme. Ob die Privilegierung auch für die Zeit nach der Schuldrechtsreform 2002 weiter angewandt werden könne, hat der BGH dabei noch ausdrücklich offen gelassen. Am 24.7.2008[5] hat der BGH schließlich festgestellt, dass bei der Verwendung der VOB/B gegenüber Verbrauchern jede einzelne Klausel der AGB-Kontrolle nach den §§ 307 ff. BGB unterliegt. Im Nachgang hat auch der Gesetzgeber eine Klarstellung vorgenommen und die vormaligen Sonderregelungen zur VOB/B in § 308 Nr. 5 und § 309 Nr. 8 Buchst. b ff. BGB alt gestrichen. § 310 Abs. 1 S. 3 BGB bestimmt seitdem, dass § 307 Abs. 1 und 2 BGB in Bezug auf eine Inhaltskontrolle einzelner VOB/B-Bestimmungen keine Anwendung findet, wenn die VOB/B gegenüber einem Unternehmer oder einer juristischen Person des öffentlichen Rechts ver-

---

1 *Glöckner*, VuR 2016, 123.
2 *Glöckner*, VuR 2016, 123.
3 BGHZ 178, 1.
4 BGHZ 157, 346 = NJW 2004, 1597.
5 BGHZ 178, 1.

wendet werden und in den Vertrag ohne inhaltliche Abweichungen insgesamt einbezogen worden sind. Der Gesetzgeber hat damit deutlich gemacht, dass im Falle einer Verwendung der VOB/B gegenüber einem Verbraucher keine Privilegierung mehr gilt – die einzelnen Klauseln der VOB/B in Verbraucherverträgen somit einer Inhaltskontrolle unterliegen. I.Ü. fingiert in diesem Fall § 310 Abs. 3 Nr. 1 BGB, dass die VOB/B vom Unternehmer gestellt worden sind.

B. Überblick

3   Mit dem Gesetz zur Reform des Bauvertragsrechts, zur Änderung der kaufrechtlichen Mängelhaftung, zur Stärkung des zivilprozessualen Rechtsschutzes und zum maschinellen Siegel im Grundbuch- und Schiffsregisterverfahren vom 4.5.2017[6] hat das **Bauvertragsrecht** vor allem in Bezug auf das **Werkvertragsrecht**[7] (Titel 9 – Werkvertrag und ähnliche Verträge) entscheidende Änderungen und erstmalig eine **umfassende Regelung** erfahren: Geregelt ist nunmehr der

- Werkvertrag als Untertitel 1 in den §§ 631 bis 650o BGB, wobei dieser Untertitel in vier Kapitel gegliedert ist:
- Kapitel 1 – Allgemeine Vorschriften (§§ 631 bis 650 BGB)
- Kapitel 2 – Bauvertrag (§§ 650a bis 650h BGB)
- Kapitel 3 – Verbraucherbauvertrag (§§ 650i bis 650n BGB)
- Kapitel 4 – Unabdingbarkeit (§ 650o BGB), der
- Architekten- und Ingenieurvertrag als Untertitel 2 in den §§ 650p bis 650t BGB, der
- Bauträgervertrag als Untertitel 3 in den §§ 650u bis 650v BGB und der
- Reisevertrag als Untertitel 4 in den §§ 651a bis 651m BGB.

4   Durch die Aufnahme zweier neuer Untertitel,

- Untertitel 2 (Architekten- und Ingenieurvertrag – §§ 650p bis 650t BGB) und
- Untertitel 3 (Bauträgervertrag – §§ 650u und 650v BGB),

ist der vormalige Untertitel 2 (Reisevertrag – §§ 651a ff. BGB) alt zum Untertitel 4 des neunten Titels (Werkvertrag und ähnliche Verträge) geworden ist.

5   Kapitel 1 des Untertitels 1 – Allgemeine Vorschriften (§§ 631 bis 650 BGB) – gilt, vorbehaltlich von spezifischen Sonderregelungen in den Bestimmungen der besonderen Vertragstypen (vgl. bspw. § 650a Abs. 1 S. 2 oder § 650i Abs. 3 BGB), grundsätzlich für alle Werkverträge, mithin auch für den Bau- und den Verbraucherbauvertrag.[8]

---

6 BGBl I, S. 969.
7 Der bisherige Titel 9 (Werkvertrag und ähnliche Verträge) untergliederte sich in den Untertitel 1 (Werkvertrag – §§ 631–651 BGB alt) und Untertitel 2 (Reisevertrag – §§ 651a–651m BGB alt).
8 Vgl. RegE, BT-Drucks 18/8486, S. 52.

B. Überblick §1

Beachte: 6
Auf einen **Bauvertrag**, der nicht Verbraucherbauvertrag i.S.v. § 650i Abs. 1 BGB ist, an dem also kein Verbraucher (§ 13 BGB) als Besteller beteiligt ist, finden demnach die
- allgemeinen Werkvertragsvorschriften (§§ 631 bis 650 BGB) und die
- Spezialregelungen des Bauvertragsrechts (§§ 650a bis 650h BGB)

Anwendung.[9]

Die Novelle zielt auf eine Kodifizierung des Bauvertragsrechts als spezielle Regelung im BGB unter Beachtung des Verbraucherschutzes durch die Schaffung spezieller Regelungen zum 7
- Bauvertrag,
- Verbraucherbauvertrag,
- Architekten- und Ingenieurvertrag sowie zum
- Bauträgervertrag

im Werkvertragsrecht.[10] Kapitel 4 (§ 650o BGB) schränkt i.Ü. die Möglichkeit abweichender Regelungen in Bezug auf den Verbraucherbauvertrag (§§ 650i bis 650l und § 650n – mithin nicht § 640m BGB [Abschlagszahlungen und Absicherung des Vergütungsanspruchs], der nicht genannt wird) und § 640 Abs. 2 S. 2 BGB ein (Unabdingbarkeit).

Gesetzeshistorie und -materialien: 8
- Entwurf eines Gesetzes zur Reform des Bauvertragsrechts und zur Änderung der kaufrechtlichen Mängelhaftung vom 2.3.2016 – BR-Drucks 123/16
- Zuleitung des Gesetzentwurfs durch die Bundesregierung an den Bundesrat am 11.3.2016 – BR-Drucks 123/16
- Empfehlungen der Ausschüsse des Bundesrats am 12.4.2016 – BR-Drucks 123/1/16
- Beratung des Bundesrats mit Stellungnahme am 22.4.2016 – BR-Drucks 123/16
- Bundesregierung leitet den Gesetzentwurf mit der Stellungnahme des Bundesrats und ihrer Gegenäußerung dem Bundestag am 18.4.2016 zu – BT-Drucks 18/8486
- Bericht und Beschlussempfehlung des Ausschusses für Recht und Verbraucherschutz des Bundestages vom 8.3.2017 – BT-Drucks 18/11437
- Zweite und dritte Lesung des Gesetzentwurfs im Bundestag am 9.3.2017 – BT-Plenarprotokoll 18/221, S. 22250 D

---

9 *Oberhauser*, Das neue Bauvertragsrecht, § 2 Rn 6.
10 *Wolffskeel*, ZRP 2016, 76.

§ 1 Einleitung

- Zuleitung des Gesetzesbeschlusses des Bundestags an den Bundesrat am 10.3.2017 – BR-Drucks 199/17
- Abschließende Beratung des Gesetzentwurfs im Bundesrat am 31.3.2017 – Beschluss des Bundesrats, den Vermittlungsausschuss nicht anzurufen – BR-Drucks 199/17 – Beschluss
- Veröffentlichung des Gesetzes zur Reform des Bauvertragsrechts, zur Änderung der kaufrechtlichen Mängelhaftung, zur Stärkung des zivilprozessualen Rechtsschutzes und zum maschinellen Siegel im Grundbuch- und Schiffsregisterverfahren im Bundesgesetzblatt am 4.5.2017 (BGBl I Nr. 23, S. 969)

C. Gesetzgeberische Intention

9   Der Bauvertragsreform liegt die gesetzgeberische Überlegung zugrunde,[11] dass die Baubranche einer der größten und wichtigsten Wirtschaftszweige der Bundesrepublik Deutschland ist: Die Bautechnik habe sich in den vergangenen Jahrzehnten stetig weiterentwickelt. Auch das Baurecht sei – teilweise parallel dazu – zu einer komplexen Spezialmaterie geworden, zu der eine umfangreiche Rechtsprechung ergangen ist. Diese sei für den Rechtsanwender kaum noch zu überblicken. Das geltende Werkvertragsrecht sei mit Blick auf die unterschiedlichen möglichen Vertragsgegenstände sehr allgemein gehalten. Für die komplexen, auf eine längere Erfüllungszeit angelegten Bauverträge seien die Regelungen des Werkvertragsrechts häufig nicht detailliert genug. Wesentliche Fragen des Bauvertragsrechts seien nicht gesetzlich geregelt, sondern der Vereinbarung der Parteien und der Rechtsprechung überlassen. Das Fehlen klarer gesetzlicher Vorgaben erschwere eine interessengerechte und ökonomisch sinnvolle Gestaltung und Abwicklung von Bauverträgen. Für Verbraucher berge die Durchführung eines Bauvorhabens darüber hinaus weitere Risiken: Ein Verbraucher wende für die Errichtung oder den Umbau eines Hauses häufig einen wesentlichen Teil seiner wirtschaftlichen Ressourcen auf. Unerwartete Mehrkosten durch eine nicht rechtzeitige Fertigstellung des Baus oder die Insolvenz des beauftragten Bauunternehmers könnten daher gravierende Auswirkungen haben. Gleichwohl enthalte das geltende Werkvertragsrecht, abgesehen von einigen Einzelvorschriften, keine besonderen Verbraucherschutzvorschriften, wie es sie in anderen für den Verbraucher wichtigen Rechtsbereichen gibt.[12]

10 Der Gesetzgeber hat hierfür folgende Lösung präsentiert:[13] Es werden spezielle Regelungen für den Bauvertrag, den Verbraucherbauvertrag sowie den Architektenvertrag und

---

11 RegE, BT-Drucks 18/8486, S. 1.
12 RegE, BT-Drucks 18/8486, S. 1.
13 RegE, BT-Drucks 18/8486, S. 2.

den Ingenieurvertrag in das Werkvertragsrecht des BGB eingefügt. Dem auf längere Erfüllungszeit angelegten Bauvertrag soll insbesondere wie folgt Rechnung getragen werden: Einführung eines Anordnungsrechts des Bestellers einschließlich Regelungen zur Preisanpassung bei Mehr- oder Minderleistungen, Änderungen und Ergänzungen der Regelungen zur Abnahme sowie die Normierung einer Kündigung aus wichtigem Grund. Speziell für Bauverträge von Verbrauchern werden darüber hinaus Regelungen zur Einführung einer Baubeschreibungspflicht des Unternehmers, zur Pflicht der Parteien, eine verbindliche Vereinbarung über die Bauzeit zu treffen, zum Recht des Verbrauchers zum Widerruf des Vertrags und zur Einführung einer Obergrenze für Abschlagszahlungen vorgeschlagen. Mit Blick auf ihre Besonderheiten werden zudem einige Sonderregelungen für Architekten- und Ingenieurverträge vorgeschlagen.[14]

Exkurs: **11**

Im Zuge der Reform des Bauvertragsrechts wurde auch das Recht der Sachmängelhaftung im Kaufrecht an die Rechtsprechung des EuGH[15] angepasst:[16] Dieser hatte entschieden, dass der Verkäufer einer beweglichen Sache im Rahmen einer Nacherfüllung gegenüber dem Verbraucher verpflichtet sein kann, die bereits in eine andere Sache eingebaute mangelhafte Kaufsache auszubauen und die Ersatzsache einzubauen oder die Kosten für beides zu tragen. Für einen Kaufvertrag zwischen Unternehmern (b2b-Geschäft) galt dies nach der Rechtsprechung des BGH[17] jedoch nicht. Dies bedeutete für einen Werkunternehmer, der mangelhaftes Baumaterial gekauft und dieses in Unkenntnis des Mangels bei einem Dritten verbaut hatte, dass er diesem aus dem geschlossenen Werkvertrag zum Ausbau des mangelhaften und zum Einbau von mangelfreiem Baumaterial verpflichtet war.[18] Von dem Verkäufer konnte er dagegen nach früherem Recht nur die Lieferung des dafür benötigten neuen Baumaterials verlangen. Die Aus- und Einbaukosten musste er – von Fällen eines schuldhaften Verhaltens des Verkäufers abgesehen – selbst tragen.[19]

Zur Verbesserung der Rechtssituation von Werkunternehmern, die mangelhaftes Baumaterial gekauft und im Rahmen eines Werkvertrags verbaut haben, sollen die Regeln auch für Verträge zwischen Unternehmern, mithin im b2b-Bereich gelten.[20] Die neue kaufrechtliche Mängelhaftung infolge der Reform des Bauvertragsrechts gewährt dem

---

14 RegE, BT-Drucks 18/8486, S. 2.
15 EuGH, Urt. v. 16.6.2011 – C 65/09 und C 87/09 = NJW 2011, 2269 = EuZW 2011, 631.
16 RegE, BT-Drucks 18/8486, S. 1.
17 BGH, Urt. v. 17.10.2012 – VIII ZR 226/11 = BGHZ 195, 135 = NJW 2013, 220; BGH, Urt. v. 26.4.2013 – VIII ZR 375/11 = IBR 2013, 593 – Verlegung von Parkettboden; BGH, Urt. v. 2.4.2014 – VIII ZR 46/13 = BGHZ 200, 327 = NJW 2014, 2183.
18 RegE, BT-Drucks 18/8486, S. 1.
19 RegE, BT-Drucks 18/8486, S. 2.
20 RegE, BT-Drucks 18/8486, S. 2.

§ 1 Einleitung

Käufer mit § 439 Abs. 3 BGB in Umsetzung der unionsrechtlichen Vorgaben nach der VerbrGKRL jetzt einen gesetzlichen Anspruch gegen den Verkäufer auf Ersatz der erforderlichen Aufwendungen für das Entfernen einer mangelhaften (Ausbau) und den Einbau oder das Anbringen einer nachgebesserten oder gelieferten mangelfreien Sache – allerdings nur im Sinne einer **reinen Aufwendungsersatzlösung** (nachstehend § 6 Rdn 6 ff.).

§ 2 Bauvertragsrecht

A. Einleitung

Das 2. Kapitel (§§ 650a bis 650h BGB – Bauvertragsrecht) trifft infolge Art. 1 Nr. 25 BauVertrRRG Regelungen für den Bauvertrag i.S.v. § 650a Abs. 1 BGB (nachstehende Rdn 4 ff.). Es fasst bislang im Werkvertragsrecht verstreut normierte Einzelregelungen zusammen und ergänzt[1] diese (und auch die allgemeinen Vorschriften des Werkvertragsrechts im 1. Kapitel [§§ 631 bis 650 BGB]) des 9. Titels (Werkvertrag und ähnliche Verträge) um weitere neue Vorschriften[2] (**Spezialregelungen für Bauverträge**) – wie, so „die weitreichendsten Regelungen der Neuordnung"[3]

- § 650a BGB (Definition des Bauvertrags zur Festlegung des Anwendungsbereichs des Bauvertragsrechts),
- § 650b BGB (Vertragsänderung und Anordnungsrecht des Bestellers),
- § 650c BGB (Vorgaben über die Preisberechnung bei Mehr- oder Minderleistungen – Vergütungsanpassung bei Anordnungen nach § 650b BGB),
- § 650d BGB (einstweilige Verfügung für Streitigkeiten über das Anordnungsrecht und die Vergütungsanpassung),
- § 650e BGB (Sicherungshypothek des Bauunternehmers),
- § 650f BGB (Bauhandwerkersicherung),
- § 650g BGB (Zustandsfeststellung bei Verweigerung der Abnahme durch den Besteller und Schlussrechnung) sowie
- § 650h BGB (generelles Schriftformerfordernis für die Kündigung von Bauverträgen).

In weitgehender Übernahme von Altregelungen (§ 648 BGB alt) regelt § 650e BGB jetzt die **Bauhandwerkersicherungshypothek** bzw. (in Übernahme von § 648a BGB alt) § 650f BGB die **Bauhandwerkersicherung**.

> *Beachte:*
>
> In Bezug auf das **Inkrafttreten** bestimmt Art. 229 § 39 EGBGB, dass die Neuregelung des Bauvertragsrechts für solche Bauverträge gilt, die ab dem **1.1.2018** abgeschlossen werden.

---

1 RegE, BT-Drucks 18/8486, S. 53.
2 RegE, BT-Drucks 18/8486, S. 53.
3 *Oberhauser*, Das neue Bauvertragsrecht, § 2 Rn 7.

B. Der Begriff „Bauvertrag" (§ 650a Abs. 1 S. 1 und Abs. 2 BGB)

4 § 650a Bauvertrag

(1) Ein Bauvertrag ist ein Vertrag über die Herstellung, die Wiederherstellung, die Beseitigung oder den Umbau eines Bauwerks, einer Außenanlage oder eines Teils davon. Für den Bauvertrag gelten ergänzend die folgenden Vorschriften dieses Kapitels.

(2) Ein Vertrag über die Instandhaltung eines Bauwerks ist ein Bauvertrag, wenn das Werk für die Konstruktion, den Bestand oder den bestimmungsgemäßen Gebrauch von wesentlicher Bedeutung ist.

5 Die neue (weil zuvor im BGB nicht existente)[4] **Legaldefinition** in § 650a Abs. 1 S. 1 BGB[5] definiert infolge Art. 1 Nr. 25 BauVertrRRG den „Bauvertrag"[6] (als **einheitlicher Bauvertragsbegriff**)[7] – in Abgrenzung zum „einfachen" Werkvertrag[8] nach § 631 BGB – zur **Klarstellung und Abgrenzung des Anwendungsbereichs** der neuen Bauvertragsregelungen und unter Rückgriff auf die bisherige Judikatur[9] (zu den §§ 648,[10] 648a[11] bzw. 634a Abs. 1 Nr. 2 BGB alt[12]) als **eigenständigen Vertragstyp**.[13]

6 Ein „**Bauvertrag**" ist ein **Vertrag** (zwischen dem Besteller [Bauherrn] und dem [Bau-]Unternehmer) **über die**

- **Herstellung**,
- **Wiederherstellung**,
- **Beseitigung** oder den
- **Umbau**

eines Bauwerks, einer Außenanlage oder eines Teils davon (Bauwerksleistungen)[14] – und zwar (im Unterschied zu § 650a Abs. 2 BGB [Vertrag über die Instandhaltung eines Bauwerks], nachstehende Rdn 25 ff.) ohne Rücksicht darauf, ob der Umfang des Bauvor-

---

4 *Oberhauser*, Das neue Bauvertragsrecht, § 2 Rn 8: da es bisher hierfür im BGB auch keine speziellen Vorschriften gab.
5 Vgl. auch die neuen Parallelregelungen – die Legaldefinitionen für den Verbraucherbauvertrag in § 650i Abs. 1 BGB, den Architekten- und Ingenieurvertrag in § 650p Abs. 1 BGB und für den Bauträgervertrag in § 650u Abs. 1 BGB.
6 Vgl. aber auch die Legaldefinition des „Bauvertrags" in § 103 Abs. 3 GWB.
7 Palandt/*Sprau*, § 650a BGB Rn 2.
8 RegE, BT-Drucks 18/8486, S. 53.
9 Vgl. bspw. BGH NJW-RR 2005, 750; 2003, 1320; BGH NJW 1986, 1927, 1928; 1971, 2219.
10 Unternehmer „eines Bauwerks oder eines einzelnen Teils eines Bauwerks".
11 Unternehmer „eines Bauwerkes, einer Außenanlage oder eines Teils davon".
12 „Bei einem Bauwerk und einem Werk, dessen Erfolg in der Erbringung von Planungs- oder Überwachungsleistungen hierfür besteht".
13 Palandt/*Sprau*, § 650a BGB Rn 2.
14 Dazu näher jurisPK-BGB/*Leicht*, § 650a Rn 5 ff.

B. Der Begriff „Bauvertrag" (§ 650a Abs. 1 S. 1 und Abs. 2 BGB) § 2

habens erheblich oder unerheblich ist.[15] Maßgeblich ist grundsätzlich nur der sachliche Vertragsinhalt – nicht die verwendete Vertragsbezeichnung.[16]
Sprau[17] umschreibt den Bauvertrag als einen auf die Herstellung eines körperlichen Arbeitsergebnisses gerichteten Werkvertrag. Die nach dem Bauvertrag geschuldete Gesamtleistung – nicht hingegen einzelne Leistungselemente – muss für das Gesamtobjekt (mithin das Bauwerk oder die Außenanlage) von „wesentlicher Bedeutung" sein.[18]

Vgl. auch zum **Vertrag über die Instandhaltung** nach § 650a Abs. 2 BGB als „Bauvertrag" noch nachstehende Rdn 25 ff.

> *Beachte:*
> Erfüllt ein Vertrag über Baumaßnahmen nicht die Voraussetzungen des § 650a Abs. 1 S. 1 bzw. des Abs. 2 BGB, findet auf ihn **allgemeines Werkvertragsrecht** (§§ 631 bis 650 BGB) Anwendung.[19]

Schwenker/Rodemann[20] monieren, dass der Gesetzgeber in § 650a Abs. 1 S. 1 BGB eine neue Legaldefinition des Bauvertrags[21] geschaffen hat und nicht auf bereits vorhandene und praxisbewährte Definitionen in § 103 Abs. 3 GWB bzw. § 1 EG VOB/A (Fassung 2016)[22] zurückgegriffen hat.

I. Bauwerk

Die Legaldefinition des § 650a Abs. 1 S. 1 BGB knüpft an den Begriff des **„Bauwerks"**[23] in § 634a Abs. 1 Nr. 2 BGB (entsprechend § 638 Abs. 1 S. 1 BGB alt) an, womit nach Ansicht des Gesetzgebers[24] in Bezug auf die Auslegung des Begriffs „Bauwerk" (der selbst keine Legaldefinition erfahren hat) auf die zu § 634a Abs. 1 Nr. 2 BGB (respektive § 638 Abs. 1 S. 1 BGB alt) ergangene Judikatur zurückgegriffen werden kann.

Unter „Bauwerk" ist (ohne dass eine sachenrechtliche Einordnung nach den §§ 93 ff. BGB von Bedeutung ist) eine **„unbewegliche, durch Verwendung von Arbeit und Ma-**

---

15 *Schwenker/Rodemann*, § 650a BGB Rn 3.
16 Palandt/*Sprau*, § 650a BGB Rn 2; *ders.*, Rn 7 vor § 631 BGB.
17 Palandt/*Sprau*, § 650a BGB Rn 2.
18 Palandt/*Sprau*, § 650a BGB Rn 2.
19 Palandt/*Sprau*, § 650a BGB Rn 2.
20 *Schwenker/Rodemann*, § 650a BGB Rn 2 unter Bezugnahme auf *Langen*, NZBau 2015, 662.
21 Zur Begrifflichkeit auch *Motzke*, NZBau 2017, 515.
22 „Bauleistungen sind Arbeiten jeder Art, durch die eine bauliche Anlage hergestellt, instand gehalten, geändert oder beseitigt wird".
23 Näher jurisPK-BGB/*Leicht*, § 650a Rn 6 f.
24 RegE, BT-Drucks 18/8486, S. 53.

terial in Verbindung mit dem Erdboden hergestellte Sache"[25] (die nicht nur vorübergehend verbunden wurde) zu verstehen. Erfasst werden sowohl „auf" (**Hochbauten**, z.b. Straßen und Brücken) als auch „unter" der Erde errichtete Werke (**Tiefbauten**, bspw. Tunnel).[26] Der Begriff des „Bauwerks" korrespondiert damit nicht mit jenem des „Gebäudes" (vgl. § 650i Abs. 1 BGB), sondern ist umfassender i.S. anderer von Menschen aus Material geschaffener, in vergleichbarer Weise grundstücksbezogen und ortsfest angebrachter Sachen zu verstehen.[27]

13 Erfasst wird nicht nur die Errichtung eines neuen Bauwerks, sondern auch die **grundlegende Erneuerung** (d.h. solche Arbeiten, die insgesamt einer ganzen oder teilweisen Neuerrichtung gleichkommen) **eines bereits bestehenden Bauwerks**.[28]

14 *Oberhauser*[29] weist darauf hin, dass auch mit der Installation einer **technischen Anlage** (z.b. einer fest eingebauten Photovoltaikanlage)[30] die Festigkeit einer Grundstücksverbindung hergestellt und damit dem Gebäudebegriff Genüge getan sein kann.

15 Auch die Herstellung einzelner **Bauteile und Bauglieder** (d.h. nicht nur eine Bauausführung als Ganzes) hat der BGH[31] dem Bauwerkbegriff unterworfen (vgl. nunmehr in der Legaldefinition den Passus „oder eines Teils davon", nachstehende Rdn 18).

II. Außenanlage

16 In Bezug auf den Begriff der „**Außenanlage**"[32] (der gleichermaßen wie jener des „Bauwerks" [Rdn 11 ff.] keine Legaldefinition erfahren hat) kann nach Ansicht des Gesetzgebers auf die Judikatur zu § 648a BGB alt[33] zurückgegriffen werden. Darunter sind „Ar-

---

25 Jauernig/*Mansel*, § 634a BGB Rn 7 unter Bezugnahme auf BGH NJW 2013, 602 und BGH NJW-RR 2003, 1320 zu § 638 Abs. 1 S. 1 BGB alt. Vgl. auch BGH NJW 1971, 2219.
26 *Oberhauser*, Das neue Bauvertragsrecht, § 2 Rn 11 unter Bezugnahme auf BGH NJW 1971, 2219.
27 So BGH NJW-RR 2003, 1320. Vgl. näher Jauernig/*Mansel*, § 634a BGB Rn 7 unter Bezugnahme auf BGHZ 57, 61 (Rohrbrunnen); BGH NJW 1983, 567 (Schwimmbecken); BGHZ 117, 121 (Containerkombination); BGH NJW-RR 1998, 89 (Autowaschanlage); BGH NJW-RR 2002, 664 (Müllpresse); BGH NJW 2013, 602 (Erneuerung eines Trainingsplatzes mit Rollrasen).
28 *Oberhauser*, Das neue Bauvertragsrecht, § 2 Rn 11 (unter Bezugnahme auf BGH NJW 2016, 2876 Rn 19 und BGH NJW-RR 1990, 787, 788): „Damit werden auch Umbauarbeiten an einem bestehenden Bauwerk erfasst, wenn sie nach Art und Umfang für Konstruktion, Bestand, Erhaltung oder Benutzbarkeit des Gebäudes von wesentlicher Bedeutung sind und wenn die eingebauten Teile mit dem Gebäude fest verbunden werden".
29 Das neue Bauvertragsrecht, § 2 Rn 11 – sofern diese nicht nur im Gebäude untergebracht, „sondern der Errichtung oder grundlegenden Erneuerung des Gebäudes, in das sie eingefügt wird, dient".
30 BGH NJW 2016, 2876 Rn 19 f.
31 NJW-RR 2003, 1320.
32 Näher jurisPK-BGB/*Leicht*, § 650a Rn 8.
33 Gärten (MüKo-BGB/*Busche*, § 648a Rn 6 – wobei auch eigenständige Parks ohne Bezug zu einem Bauwerk darunter fallen sollen, a.A. jedoch Soergel/*Teichmann*, § 648a BGB Rn 3) ebenso wie Sportplätze, Entwässerungsanlagen (so BeckOK/*Voit*, § 648a BGB Rn 3, der auch Landschafts- und Teichbau sowie Pflanzarbeiten als „Arbeiten an Außenanlagen" begreift).

B. Der Begriff „Bauvertrag" (§ 650a Abs. 1 S. 1 und Abs. 2 BGB) § 2

beiten an einem Grundstück" (bspw. „Erdarbeiten, Pflanz-, Rasen- und Saatarbeiten, landschaftsgärtnerische Entwässerungsarbeiten und auch vegetationstechnische Arbeiten")[34] zu verstehen.

Beachte jedoch: 17
Sofern die Leistungen nicht dem Bauwerksbegriff (vorstehende Rdn 11 ff.) unterfallen,[35] gilt in Bezug auf Gewährleistungsrechte an einem Grundstück nach § 634a Abs. 1 Nr. 1 BGB eine Verjährungsfrist von zwei (statt fünf) Jahren.[36]

III. „Teil" eines Bauwerks oder einer Außenanlage

Erfasst werden nach dem Wortlaut der Norm des § 650a Abs. 1 S. 1 BGB nicht nur eine das 18
Gesamtvorhaben betreffende Herstellung, Wiederherstellung, Beseitigung oder ein entsprechender Umbau, sondern auch **Teilarbeiten**[37] (wobei auf der Grundlage von Einzelverträgen verschiedene Gewerke ausgeführt werden) – sofern es sich nur um eine substanzielle Mitwirkung am Gesamtvorhaben (i.S. einer „wesentlichen Bedeutung" für das Gesamtwerk) handelt (vgl. § 650a Abs. 2 BGB, nachstehende Rdn 25 ff.).

IV. Herstellung, Wiederherstellung, Beseitigung oder Umbau

Das Bauvertragsrecht setzt die „Herstellung, Wiederherstellung, Beseitigung oder Umbau" (Begrifflichkeiten, die in Anlehnung an § 2 HOAI ausgelegt werden können)[38] eines Bauwerks, einer Außenanlage oder eines Teils davon voraus – im Übrigen unterfällt dem Bauvertrag nach § 650a Abs. 2 BGB auch die „Instandhaltung" bei Vorliegen der Voraussetzungen des § 650a Abs. 2 BGB (nachstehende Rdn 25 ff.). 19

„**Herstellung**"[39] kann unter Rückgriff auf § 1 VOB/A als Errichtung einer baulichen Anlage oder von Teilen davon verstanden werden, wobei Architekten- und Ingenieurleistungen (soweit es sich nicht um Planungsleistungen i.S.d. VOB/C – Werkstatt- und Montageplanung – handelt) ausgenommen sind[40] (vgl. auch § 2 Abs. 2 HOAI – vollständige Neuerrichtung eines Bauwerks bzw. eines Teils desselben). 20

---

[34] So *Oberhauser*, Das neue Bauvertragsrecht, § 2 Rn 13, weswegen auch Unternehmer des Garten-, Landschafts- und Sportplatzbaus dem Anwendungsbereich des Bauvertragsrechts unterfallen.
[35] So z.B. aber BGH NJW 2013, 601 Rn 16 ff. in Bezug auf die Erneuerung eines Trainingsplatzes.
[36] *Oberhauser*, Das neue Bauvertragsrecht, § 2 Rn 13 unter Bezugnahme auf Palandt/*Sprau*, § 634a BGB Rn 8.
[37] Näher Palandt/*Sprau*, § 650a BGB Rn 5.
[38] Palandt/*Sprau*, § 650a BGB Rn 4.
[39] Näher jurisPK-BGB/*Leicht*, § 650a Rn 13.
[40] So *Oberhauser*, Das neue Bauvertragsrecht, § 2 Rn 18.

21 „**Wiederherstellung**" kann in Anlehnung an „Wiederaufbauten" i.S.v. § 2 Abs. 3 S. 1 HOAI dahingehend verstanden werden, dass auf noch vorhandenen Bau- oder Anlageteilen die zerstörten Teile wieder hergestellt werden (sofern dafür keine neue Planung erforderlich ist, da es sich ansonsten um einen „Neubau" handelt, vgl. § 2 Abs. 3 S. 2 HOAI) – einschließlich der Errichtung eines Ersatzbaus,[41] bzw. als Maßnahmen von „wesentlicher Bedeutung", die ein Bauwerk wieder in einen zum bestimmungsgemäßen Gebrauch geeigneten Zustand (Sollzustand) versetzen[42] (bspw. ein teilweiser oder vollständiger Wiederaufbau eines verfallenen oder zerstörten Bauwerks oder eines Teils davon).[43]

22 Unter „**Beseitigung**"[44] sind im Kontext mit § 1 VOB/A Beseitigungs- und Abbruch- (vollständiger Abriss) aber auch Rückbauarbeiten zu verstehen.[45]

23 Unter „**Umbau**"[46] sind in Anlehnung an § 2 Abs. 5 HOAI (vgl. auch § 1 VOB/A – Änderung der baulichen Anlage) Umgestaltungen eines vorhandenen Objekts mit „wesentlichen Eingriffen" in die Konstruktion und/oder in den Bestand zu verstehen[47] – einschließlich

- eines **Erweiterungsbaus** nach § 2 Abs. 4 HOAI (d.h. Ergänzungen eines vorhandenen Objekts),
- einer **Modernisierung** i.S.v. § 2 Abs. 6 HOAI (i.S. einer baulichen Maßnahme zur nachhaltigen Erhöhung des Gebrauchswertes eines Objektes) oder
- einer **Instandsetzung** gemäß § 2 Abs. 8 HOAI (bei Vorliegen der Voraussetzungen des § 650a Abs. 2 BGB [nachstehende Rdn 25 ff.], mithin Maßnahmen zur Wiederherstellung des zum bestimmungsgemäßen Gebrauchs geeigneten Zustandes [Soll-Zustand] eines Objekts, sofern kein „Wiederaufbau" i.S.v. § 2 Abs. 3 HOAI gegeben ist).[48]

V. Auf den Bauvertrag anwendbare Vorschriften

24 Für den Bauvertrag gelten **ergänzend** – mithin über die Geltung der allgemeinen werkvertraglichen Vorschriften (d.h. der §§ 631 bis 650 BGB) hinaus – nach § 650a Abs. 1 S. 2 BGB die Vorschriften des Kapitels 2 (§§ 650a bis 650h BGB).

---

41 Näher *Oberhauser*, Das neue Bauvertragsrecht, § 2 Rn 19.
42 Palandt/*Sprau*, § 650a BGB Rn 4 unter Bezugnahme auf *Motzke*, NZBau 2017, 515, 517.
43 Palandt/*Sprau*, § 650a BGB Rn 4.
44 Näher jurisPK-BGB/*Leicht*, § 650a Rn 15.
45 *Oberhauser*, Das neue Bauvertragsrecht, § 2 Rn 20 (unter Bezugnahme auf BGH NJW-RR 2005, 750): was bisher nicht der Fall gewesen war, „da isoliert in Auftrag gegebene Abbrucharbeiten oder Arbeiten zur Baufreimachung eines Grundstücks nicht der Erstellung bzw. Errichtung eines Bauwerks oder einer Außenanlage zugeordnet wurden".
46 Zu Modernisierungsmaßnahmen näher jurisPK-BGB/*Leicht*, § 650a Rn 16.
47 So *Oberhauser*, Das neue Bauvertragsrecht, § 2 Rn 21.
48 So *Oberhauser*, Das neue Bauvertragsrecht, § 2 Rn 21.

VI. Vertrag über die Instandhaltung eines Bauwerks

Ein „Vertrag über die Instandhaltung eines Bauwerks" ist gemäß § 650a Abs. 2 BGB nur dann als „Bauvertrag" (i.S. des 2. Kapitels [§§ 650a bis 650h BGB]) zu qualifizieren, **wenn das Werk für**

- die **Konstruktion**,
- den **Bestand** oder
- den **bestimmungsgemäßen** Gebrauch

des Bauwerks von „wesentlicher Bedeutung" ist.

25

Nur bei Vorliegen der genannten Voraussetzungen „kann davon ausgegangen werden, dass es sich nach Vertragsdauer und -umfang um einen auf längerfristige Zusammenarbeit angelegten Vertrag handelt", der eine Anwendung der spezifischen bauvertragsrechtlichen Vorschriften rechtfertigt.[49] Allein im Falle eines komplexeren Vertrags mit längerer Erfüllungszeit seien die allgemeinen werkvertraglichen Regelungen (§§ 631 bis 650 BGB) nicht hinreichend detailliert genug.[50]

26

In Bezug auf den Begriff der „**Instandhaltung**" kann auf die Begriffsbestimmung in § 2 Abs. 9 HOAI (vgl. auch § 1 VOB/A) zurückgegriffen werden.[51] Danach sind darunter „Maßnahmen zur Wiederherstellung des zum bestimmungsgemäßen Gebrauch geeigneten Zustandes (Soll-Zustandes) eines Objekts" zu verstehen, „soweit diese Maßnahmen nicht unter (§ 2) Abs. 3 (HOAI) fallen", mithin als Wiederaufbauten zu begreifen sind.[52]

27

Oberhauser[53] weist darauf hin, dass „Maßnahmen zur Instandhaltung" im Unterschied zu „Maßnahmen zur Instandsetzung"[54] keine Beeinträchtigung des „Soll-Zustandes" voraussetzen, „sondern ... vorbeugende Maßnahmen (bedeuten), um zu vermeiden, dass der Soll-Zustand beeinträchtigt wird".[55] Sie bleiben damit regelmäßig auch hinter „Maßnahmen der Instandsetzung" zurück – weswegen die Qualifikation eines Instandhaltungsvertrags als Bauvertrag nach § 650a Abs. 2 BGB zur Voraussetzung hat, dass die „Instandsetzung für die Konstruktion, den Bestand oder den bestimmungsgemäßen Gebrauch von wesentlicher Bedeutung ist".[56]

28

---

49 RegE, BT-Drucks 18/8486, S. 53.
50 RegE, BT-Drucks 18/8486, S. 1 und 23.
51 So RegE, BT-Drucks 18/8486, S. 54.
52 Vgl. auch § 1 VOB/A, wonach unter „Bauleistungen" Arbeiten jeder Art zu verstehen sind, durch die eine bauliche Anlage hergestellt, instand gehalten, geändert oder beseitigt wird.
53 Das neue Bauvertragsrecht, § 2 Rn 22.
54 Zum Begriff der „Instandhaltung" einschließlich der „Instandsetzung" näher jurisPK-BGB/*Leicht*, § 650a Rn 17 ff.
55 *Oberhauser*, Das neue Bauvertragsrecht, § 2 Rn 22 unter Bezugnahme auf RegE, BT-Drucks 18/8486, S. 53.
56 So *Oberhauser*, Das neue Bauvertragsrecht, § 2 Rn 22.

29 Der Gesetzentwurf will unter „Instandhaltungsarbeiten, die für die Konstruktion, den Bestand oder den bestimmungsgemäßen Gebrauch des Bauwerks von wesentlicher Bedeutung" sind bspw. der Erhaltung und/oder der Funktionsfähigkeit eines Bauwerks dienende Pflege-, Wartungs- und Inspektionsleistungen fassen – „etwa Verträge zur Inspektion von Brücken oder zur Pflege und Wartung von tragenden oder sonst für den Bestand eines Bauwerks wichtigen Teilen".[57]

30 *Schwenker/Rodemann*[58] weisen darauf hin, dass der Gesetzgeber „Instandhaltung" wohl nicht anders als „Instandsetzung" versteht.[59]

31 *Beachte:*
§ 650a Abs. 2 BGB erwähnt die „Instandhaltung von Außenanlagen" nicht, weswegen die bauvertraglichen Regelungen auf die Instandhaltung von Außenanlagen keine Anwendung finden.[60] Die unterschiedliche Regelung von Arbeiten an einem Bauwerk und solchen an Außenanlagen ist kritisch zu bewerten.[61]

C. Vertragsänderung und Anordnungsrecht des Bestellers

32 § 650b Änderung des Vertrags; Anordnungsrecht des Bestellers
(1) Begehrt der Besteller
1. eine Änderung des vereinbarten Werkerfolgs (§ 631 Absatz 2) oder
2. eine Änderung, die zur Erreichung des vereinbarten Werkerfolgs notwendig ist, streben die Vertragsparteien Einvernehmen über die Änderung und die infolge der Änderung zu leistende Mehr oder Mindervergütung an. Der Unternehmer ist verpflichtet, ein Angebot über die Mehr- oder Mindervergütung zu erstellen, im Falle einer Änderung nach Satz 1 Nummer 1 jedoch nur, wenn ihm die Ausführung der Änderung zumutbar ist. Macht der Unternehmer betriebsinterne Vorgänge für die Unzumutbarkeit einer Anordnung nach Absatz 1 Satz 1 Nummer 1 geltend, trifft ihn die Beweislast hierfür. Trägt der Besteller die Verantwortung für die Planung des Bauwerks oder der Außenanlage, ist der Unternehmer nur dann zur Erstellung eines Angebots über die Mehr- oder Mindervergütung verpflichtet, wenn der Besteller die für die Änderung erforderliche Planung vorgenommen und dem Unternehmer zur Verfügung gestellt hat. Begehrt der Besteller eine Änderung, für die dem Unternehmer nach § 650c Absatz 1 Satz 2 kein Anspruch auf Vergütung für vermehrten Aufwand zusteht, streben die Parteien nur Einvernehmen über die Änderung an; Satz 2 findet in diesem Fall keine Anwendung.

---

57 RegE, BT-Drucks 18/8486, S. 54.
58 *Schwenker/Rodemann*, § 650a BGB Rn 6.
59 Kritisch dazu *Orlowski*, ZfBR 2016, 424.
60 So auch *Oberhauser*, Das neue Bauvertragsrecht, § 2 Rn 23.
61 *Oberhauser*, Das neue Bauvertragsrecht, § 2 Rn 25.

C. Vertragsänderung und Anordnungsrecht des Bestellers § 2

(2) Erzielen die Parteien binnen 30 Tagen nach Zugang des Änderungsbegehrens beim Unternehmer keine Einigung nach Absatz 1, kann der Besteller die Änderung in Textform anordnen. Der Unternehmer ist verpflichtet, der Anordnung des Bestellers nachzukommen, einer Anordnung nach Absatz 1 Satz 1 Nummer 1 jedoch nur, wenn ihm die Ausführung zumutbar ist. Absatz 1 Satz 3 gilt entsprechend.

Die Begehr des Bestellers auf Vertragsänderung und ein Anordnungsrecht des Bestellers (das dem Werkvertragsrecht[62] bisher – allerdings im Unterschied zu § 1 Abs. 3 und 4 VOB/B[63] – fremd war)[64] hat in § 650b BGB eine Regelung erfahren. 33

Das Anordnungsrecht des Bestellers soll dem auf eine **längere Erfüllungszeit** (längeres Prozessgeschehen) angelegten Bauvertrag und dem **komplexen (komplizierten) Baugeschehen** (komplexes Umfeld) Rechnung tragen – insbesondere dem Umstand, dass während der Bauausführung immer wieder einmal (auch unvorgesehene) Veränderungen auftreten können[65] (z.B. geänderte Bedürfnisse und Vorstellungen des Bestellers, aber auch geänderte rechtliche Anforderungen oder veränderte technische Vorgaben).[66] Oft ist es im Zeitpunkt des Vertragsabschlusses nicht möglich, abzusehen, ob zusätzliche Leistungen für die Erreichung des Leistungserfolges erforderlich sind. Bauverträge stehen in einem Spannungsverhältnis zwischen Planung und Realität.[67] Damit unterscheidet sich der Bauvertrag auch wesentlich von einem bloß auf einen punktuellen Leistungsaustausch ausgerichteten Vertrag über einfache Werkleistungen.[68] 34

Vor einer Anordnung des Bestellers steht jedoch zwecks Vermeidung von Streitigkeiten, die die weitere Bauausführung erheblich belasten können, die gesetzgeberische Intention der **Herstellung eines Einvernehmens (Konsensprinzip)** über die Vertragsänderung zwischen den Vertragsparteien[69] (Vertragsänderung durch eine vorrangige Einigung 35

---

62 Allerdings war der Unternehmer auch früher schon verpflichtet, zwingende Änderungen (bspw. infolge behördlicher Auflagen) bzw. zwingende Leistungen, die im Einzelfall zur Erreichung des Werkerfolgs notwendig sind, auf der Grundlage von §§ 157, 242 BGB (unter Berücksichtigung der Beschränkungen in § 1 Abs. 4 VOB/B) zu erbringen: so BGH NJW 1996, 1346, 1347 – ohne dass dem Besteller jedoch unter der Geltung des vormaligen Werkvertragsregimes ein einseitiges Weisungsrecht konzediert worden war: *Oberhauser*, Das neue Bauvertragsrecht, § 2 Rn 26.
63 „Änderungen des Bauentwurfs anzuordnen, bleibt dem Auftraggeber vorbehalten" (§ 1 Abs. 3 VOB/B). „Nicht vereinbarte Leistungen, die zur Ausführung der vereinbarten Leistung erforderlich werden, hat der Auftragnehmer auf Verlangen des Auftraggebers mit auszuführen, außer wenn sein Betrieb auf derartige Leistungen nicht eingerichtet ist. Andere Leistungen können dem Auftragnehmer nur mit seiner Zustimmung übertragen werden" (§ 1 Abs. 4 VOB/B).
64 Zur Vertragsänderung war vielmehr ein Änderungsvertrag i.S.v. § 311 Abs. 1 BGB notwendig: *Schwenker/Rodemann*, § 650b BGB Rn 1.
65 RegE, BT-Drucks 18/8486, S. 54.
66 Palandt/*Sprau*, § 650b BGB Rn 2.
67 So BGH NJW 1996, 1346, 1347.
68 *Oberhauser*, Das neue Bauvertragsrecht, § 2 Rn 27.
69 RegE, BT-Drucks 18/8486, S. 54.

der Parteien über die Änderung sowie über die sich daraus ergebenden Vergütungsfolgen vor einer einseitigen Anordnung der Änderung durch den Besteller) – und zwar während der gesamten Erfüllungsphase („während der Ausführung des Baus"[70] – mithin über den gesamten Zeitraum der Bauausführung hinweg bis zur Abnahme des Bauwerks).[71]

36 Dazu wird in § 650b BGB ein **bestimmter Verfahrensablauf**[72] vorgegeben: Dem Änderungsbegehren des Bestellers folgt eine Planung mit korrespondierendem Angebot des Unternehmers. Dem schließt sich ein Einigungsversuch zwischen den Parteien an, der im Falle seines Scheiterns zu einem einseitigen Anordnungsrecht des Bestellers führt.

I. Herstellen einer einvernehmlichen Lösung

37 Begehrt der Besteller[73] daher (als Art der Änderung)[74] im sachlichen Anwendungsbereich eines Bauvertrags (§ 650a Abs. 1 BGB), Verbraucherbauvertrags (§ 650i Abs. 1 BGB) bzw. Architekten- und Ingenieurvertrags (§ 650p Abs. 1 BGB)[75]

- eine **„Änderung des vereinbarten Werkerfolgs"**[76] (§ 631 Abs. 2 BGB[77] [„Werkerfolg" als Wesensmerkmal des Werkvertrags und zentrales Abgrenzungskriterium zu anderen Vertragstypen[78] i.S. „ein der Vereinbarung der Parteien entsprechendes funktionstaugliches und zweckentsprechendes Werk herzustellen"[79]]) – Nr. 1 (Änderung der vereinbarten Sollbeschaffenheit), oder

- eine **„Änderung, die zur Erreichung des vereinbarten Werkerfolgs notwendig (veranlasst) ist"**[80] (aufgrund der dem Bauvertrag immanenten Trennung von Pla-

---

70 RegE, BT-Drucks 18/1884, S. 53.
71 *Oberhauser*, Das neue Bauvertragsrecht, § 2 Rn 28.
72 Palandt/*Sprau*, § 650b BGB Rn 2.
73 Zum Änderungsbegehren des Bestellers und zum Verfahren näher jurisPK-BGB/*Leicht*, § 650b Rn 26 ff.
74 „Änderung" i.S. einer sachlichen Abweichung der vom Besteller jetzt gewünschten Beschaffenheit der Leistung von der im Ausgangsvertrag mit dem Unternehmer vereinbarten Sollbeschaffenheit: Palandt/*Sprau*, § 650b BGB Rn 3 – Mehr- oder Minderleistung bzw. Änderung einzelner Leistungselemente.
75 Nicht jedoch im sachlichen Anwendungsbereich eines Bauträgervertrags (vgl. § 650u Abs. 2 i.V.m. § 650b BGB) oder eines Werklieferungsvertrags i.S.v. § 650 BGB: so Palandt/*Sprau*, § 650b BGB Rn 1.
76 Näher jurisPK-BGB/*Leicht*, § 650b Rn 10 ff.
77 Gegenstand eines Werkvertrags kann nach § 631 Abs. 2 BGB sowohl die Herstellung oder Veränderung einer Sache als auch ein anderer durch Arbeit oder Dienstleistung herbeizuführender „Erfolg" sein.
78 Wobei der Unternehmer dem Besteller das Werk nach § 633 Abs. 1 BGB frei von Sach- und Rechtsmängeln zu verschaffen hat – und das Werk gemäß § 633 Abs. 2 S. 1 BGB dann frei von Sachmängeln ist, wenn es die vereinbarte Beschaffenheit hat. Soweit die Beschaffenheit nicht vereinbart ist, ist das Werk nach § 633 Abs. 2 S. 2 BGB frei von Sachmängeln, (1) wenn es sich für die nach dem Vertrag vorausgesetzte, sonst (2) für eine gewöhnliche Verwendung eignet und eine Beschaffenheit aufweist, die bei Werken der gleichen Art üblich ist und die der Besteller nach der Art des Werkes erwarten kann.
79 *Oberhauser*, Das neue Bauvertragsrecht, § 2 Rn 31.
80 Näher jurisPK-BGB/*Leicht*, § 650b Rn 35 ff.

nung und Auftragsausführung, Nr. 2 – bspw. veranlasst wegen (nach Vertragsabschluss eintretender)
- Änderungen der Rechtslage[81] oder
- behördlicher Vorgaben, i.ü. aber auch in
- Fällen, „in denen die **ursprüngliche Leistungsbeschreibung des Bestellers** (der beim Bauvertrag zumindest Teile der Planung übernimmt)[82] **lücken- oder fehlerhaft** ist und ihre Umsetzung deshalb nicht zur Herstellung eines funktionstauglichen Bauwerks führen würde"
(Lücken und Unvollständigkeit der Planung haben Abweichungen zwischen dem geplanten Werk und dem geschuldeten Werkerfolg verursacht,[83] und ohne eine Änderung wäre die Funktionstauglichkeit des Werks beeinträchtigt),[84]

müssen die Vertragsparteien (bevor der Besteller eine Änderung nach § 650b Abs. 2 BGB [Rdn 78 ff.] einseitig anordnen kann) zunächst nach § 650b Abs. 1 S. 1 BGB ein **Einvernehmen**[85] **über** die

- **Änderung** und (sofern dem Unternehmer nach § 650b Abs. 1 S. 5 i.V.m. § 650c Abs. 1 S. 2 BGB ein Vergütungsanspruch für die Ausführung der Änderung zusteht)[86] die infolge der Änderung (Auswirkungen der Änderung) zu leistende
- **Mehr- oder Mindervergütung**

anstreben (Hinwirken auf eine Einigung).

Eine „Änderung des vereinbarten Werkerfolgs" i.S.v. § 650b Abs. 1 S. 1 Nr. 1 BGB ist nach Ansicht des Gesetzgebers[87] nicht an bestimmte Ziele gebunden, sondern kann auch darauf zurückzuführen sein, „dass sich die Vorstellungen des Bestellers geändert haben oder er bei der Planung Umstände, etwa unterzubringende Möbel oder sonstige Gegenstände, nicht berücksichtigt hat".[88]

38

---

81 Zum Problem, ob darunter auch Fälle einer Änderung der technischen Regelwerke (insbesondere der anerkannten Regeln der Technik) fallen, näher *Oberhauser*, Das neue Bauvertragsrecht, § 2 Rn 42: Insbesondere ist dabei auch strittig, „ob der Unternehmer bei Änderungen der technischen Regelwerke zwischen Abschluss des Vertrags und Abnahme eine zusätzliche Vergütung erhält" (dazu *Oberhauser*, a.a.O.: Differenzierung in Abhängigkeit, wer die zur Erreichung des Werkerfolgs erforderlichen Leistungen zu planen hat).
82 *Oberhauser*, Das neue Bauvertragsrecht, § 2 Rn 38.
83 *Oberhauser*, Das neue Bauvertragsrecht, § 2 Rn 39.
84 RegE, BT-Drucks 18/8486, S. 54 – wobei im zuletzt genannten Fall oft ein Bedenkenhinweis des Unternehmers der Anordnung des Bestellers vorausgehen wird.
85 Anders noch der Referentenentwurf des BMJV, S. 23 f. und S. 53.
86 „D.h. wenn Grundlage der Preisbildung durch den Unternehmer eine Planung des Bestellers war": *Oberhauser*, Das neue Bauvertragsrecht, § 2 Rn 59.
87 RegE, BT-Drucks 18/8486, S. 54.
88 Kritisch zur gesetzgeberischen Intention *Oberhauser*, Das neue Bauvertragsrecht, § 2 Rn 32: „Diese Beschreibung wird dem mit der Formulierung der ‚Änderung des vereinbarten Werkerfolgs' verbundenen Umfang des Änderungsrechts nicht gerecht".

39 Ein „anderes Werk" kann nach § 650b Abs. 1 S. 1 Nr. 1 BGB hingegen nicht verlangt werden – sondern nur „Abweichungen, die das vertragsgegenständliche Vorhaben im Kern unberührt lassen".[89]

40 *Oberhauser*[90] weist darauf hin, dass der „Werkserfolg" – neben dem Arbeitsergebnis – auch die vertraglich vereinbarte Ausführungs- oder Herstellungsart (einschließlich ggf. in einem Leistungsverzeichnis enthaltener Arbeitsschritte) erfasst – nicht jedoch eine Änderung der Bauzeit.[91] „Änderungen, die nicht den Werkerfolg betreffen, d.h. die sogenannten Bauumstände, dabei insbesondere die Bauzeit, (fallen) nicht unter das Änderungsrecht".[92]

41 Fordert der Besteller nur eine vertraglich geschuldete Leistung, gelangt § 650b Abs. 1 BGB nicht zur Anwendung.[93]

42 Bei einer zur Erreichung des Werkerfolgs notwendigen Änderung scheidet nach § 650c Abs. 1 S. 2 BGB (nachstehende Rdn 118 ff.) ein Vergütungsanspruch aus – weshalb in diesem Fall der Unternehmer auch kein entsprechendes Angebot (als Grundlage der Verhandlungen und ggf. der Vergütungsanpassung) zu unterbreiten hat und ein Einvernehmen zwischen den Parteien sich nur auf die Änderung selbst bezieht.[94]

43 *Beachte:*

Eine von § 650b Abs. 1 BGB **abweichende Vereinbarung**[95] ist individualvertraglich möglich (z.B. ein weiterreichendes Antragsrecht)[96] – ebenso wie ein Ausschluss oder eine Erschwerung des Anordnungsrechts.[97] Im Rahmen von AGB erfolgt eine Prüfung am Maßstab des § 307 BGB, wobei § 650b BGB (ebenso wie § 650c BGB) allerdings Leitbildcharakter zukommen soll.[98]

---

89 Palandt/*Sprau*, § 650b BGB Rn 3: Eine Veränderung des Vorhabens in seinem Wesen bedarf hingegen der (Teil-)Kündigung.
90 Das neue Bauvertragsrecht, § 2 Rn 33.
91 Näher *Oberhauser*, Das neue Bauvertragsrecht, § 2 Rn 34 – wohingegen im Abschlussbericht der Arbeitsgruppe Bauvertragsrecht beim BMJV (S. 21 f.) noch „die Art der Ausführung der Bauleistung und **die Bauzeit**" angeführt war, wohingegen der Gesetzentwurf der Bundesregierung die „Bauzeit" nicht mehr aufgenommen hat.
92 So *Oberhauser*, Das neue Bauvertragsrecht, § 2 Rn 35 unter Bezugnahme auf *Orlowski*, ZfBR 2016, 419, 426. Dies sei – so *Oberhauser* (a.a.O.) – auch konsequent, „da der Unternehmer die Bauumstände und Arbeitsschritte, die nicht im Vertrag als Beschaffenheit vereinbart sind und die nicht den Werkerfolg betreffen, innerhalb des Vertrages und seines Dispositionsrechts selbst bestimmen kann".
93 Palandt/*Sprau*, § 650b BGB Rn 3.
94 So *Oberhauser*, Das neue Bauvertragsrecht, § 2 Rn 60.
95 Näher jurisPK-BGB/*Leicht*, § 650b Rn 64.
96 Palandt/*Sprau*, § 650b BGB Rn 1: „aber keine Abbedingung der Anordnungsform" – unter Bezugnahme auf *Orlowski*, BauR 2017, 1427, 1430.
97 Palandt/*Sprau*, § 650b BGB Rn 1.
98 Palandt/*Sprau*, § 650b BGB Rn 1; *Orlowski*, BauR 2017, 1427, 1435.

C. Vertragsänderung und Anordnungsrecht des Bestellers § 2

Unklar ist – so *Schwenker/Rodemann*[99] –, „ob die vertragliche Vereinbarung gemäß (§ 650b) Abs. 1 S. 1 (BGB) nur vorläufig ist oder aber stets endgültig". **44**

Einvernehmen setzt nach Ansicht von *Oberhauser*[100] „**Aktivitäten**" des Bestellers und des Unternehmers voraus.[101] Das „Einvernehmen" muss nicht schriftlich fixiert werden (was aber aus Beweisgründen anzuraten sein dürfte).[102] Nach einem erzielten (vorbehaltlosen) Einvernehmen soll ein weiteres Nachschieben von Ansprüchen ausgeschlossen sein.[103] Notwendig soll (zumindest) eine ernsthafte Auseinandersetzung des Unternehmers mit dem Begehren des Bestellers sein.[104] **45**

Die Literatur[105] bewertet die in § 650b Abs. 1 BGB angeordnete **obligatorische Verhandlungspflicht** als „merkwürdig", da es nicht nachvollziehbar sei, „warum der Gesetzgeber von der Einführung eines einseitigen Anordnungsrechts des Bestellers Abstand genommen hat".[106] **46**

Der BGH[107] hat in Bezug auf die **Vergütungspflicht von Zusatzleistungen** nach der VOB/B entschieden, dass eine solche ausscheidet, wenn zwar ein Nachtragsauftrag vorliegt, die Leistung aber ohnehin hätte erbracht werden müssen. **47**

Das nicht an eine bestimmte **Form** gebundene **Änderungsbegehren** des Bestellers muss dem Unternehmer zugehen.[108] **48**

Mit der Notwendigkeit der Herstellung eines Einvernehmens soll ein die weitere Bauausführung überlagernder Streit über die Vertragsänderung (und damit ggf. einhergehende finanzielle Belastungen) vermieden werden.[109] Wenn sich die Parteien über die vom Besteller begehrte Leistungsänderung einigen (und ggf., sofern erforderlich [vgl. § 650b **49**

---

99 *Schwenker/Rodemann*, § 650b BGB Rn 2.
100 *Oberhauser*, Das neue Bauvertragsrecht, § 2 Rn 61: „abhängig von der Zumutbarkeit für den Unternehmer und abhängig von der Frage, wer die Verantwortung für die Planung hat".
101 A.A. *Schramke/Keilmann*, NZBau 2016, 333, 336: „Selbstverständlichkeit".
102 *Oberhauser*, Das neue Bauvertragsrecht, § 2 Rn 62.
103 So *Oberhauser*, Das neue Bauvertragsrecht, § 2 Rn 62 unter Bezugnahme auf OLG München, IBR 2014, 652.
104 *Palandt/Sprau*, § 650b BGB Rn 7 – der auf dieser Grundlage ein Angebot nach § 650b Abs. 1 S. 2 BGB erstellen muss.
105 *Althaus*, BauR 2017, 415; *Schwenker/Rodemann*, § 650b BGB Rn 2.
106 *Schwenker/Rodemann*, § 650b BGB Rn 2.
107 BGH MDR 2005, 1276.
108 *Oberhauser*, Das neue Bauvertragsrecht, § 2 Rn 63: auch ein mündliches Änderungsbegehren soll möglich sein. Zum notwendigen Inhalt desselben (der weder im Gesetzeswortlaut noch in der Gesetzesbegründung erläutert worden ist) *Ders.*, a.a.O., § 2 Rn 64 f.: Das Änderungsbegehren müsse den geänderten Vertragsinhalt „hinreichend bestimmbar festlegen" (hinreichend bestimmbare funktionale Definition des geänderten Leistung über den zu erreichenden Erfolg, so *Oberhauser*, a.a.O., § 2 Rn 65 unter Bezugnahme auf BGH NJW 1997, 61 und 1994, 850). Nach *Palandt/Sprau* (§ 650b BGB Rn 7) ist die nicht vorgeschriebene Verkörperung aber (als Grundlage des Unternehmerangebots und der Vergütungsanpassung nach § 650c BGB) „zweckmäßig".
109 RegE, BT-Drucks 18/8486, S. 53.

Abs. 1 S. 5 BGB], auch über die dafür geschuldete Vergütung), kommt es zu einer **Vertragsänderung** (vgl. § 311 Abs. 1 BGB – die im Falle eines Verbraucherbauvertrags der Textform [§ 650i Abs. 2 i.V.m. § 126b BGB] bedarf).[110]

50 *Beachte:*

In Bezug auf § 650b Abs. 1 S. 1 Nr. 2 BGB muss der Unternehmer im Fall, dass aufgrund der vom Besteller geplanten Leistung der Werkerfolg nicht erreicht werden kann, **um nicht in Mängelhaftung zu geraten**, aufgrund § 242 BGB in Erfüllung seiner Prüfungs- und Hinweispflicht bei erkennbaren Planungsdefiziten (des Bestellers), die der Erreichung des Werkerfolgs entgegenstehen, den Besteller darauf aufmerksam machen (**Bedenkenanzeige**) – woraufhin der Besteller von der Möglichkeit des § 650b Abs. 1 S. 1 Nr. 2 BGB Gebrauch machen kann.[111]

51 *Beachte zudem:*

Nach § 650c Abs. 1 S. 2 BGB besteht im Falle einer Planung durch den Unternehmer kein Anspruch auf Mehrvergütung (dazu noch nachstehende Rdn 76 f.).

1. (Un-)Zumutbarkeit der Änderung

52 Der Unternehmer ist daher gemäß **§ 650b Abs. 1 S. 2 BGB** verpflichtet, ein **Angebot über die Mehr- oder Mindervergütung**[112] zu erstellen (1. Halbsatz – **Verpflichtung des Unternehmers**, wobei – so *Schwenker/Rodemann*[113] – „eine Regelung zum erforderlichen Inhalt des Angebots fehlt").[114]

53 Den Unternehmer trifft im Falle einer Änderung nach § 650b Abs. 1 S. 1 Nr. 1 BGB (Änderung des vereinbarten Werkerfolgs nach § 631 Abs. 2 BGB) jedoch nur dann eine solche Verpflichtung (ein Angebot über die Mehr- oder Mindervergütung zu erstellen) – ebenso wie er auch nach **§ 650b Abs. 2 S. 2 BGB** nur dann verpflichtet ist, der Anordnung selbst Folge zu leisten (nachstehende Rdn 95) –, wenn ihm die Ausfüh-

---

110 Palandt/*Sprau*, § 650b BGB Rn 7.
111 *Oberhauser*, Das neue Bauvertragsrecht, § 2 Rn 40.
112 Zum Inhalt des Angebots näher *Oberhauser*, Das neue Bauvertragsrecht, § 2 Rn 80.
113 *Schwenker/Rodemann*, § 650b BGB Rn 4: „Da das Angebot auch dazu dienen soll, Abschlagszahlungsansprüche zu begründen, ist eine Aufstellung erforderlich, die eine rasche und sichere Beurteilung ermöglicht" (i.S. einer Prüfbarkeit des Angebots).
114 Kommt der Unternehmer dieser Verpflichtung nach § 650b Abs. 1 S. 2 BGB nicht nach (auch trotz Zurverfügungstellung der Planung für die Angebotserstellung durch den Besteller, sofern dieser die Planung vorzunehmen hat), kann der Besteller gegen den Unternehmer auf der Grundlage des allgemeinen Leistungsstörungsrechts Ansprüche geltend machen – und auch aus „wichtigem Grund" kündigen, so *Oberhauser*, Das neue Bauvertragsrecht, § 2 Rn 81 unter Bezugnahme auf *Schramke/Keilmann*, NZBau 2016, 333, 337.

rung der Änderung „**zumutbar**" ist (2. Halbsatz – **Zumutbarkeitskriterium**, dazu noch nachstehende Rdn 64 ff.).[115]

Speziell geregelte Leistungsverweigerungsrechte stehen dem Unternehmer dabei jedoch nicht zu.[116] Er kann sich aber auf die allgemeinen Leistungsverweigerungsrechte (§ 275 Abs. 2 und 3 BGB) berufen[117] (dazu noch nachstehende Rdn 67 f.). 54

Sprau[118] plädiert dafür, die „Zumutbarkeit" – trotz des Wortlauts in § 650b Abs. 1 S. 2 BGB (nicht als Einrede, „die den Unternehmer nur wenn er sie begründet geltend macht von seiner Leistungspflicht nach II 1 befreit") – als Voraussetzung der Anordnung und damit der Vertragsänderung anzusehen. 55

Beachte: 56

Die Pflicht des Unternehmers, im Falle einer ihm zumutbaren Änderung ein **Angebot über die Mehr- oder Mindervergütung**[119] zu erstellen, besteht nicht, wenn ihm im Falle einer Änderung, die zur Erreichung des vereinbarten Werkerfolgs notwendig ist (§ 650b Abs. 1 S. 1 Nr. 2 BGB), ohnehin kein Anspruch auf eine zusätzliche Vergütung zusteht (§ 650b Abs. 1 S. 5 i.V.m. § 650c Abs. 1 S. 2 BGB).[120]

Beachte zudem: 57

„Da § 650b Abs. 2 BGB das Anordnungsrecht des Bestellers in zeitlicher Hinsicht bewusst an den Zugang des Änderungsbegehrens und nicht … an den Zugang des Angebots knüpft, liegt (es) nahe, dass der Besteller auch ohne Vorlage eines Angebotes die Änderung anordnen kann, sodass der Unternehmer durch die Nichtvorlage des Angebotes zwar die Erzielung des Einvernehmens, nicht aber die Anordnung nach 650b Abs. 2 BGB verhindern kann".[121]

Die Erstellung des Angebots liegt i.Ü. der auch im eigenen **Interesse des Unternehmers**, da ohne ein von ihm unterbreitetes Angebot keine Grundlage für die Berechnung der Höhe der Abschlagszahlungen nach § 650c Abs. 3 S. 1 BGB (nachstehende Rdn 137 ff.) besteht.[122] 58

---

115 Näher jurisPK-BGB/*Leicht*, § 650b Rn 46 ff.
116 *Oberhauser*, Das neue Bauvertragsrecht, § 2 Rn 57.
117 Was nach *Oberhauser* (Das neue Bauvertragsrecht, § 2 Rn 58 und Rn 39 f.) auch konsequent sei, „da der Unternehmer – unabhängig davon, ob er selbst oder der Besteller die Planung erbracht hat – die Herbeiführung des vereinbarten Werkerfolgs schuldet und eine mangelfreie Leistung herzustellen hat".
118 Palandt/*Sprau*, § 650b BGB Rn 6 unter Bezugnahme auf *Retzlaff*, BauR 2017, 1781, 1787.
119 Näher jurisPK-BGB/*Leicht*, § 650b Rn 53 ff.
120 *Oberhauser*, Das neue Bauvertragsrecht, § 2 Rn 79.
121 So *Oberhauser*, Das neue Bauvertragsrecht, § 2 Rn 81 und Rn 86 ff.
122 *Oberhauser*, Das neue Bauvertragsrecht, § 2 Rn 81.

59 Dabei trifft § 650b BGB eine Differenzierung in Bezug auf die Verpflichtung des Unternehmers, die Änderung durchzuführen, nämlich danach, ob eine
- Änderung des vereinbarten Werkerfolgs nach § 650b Abs. 1 S. 1 Nr. 1 BGB oder ob eine
- Änderung, die zur Erreichung des vereinbarten Werkerfolgs notwendig ist gemäß § 650b Abs. 1 S. 1 Nr. 2 BGB,

in Rede steht.

60 Der Unternehmer soll im Vorfeld einer vom Besteller begehrten oder angeordneten Änderung Gelegenheit haben, seine daraus resultierenden Mehrkosten in Gestalt eines **Nachtragsangebots** geltend zu machen. Darüber müssen die Vertragspartner dann verhandeln[123] (um vorrangig Einvernehmen über die Änderung und die Auswirkungen der Änderung auf die vom Besteller dann zu leistende Mehr- oder Mindervergütung zu erzielen).[124]

61 Die Verpflichtung des Unternehmers zur **Erstellung des Angebots** (als Grundlage der Verhandlungen und ggf. zur Vertragsanpassung nach § 650b Abs. 1 und 2 BGB) ist **Nebenpflicht** des Bauvertrags (i.S.v. § 241 Abs. 2 BGB), deren Verletzung ggf.
- einen Schadensersatzanspruch (§ 280 Abs. 1 BGB) bzw.
- eine Kündigung (§ 648a BGB) des Bauvertrags

nach sich ziehen kann.[125]

62 Bei fehlender Zumutbarkeit im Falle einer „Änderung des vereinbarten Werkerfolgs" (i.S.v. § 650b Abs. 1 S. 1 Nr. 1 BGB) muss der Unternehmer dem Besteller weder
- ein Angebot über die Mehr- oder Mindervergütung nach § 650b Abs. 1 S. 2 BGB unterbreiten noch
- einer entsprechenden Änderungsanordnung des Bestellers nach § 650b Abs. 2 BGB (nachstehende Rdn 78 ff.) Folge leisten.

63 In Bezug auf § 650b Abs. 1 S. 1 Nr. 2 BGB (Änderung, die zur Erreichung des vereinbarten Werkerfolgs notwendig ist) hat der Gesetzgeber hingegen keine ausdrückliche gesetzliche Einschränkung der Leistungspflicht des Unternehmers vorgenommen.

64 Die „**(Un-)Zumutbarkeit**" kann sich nach Ansicht des Gesetzgebers etwa aus
- den technischen Möglichkeiten,
- der Ausstattung oder

---

[123] So die Beschlussempfehlung des Ausschusses für Recht und Verbraucherschutz zum RegE, BT-Drucks 18/11437, S. 47.
[124] RegE, BT-Drucks 18/8486, S. 53.
[125] Palandt/*Sprau*, § 650b BGB Rn 9.

C. Vertragsänderung und Anordnungsrecht des Bestellers § 2

- der Qualifikation des Bauunternehmers ergeben – ebenso wie bspw. auch
- aus betriebsinternen Vorgängen[126] (wie z.B. auch aus der aktuellen Auslastung des Unternehmens).[127]

D.h. es ist die Frage zu beantworten, ob dem Unternehmer aufgrund der tatsächlich gegebenen Verhältnisse, bspw. wegen
- der Personalausstattung (Personalkapazität), oder auch wegen
- des fachlichen Könnens bzw.
- der geräte- und maschinentechnischen Ausstattung des Unternehmens,

eine Leistungsübernahme zuzumuten ist – oder ob etwa eine Betrauung von Subunternehmern (d.h. von Fremdpersonal) erforderlich ist.[128]

Nach *Schwenker/Rodemann*[129] erscheint es fraglich, „ob es beim Generalunter- bzw. -übernehmer auch auf die von diesem beauftragten Subunternehmer ankommt": Es könne im Hinblick darauf nur darauf ankommen, was für den Vertragspartner des Bestellers „unzumutbar" sei. 65

Im Zusammenhang mit der **Beurteilung** des Kriterium der „**(Un-)Zumutbarkeit**" ist eine Abwägung vorzunehmen, wobei die Interessen beider Vertragsparteien zu berücksichtigen und in einem ausgewogenen Verhältnis in die Bewertung aufzunehmen sind[130] (**Abwägung der beidseitigen Interessen**): Dabei ist es bedeutsam, dass der Unternehmer durch die Anordnung des Bestellers zu einer Leistung verpflichtet werden soll, zu der er nach dem ursprünglichen Vertrag gar nicht verpflichtet war. Der Gesetzgeber ist daher der Auffassung, dass die Schwelle der „Unzumutbarkeit" einer Anordnung **unterhalb jener des allgemeinen Leistungsverweigerungsrechts wegen Unzumutbarkeit** nach § 275 Abs. 2 und 3 BGB liegen muss.[131] 66

Nach **§ 275 Abs. 2 BGB** (grob unverhältnismäßiger Aufwand) kann der Schuldner eine Leistung verweigern, soweit diese einen Aufwand erfordert, der unter Beachtung des Inhalts des Schuldverhältnisses und dem Gebot von Treu und Glauben (§ 242 BGB) in einem groben Missverhältnis zu dem Leistungsinteresse des Gläubigers steht (wobei zur Bestimmung der dem Schuldner zuzumutenden Anstrengungen auch zu berücksichtigen ist, ob der Schuldner das Leistungshindernis zu vertreten hat). 67

Der Schuldner kann die Leistung gemäß **§ 275 Abs. 3 BGB** (persönlich zu erbringende Leistungen) ferner verweigern, wenn er die Leistung persönlich zu erbringen hat und 68

---

126 So RegE, BT-Drucks 18/8486, S. 54.
127 *Oberhauser*, Das neue Bauvertragsrecht, § 2 Rn 56.
128 So *Oberhauser*, Das neue Bauvertragsrecht, § 2 Rn 56.
129 *Schwenker/Rodemann*, § 650b BGB Rn 4.
130 RegE, BT-Drucks 18/8486, S. 54.
131 RegE, BT-Drucks 18/8486, S. 54.

sie ihm unter Abwägung des seiner Leistung entgegenstehenden Hindernisses mit dem Leistungsinteresse des Gläubigers nicht zugemutet werden kann.

69 Andererseits ist allerdings auch zu berücksichtigen, dass dem Unternehmer nach § 650c Abs. 1 S. 1 BGB (dazu noch nachstehende Rdn 98 ff.) der durch die Änderung entstehende (finanzielle) Aufwand nach den tatsächlich erforderlichen Kosten vergütet wird.[132]

70 Im Übrigen muss aber auch berücksichtigt werden, dass beide Vertragsparteien (Besteller und Bauunternehmer) im Stadium der Abwicklung des Bauvertrags „aneinander gebunden sind" und daher in der Folge „ein Wechsel des Vertragspartners für den Besteller nur schwer möglich und mit hohen Kosten verbunden ist".[133]

71 *Beachte:*

In Bezug auf Änderungen, die zur Erreichung des vereinbarten Werkerfolgs erforderlich sind (**§ 650b Abs. 1 S. 1 Nr. 1 BGB**, vorstehende Rdn 37), besteht dahingegen **kein besonderes Zumutbarkeitskriterium**. Hier gelten nur die allgemeinen Leistungsverweigerungsrechte des Unternehmers wegen Unzumutbarkeit nach § 275 Abs. 2 bzw. 3 BGB[134] (zu diesen vorstehende Rdn 67 f.).

72 *Beachte zudem:*

Die Rechtsfolgen einer berechtigten Leistungsverweigerung der Ausführung wegen „Unzumutbarkeit" haben keine gesetzliche Regelung erfahren. Weswegen hier allerdings ein Schadensersatzanspruch des Bestellers gegen den Unternehmer in Betracht kommen soll,[135] erscheint mir fraglich (vgl. § 280 Abs. 1 S. 2 BGB – Umkehr der Beweislast).

2. Beweislastverteilung

73 Im Hinblick auf die **Beweislastverteilung** in Bezug auf eine Zu- oder Unzumutbarkeit der Anordnung durch den Besteller sind die **Verantwortungssphären** der Vertragsparteien zu berücksichtigen mit der Folge, dass grundsätzlich der **Besteller**, der eine Vertragsänderung begehrt, als Veranlasser[136] für die „Zumutbarkeit" beweispflichtig ist – „bspw. für die Frage, ob das zur Ausführung notwendige Material tatsächlich im Handel erhältlich ist".[137]

---

132 *Oberhauser*, Das neue Bauvertragsrecht, § 2 Rn 55: Dieser müsse also einen ggf. in seiner Kalkulation enthaltenen Verlust nicht fortschreiben, „sondern er kann in diesem Fall die Berechnung der Vergütung nach den tatsächlich erforderlichen Kosten vornehmen".
133 So RegE, BT-Drucks 18/8486, S. 54.
134 So *Schwenker/Rodemann*, § 650b BGB Rn 4.
135 So *Schwenker/Rodemann*, § 650b BGB Rn 4 unter Bezugnahme auf *Orlowski*, ZfBR 2016, 425.
136 *Oberhauser*, Das neue Bauvertragsrecht, § 2 Rn 57.
137 RegE, BT-Drucks 18/8486, S. 55.

C. Vertragsänderung und Anordnungsrecht des Bestellers § 2

Macht der Unternehmer hingegen „**betriebsinterne Vorgänge**" für die „Unzumutbarkeit" einer Anordnung nach § 650b Abs. 1 S. 1 Nr. 1 BGB geltend (in die der Besteller regelmäßig keinen Einblick hat), trifft ihn (d.h. den **Unternehmer**) gemäß § 650b Abs. 1 S. 3 BGB die **Beweislast** hierfür. Der Gesetzgeber weist in diesem Zusammenhang darauf hin, dass im Falle, dass ein Generalunternehmer sich auf „betriebsinterne Vorgänge" beruft, eine „Gesamtbetrachtung unter Einschluss der Nachunternehmer angezeigt" sei.[138]

74

Beachte:

75

Der Fall einer Änderung, die zur Erreichung des vereinbarten Werkerfolgs notwendig (veranlasst) ist (§ 650b Abs. 1 S. 1 Nr. 2 BGB, vorstehende Rdn 37), ist hingegen mit keinen zusätzlichen Zumutbarkeitskriterien behaftet – hier stehen dem Bauunternehmer daher nur die allgemeinen Leistungsverweigerungsrechte wegen Unzumutbarkeit nach § 275 Abs. 2 und 3 BGB zur Seite.[139]

3. Planungsverantwortung des Bestellers

Trägt der Besteller die Verantwortung für die Planung eines Bauwerks oder einer Außenanlage[140] (**Planungsverantwortung des Bestellers**),[141] ist der Unternehmer nach **§ 650b Abs. 1 S. 4 BGB** nur dann zur Erstellung eines Angebots über die Mehr- oder Mindervergütung (vgl. § 650b Abs. 1 S. 2 BGB) verpflichtet, wenn der Besteller die „für die Änderung erforderliche Planung"[142] vorgenommen und dem Unternehmer zur Verfügung gestellt hat. Die Regelung trägt dem Umstand Rechnung, „dass der Unternehmer erst dann zur Erstellung des Angebots über die Mehr- oder Mindervergütung in der Lage ist, wenn er die geänderte Planung und die darin vorgesehenen Leistungen kennt".[143]

76

Begehrt der Besteller eine Änderung, für die dem Unternehmer nach § 650c Abs. 1 S. 2 BGB (nachstehende Rdn 118) kein Anspruch auf Vergütung für vermehrten Aufwand zu-

77

---

138 RegE, BT-Drucks 18/8486, S. 55: Es sei nicht nur auf den Betrieb des Generalunternehmers selbst abzustellen, sondern es seien auch die betrieblichen Möglichkeiten der Nachunternehmer zuzurechnen, ohne die der Generalunternehmer den Auftrag nicht erhalten hätte.
139 RegE, BT-Drucks 18/8486, S. 54.
140 Dazu näher jurisPK-BGB/*Leicht*, § 650b BGB Rn 50 ff.
141 Zur Frage, „ob mit den unterschiedlichen Begrifflichkeiten in § 650b Abs. 1 S. 4 BGB ('Verantwortung für die Planung') und in § 650c Abs. 1 S. 2 BGB ('umfasst die Leistungspflicht des Unternehmers auch die Planung') bewusst eine Differenzierung zwischen der Planung, die für die Erstellung des Angebotes und ggf. auch die Ausführung der Änderung erforderlich ist, und der Planung, die Grundlage der Kalkulation und der im Vertrag vereinbarten Vergütung ist" (zu der sowohl der Gesetzeswortlaut als auch die Gesetzesbegründung schweigt) näher *Oberhauser*, Das neue Bauvertragsrecht, § 2 Rn 70 f.
142 Nach *Oberhauser* (Das neue Bauvertragsrecht, § 2 Rn 69) kann darunter nur die für die Erstellung des Angebotes über die Mehr- und Mindervergütung erforderliche Planung, nicht jedoch die für die Ausführung der Änderung erforderliche Planung (Ausführungsplanung) gemeint sein.
143 RegE, BT-Drucks 18/8486, S. 55.

steht (Fall einer Änderung, die zu Erreichung des Werkerfolgs notwendig ist, und in dem der Unternehmer im Übrigen auch kein Angebot unterbreiten muss), streben die Parteien nur ein Einvernehmen über die Änderung (und nicht auch über eine Vergütungsanpassung) an – § 650b Abs. 1 S. 2 BGB (vorstehende Rdn 42) findet in diesem Fall keine Anwendung.

II. Anordnungsrecht des Bestellers (Änderungsanordnung nach § 650b Abs. 2 BGB)

78 Erzielen die Parteien binnen **30 Tagen nach Zugang des Änderungsbegehrens beim Unternehmer** keine Einigung (Begrenzung der Verhandlungsphase auf 30 Tage) nach § 650b Abs. 1 BGB über die

- Änderung und (sofern der Unternehmer nach § 650c Abs. 1 S. 2 i.V.m. § 650b Abs. 1 S. 5 BGB ein Anspruch auf zusätzliche Vergütung hat) auch über die daraus resultierende
- Mehr- oder Mindervergütung

(Fall des fehlenden Einvernehmens zwischen den Parteien[144] auf der Grundlage der nach § 650b Abs. 1 BGB zu erstellenden Unterlagen [Planung und Angebot] – Erlöschen der Verhandlungspflicht[145] nach 30 Tagen – Fristablauf), kann der Besteller die Änderung nach § 650b Abs. 2 S. 1 BGB in Textform (§ 126b BGB) anordnen (Anordnungsecht des Bestellers als Gestaltungsrecht zur Vertragsänderung).[146]

79 *Sprau*[147] qualifiziert das Anordnungsrecht als **einseitiges Leistungsbestimmungsrecht** ähnlich § 315 BGB.

80 *Beachte:*
Das Anordnungsrecht kann auch mehrfach ausgeübt werden.[148]

81 Dieses Procedere werde – so Stimmen in der Literatur[149] – den Bedürfnissen der Praxis allerdings nicht gerecht. *Göbel*[150] äußert zudem verfassungsrechtliche Bedenken gegen § 650b Abs. 2 BGB.

---

144 Zweifelhaft sei, ob der Unternehmer ein Angebot erstellt haben muss: Palandt/*Sprau*, § 650b BGB Rn 10.
145 Beschlussempfehlung des Ausschusses für Recht und Verbraucherschutz zu RegE, BT-Drucks 18/11277, S. 47: Verhandlungspflicht.
146 Dazu näher jurisPK-BGB/*Leicht*, § 650b BGB Rn 60 ff.
147 Palandt/*Sprau*, § 650b BGB Rn 10.
148 Palandt/*Sprau*, § 650b BGB Rn 10.
149 *Schwenker/Rodemann*, § 650b BGB Rn 2; *Langen*, NZBau 2015, 663.
150 DZWiR 2017, 13.

C. Vertragsänderung und Anordnungsrecht des Bestellers § 2

Beachte: 82
Eine gesetzliche Frist für die Vorlage des Nachtragsangebots besteht nicht.[151]

Schwenker/Rodemann[152] weisen darauf hin, dass die 30-Tage-Frist bis zur Ablehnung des 83
Nachtragsangebots in der Praxis leicht überschritten werden kann – weswegen (wenn der
Unternehmer das **Kooperationsverbot** nicht verletzt) ein zwischenzeitlich eintretender
Baustillstand nach § 642 BGB vom Besteller zu entschädigen sein dürfte.[153]

Für die **Berechnung der 30-Tage-Frist** gelten die §§ 187 Abs. 1, 188 Abs. 1 BGB.[154] *Or-* 84
lowski[155] will für den Fall einer endgültigen Kooperationsverweigerung des Unternehmers und Eilbedürftigkeit dem Besteller auch ein Anordnungsrecht schon vor Fristablauf
zubilligen.

Beachte: 85
Unter „Änderung des Werkerfolgs" i.S.v. § 650b Abs. 1 S. 1 Nr. 2 BGB „können Änderungen zur Bauzeit nicht erfasst werden".[156]

Die Anordnung ist eine **formbedürftige, einseitige und empfangsbedürftige (unwider-** 86
rufliche) Willenserklärung des Bestellers.[157] Eine konkludente Anordnung ist damit
nicht möglich.[158]

Eine Anordnung soll auch zulässig sein, wenn zwischen den Parteien umstritten ist, ob 87
eine Vergütungspflicht besteht.[159]

Das Anordnungsrecht bewirkt – ebenso wie ein erzieltes Einvernehmen über die Änderung 88
(und ggf. die infolgedessen zu leistende Mehr- oder Mindervergütung) – eine **Vertragsände-**
rung[160] (i.S.v. § 311 Abs. 1 BGB, d.h. eine Umgestaltung des Vertrags)[161] – infolgedessen
trifft den Unternehmer (wenn die Änderungsanordnung hinreichend bestimmt ist) eine **Ausführungspflicht** (in Bezug auf die zusätzlichen Leistungen (**Befolgungspflicht** des Unternehmers[162] aus dem geänderten Vertrag [Vertragspflicht]),[163] vgl. § 650b Abs. 2 S. 2 BGB).

---

151 *Schwenker/Rodemann*, § 650b BGB Rn 8.
152 *Schwenker/Rodemann*, § 650b BGB Rn 8.
153 *Schwenker/Rodemann*, § 650b BGB Rn 8 unter Bezugnahme auf *Althaus*, BauR 2017, 46.
154 Palandt/*Sprau*, § 650b BGB Rn 10.
155 BauR 2017, 1427, 1430.
156 *Schwenker/Rodemann*, § 650b BGB Rn 3.
157 *Oberhauser*, Das neue Bauvertragsrecht, § 2 Rn 83.
158 Palandt/*Sprau*, § 650b BGB Rn 11.
159 Palandt/*Sprau*, § 650b BGB Rn 10.
160 *Oberhauser*, Das neue Bauvertragsrecht, § 2 Rn 82.
161 Palandt/*Sprau*, § 650b BGB Rn 11.
162 Palandt/*Sprau*, § 650b BGB Rn 13.
163 So *Oberhauser*, Das neue Bauvertragsrecht, § 2 Rn 90: unbedingte Leistungspflicht des Unternehmers – die im Fall „Änderung des vereinbarten Werkerfolgs" jedoch nur bei Zumutbarkeit gilt.

89 Das **Textformerfordernis** sorgt für **Klarheit** und soll vor **Übereilung** schützen. Textform bedeutet, dass eine lesbare Erklärung, in der die Person des Erklärenden genannt wird, auf einem dauerhaften Datenträger abgegeben wird (so § 126b S. 1 BGB). „Dauerhafter Datenträger" ist nach § 126b S. 2 BGB jedes Medium, das

- es dem Empfänger ermöglicht, eine auf dem Datenträger befindliche, an ihn persönlich gerichtete Erklärung so aufzubewahren oder zu speichern, dass sie ihm während eines für ihren Zweck angemessenen Zeitraums zugänglich ist (Nr. 1), und
- geeignet ist, die Erklärung unverändert wiederzugeben,

z.B. eine CD-ROM, ein Computerfax, eine E-Mail, eine Festplatte, Papier, eine Speicherkarte oder ein USB-Stick.[164] Zur Wahrung der Textform bedarf es allerdings keiner Unterschrift.[165] Notwendig ist es nur, dass der räumliche Abschluss der Erklärung erkennbar ist.

90 Anstelle der ursprünglich im Gesetzgebungsverfahren alternativ vorgeschlagenen Schriftform (vgl. § 126 BGB) liegt die Entscheidung des Gesetzgebers für Textform letztlich darin begründet, dass diese der Rechtssicherheit, der Klarstellung sowie einer besseren Beweisbarkeit der Anordnung dient und im Übrigen den Besteller auch vor übereilten Anordnungen schützen soll[166] – eine Argumentation, die gleichermaßen aber auch für die Vorgabe eines Schriftformerfordernisses gelten könnte.

91 Erfolgt die Anordnung nicht in Textform, so ist sie nach § 125 BGB **nichtig**.[167] Obgleich kein gesetzlicher Vergütungsanspruch des Unternehmers besteht, kann es zu einer Rückabwicklung nach Bereicherungsrecht (§ 812 Abs. 1 S. 1 1. Alt. BGB) kommen (vgl. in Bezug auf einen Wertersatz für Mehrleistungen, die wegen ihrer Beschaffenheit nicht herausgegeben werden können, § 818 Abs. 2 BGB).[168]

92 *Beachte:*
Ggf. kann eine trotz Formnichtigkeit vom Unternehmer ausgeführte Anordnung als **einvernehmliche Vertragsänderung** *qualifiziert werden, wenn dieser ein entsprechendes Erklärungsbewusstsein hatte.*[169]

---

164 Beispiele nach *Stretz*, Das neue Bauvertragsrecht, § 5 Rn 45.
165 Palandt/*Ellenberger*, § 126b BGB Rn 5.
166 Beschlussempfehlung des Ausschusses für Recht und Verbraucherschutz zum RegE, BT-Drucks 18/11437, S. 47.
167 Zur Frage, ob ein Berufen des Bestellers auf die Formnichtigkeit (§ 125 BGB, Fehlen der Textform gemäß § 126b BGB) nach § 242 BGB treuwidrig sein kann: *Oberhauser*, Das neue Bauvertragsrecht, § 2 Rn 84.
168 Beschlussempfehlung des Ausschusses für Recht und Verbraucherschutz zum RegE, BT-Drucks 18/11437, S. 47.
169 *Oberhauser*, Das neue Bauvertragsrecht, § 2 Rn 84 – was „zugleich die Frage (aufwirft), welche Rechtsfolgen für die Vergütung gelten".

C. Vertragsänderung und Anordnungsrecht des Bestellers   § 2

Problematisch ist, ob ein Anordnungsrecht für den Fall besteht, dass die Voraussetzungen nach § 650b Abs. 1 BGB nicht erfüllt sind – bspw. in folgenden Fällen:[170]   93

- Der Besteller, der die Planungsverantwortung trägt, hat keine Planung als Grundlage für die Erstellung des Angebots durch den Unternehmer zur Verfügung gestellt.[171]
- Der Unternehmer hat – trotz bestehender Verpflichtung – dem Besteller kein oder kein den §§ 650b Abs. 1 S. 2, 650c Abs. 1 S. 1 und Abs. 2 BGB entsprechendes Angebot unterbreitet.
- Eine oder beide Vertragsparteien hat/haben sich den Verhandlungen zur Erzielung einer Einigung widersetzt.[172]

Im Übrigen ist umstritten, ob das Anordnungsrecht des Bestellers auch im Falle eines strittigen Anspruchsgrundes besteht – d.h. im Fall, dass die Vertragsparteien „darüber streiten, ob es sich um eine zusätzlich zu vergütende Änderung oder um eine Leistung, die ohnehin zur vertraglichen Leistungspflicht des Unternehmers gehört und die mit der vertraglichen Vergütung abgegolten ist, handelt".[173]   94

Der Unternehmer ist gemäß **§ 650b Abs. 2 S. 2 BGB** verpflichtet, der Anordnung des Bestellers nachzukommen – einer Anordnung nach § 650b Abs. 1 S. 1 Nr. 1 BGB (**Änderung des Werkerfolgs, § 631 Abs. 2 BGB**) jedoch nur, wenn ihm die Ausführung „zumutbar" ist. In Bezug auf die **„Zumutbarkeit"** gelten die vorab gemachten Ausführungen (Rdn 52 ff.) entsprechend.   95

Dabei gilt nach § 650b Abs. 2 S. 3 BGB die Regelung des § 650b Abs. 1 S. 3 BGB entsprechend mit der Folge, dass der Unternehmer, der „betriebsinterne Vorgänge" für die „Unzumutbarkeit" einer Anordnung nach § 650b Abs. 1 S. 1 Nr. 1 BGB geltend macht, die **Beweislast** hierfür trägt.   96

Zusammenfassung „Änderung des Bauvertrags"   97

1. Der Besteller äußert gegenüber dem Unternehmer einen Änderungswunsch.
2. Trägt der Besteller die Planungsverantwortung, muss er dem Unternehmer nach § 650b Abs. 1 S. 4 BGB die geänderte Planung zur Verfügung stellen.

---

170 *Oberhauser*, Das neue Bauvertragsrecht, § 2 Rn 87 f.
171 *Oberhauser* (Das neue Bauvertragsrecht, § 2 Rn 88) will dem Besteller in diesem Fall kein Anordnungsrecht zugestehen, „zumal der Unternehmer in diesem Fall mangels Vorliegen eines Angebotes nicht die Möglichkeit hat, die Höhe der Abschlagszahlungen auf der Grundlage dieses Angebots zu berechnen (§ 650c Abs. 3 BGB)".
172 Blockiert der Unternehmer eine Einigung (durch Nichtvorlage oder Vorlage eines unzureichenden [von ihm zu erstellenden] Angebots bzw. durch Verweigerung von Verhandlungen) – so *Oberhauser* (Das neue Bauvertragsrecht, § 2 Rn 88) –, so soll der Besteller sein Anordnungsrecht ausüben dürfen. In Bezug auf den Besteller (so *Oberhauser*, a.a.O.) sei zu differenzieren, ob der Unternehmer ein unzureichendes oder ein offenbar überhöhtes Angebot unterbreitet habe – oder ob der Besteller sich ohne Grund Verhandlungen verweigert habe.
173 *Oberhauser*, Das neue Bauvertragsrecht, § 2 Rn 89: kein Anordnungsrecht.

3. Grundsätzliche Verpflichtung des Unternehmers zur unentgeltlichen Erstellung eines Angebots über die Mehr- oder Mindervergütung.
Ausnahme: Die Änderung ist zur Erreichung des vereinbarten Werkerfolgs (§ 650b Abs. 1 S. 1 Nr. 1 BGB) nicht notwendig **und** die Ausführung ist dem Unternehmer nicht zuzumuten (§ 650b Abs. 1 S. 2 BGB).
4. Bemühen der Parteien nach § 650b Abs. 1 S. 1 BGB um eine „einvernehmliche Einigung" über die Vertragsänderung.
5. Scheitert eine „einvernehmliche Einigung": einseitiges Anordnungsrecht des Bestellers (§ 650b Abs. 2 BGB) – es sei denn, die Anordnung ist zur Erreichung des Werkerfolgs nicht notwendig und dem Unternehmer nicht zuzumuten.[174]

D. Vergütungsanpassung bei Anordnungen nach § 650b Abs. 2 BGB (§ 650c BGB)

98 § 650c Vergütungsanpassung bei Anordnungen nach § 650b Absatz 2

(1) Die Höhe des Vergütungsanspruchs für den infolge einer Anordnung des Bestellers nach § 650b Absatz 2 vermehrten oder verminderten Aufwand ist nach den tatsächlich erforderlichen Kosten mit angemessenen Zuschlägen für allgemeine Geschäftskosten, Wagnis und Gewinn zu ermitteln. Umfasst die Leistungspflicht des Unternehmers auch die Planung des Bauwerks oder der Außenanlage, steht diesem im Fall des § 650b Absatz 1 Satz 1 Nummer 2 kein Anspruch auf Vergütung für vermehrten Aufwand zu.

(2) Der Unternehmer kann zur Berechnung der Vergütung für den Nachtrag auf die Ansätze in einer vereinbarungsgemäß hinterlegten Urkalkulation zurückgreifen. Es wird vermutet, dass die auf Basis der Urkalkulation fortgeschriebene Vergütung der Vergütung nach Absatz 1 entspricht.

(3) Bei der Berechnung von vereinbarten oder gemäß § 632a geschuldeten Abschlagszahlungen kann der Unternehmer 80 Prozent einer in einem Angebot nach § 650b Absatz 1 Satz 2 genannten Mehrvergütung ansetzen, wenn sich die Parteien nicht über die Höhe geeinigt haben oder keine anderslautende gerichtliche Entscheidung ergeht. Wählt der Unternehmer diesen Weg und ergeht keine anderslautende gerichtliche Entscheidung, wird die nach den Absätzen 1 und 2 geschuldete Mehrvergütung erst nach der Abnahme des Werks fällig. Zahlungen nach Satz 1, die die nach den Absätzen 1 und 2 geschuldete Mehrvergütung übersteigen, sind dem Besteller zurückzugewähren und ab ihrem Eingang beim Unternehmer zu verzinsen. § 288 Absatz 1 Satz 2, Absatz 2 und § 289 Satz 1 gelten entsprechend.

99 Die Regelung des § 650c BGB – eingefügt infolge Art. 1 Nr. 25 BauVertrRRG – ergänzt das Anordnungsrecht des Bestellers nach § 650b Abs. 2 BGB.

---

174 Vgl. auch *Schwenker/Rodemann*, § 650b BGB Rn 8: „Procedere für Änderungen des Bauvertrags" unter Bezugnahme auf *Orlowski*, ZfBR 2016, 426.

D. Vergütungsanpassung bei Anordnungen nach § 650b Abs. 2 BGB (§ 650c BGB) § 2

I. Ratio legis

§ 650c BGB regelt die Vergütungsanpassung, wenn der Besteller von seinem Anordnungsrecht nach § 650b Abs. 2 BGB Gebrauch macht: Der Besteller muss Leistungen, die der Unternehmer aufgrund einer aus seiner Risikosphäre herrührenden Vertragsänderung erbringen muss, grundsätzlich vergüten. Für diesen Fall trifft § 650c BGB Vorgaben für die Berechnung der Mehr- oder Mindervergütung.

100

Das in § 650c BGB gesetzlich normierte

101

- **Berechnungsmodell nach den tatsächlich erforderlichen Kosten** (mit angemessenen Zuschlägen für allgemeine Geschäftskosten, Wagnis und Gewinn) in § 650c Abs. 1 S. 1 BGB[175] (nachstehende Rdn 103 ff.) bzw.

- (nach Wahl des Unternehmers das) **Berechnungsmodell des Ansatzes in einer vereinbarungsgemäß hinterlegten Urkalkulation** in § 650c Abs. 2 BGB (wobei eine widerlegbare Vermutung besteht, dass die auf dieser Grundlage fortgeschriebene Vergütung den tatsächlich erforderlichen Kosten mach § 650c Abs. 1 BGB entspricht – Rdn 122 ff.)

für eine **Mehr- oder Mindervergütung** (wegen eines vermehrten oder verminderten Aufwandes) will „Spekulationen eindämmen und Streit der Parteien über die Preisanpassung weitestgehend ... vermeiden".[176] Die Norm soll Anreize setzen, und zwar einerseits für

- eine korrekte Ausschreibung durch den Besteller und andererseits auch für
- eine korrekte und nachvollziehbare Kalkulation durch den Unternehmer.[177]

Der Unternehmer soll davor geschützt werden, dass er sich im Falle von durch den Besteller nach Vertragsschluss einseitig angeordneten Mehrleistungen an den Preisen seiner „Urkalkulation" festhalten lassen muss – die (mit Blick auf den Wettbewerb) jetzt zu knapp oder gar unzureichend sind (weil bspw. mittlerweile eingetretene Preissteigerungen noch nicht berücksichtigt worden waren). Umgekehrt will die Norm bei maßgeblicher Zugrundelegung der tatsächlich erforderlichen Kosten aber auch den Besteller davor schützen, dass der Unternehmer durch Spekulationen für sich ungerechtfertigte Preisvorteile erzielt.[178]

102

---

175 Zu den Kalkulationsgrundsätzen näher jurisPK-BGB/*Leicht*, § 650c BGB Rn 10 ff.
176 RegE, BT-Drucks 18/8486, S. 56.
177 RegE, BT-Drucks 18/8486, S. 56.
178 RegE, BT-Drucks 18/8486, S. 56.

II. Grundsätzlicher Berechnungsmaßstab: Die tatsächlich erforderlichen Kosten (§ 650c Abs. 1 S. 1 BGB)

103 Der Gesetzgeber hatte ursprünglich erwogen, bei der Berechnung zwischen einer Anordnung zur Erreichung des vereinbarten Werkerfolgs (vgl. § 650b Abs. 1 S. 1 Nr. 2 BGB) und einer Anordnung zur Änderung des Werkerfolgs (§ 650b Abs. 1 S. 1 Nr. 1 BGB) zu differenzieren:[179] Im ersten Fall sollte die Mehr- oder Mindervergütung auf der Grundlage des ursprünglich vereinbarten Preisniveaus berechnet werden, bei Leistungsänderungen hingegen auf die Vertragspreise unter Berücksichtigung der veränderten preisrelevanten Umstände (bspw. Materialpreise oder Löhne) im Änderungszeitpunkt abgestellt werden. Ein solches Berechnungsmodell hätte der Nachkalkulation nach Maßgabe des § 650b Abs. 1 S. 1 Nr. 2 BGB den Preis zugrunde gelegt, den die Parteien vereinbart hätten, wenn ihnen die zusätzlich notwendigen Leistungen im Zeitpunkt des Vertragsschlusses bekannt gewesen wären und sie diese gleich berücksichtigt hätten.[180]

104 Letztlich hat der Gesetzgeber von diesem differenzierten Modell jedoch Abstand genommen, da ihm die Unterscheidung zwischen den beiden Anordnungsvarianten als zu schwierig und zu problembehaftet erschien. Es erfolgt gleichermaßen keine Berechnung auf der Grundlage der für die geänderte Bauleistung insgesamt „üblichen Vergütung" i.S.v. § 632 Abs. 2 BGB.[181]

105 Das in § 650c Abs. 1 BGB Gesetz gewordene Modell lässt zunächst die für die **unveränderten Vertragsleistungen** vereinbarten Preise unberührt. Im Falle **einer Einigung der Parteien** ist die zwischen ihnen **vereinbarte Vergütung** maßgeblich.[182]

106 Die Höhe des Vergütungsanspruchs für den infolge einer Anordnung des Bestellers nach § 650b Abs. 2 BGB **vermehrten oder verminderten Aufwand** (d.h. einer **Aufwandsänderung**) ist auf der Grundlage des allgemeinen vertraglichen Vergütungsanspruchs des Unternehmers nach den §§ 631 Abs. 2, 632 BGB (ohne dass ein selbstständiger Anspruch entsteht)[183] gemäß **§ 650c Abs. 1 S. 1 BGB** (in Abgehen von einer nach VOB/B und vormals nach BGB vorgegebenen leistungsbezogenen Berechnung – und zunächst einmal auch unabhängig von der Urkalkulation, dazu aber noch nachstehende Rdn 122 ff.) nach den

---

179 RegE, BT-Drucks 18/8486, S. 56.
180 RegE, BT-Drucks 18/8486, S. 56.
181 Kritisch *Oberhauser*, Das neue Bauvertragsrecht, § 2 Rn 99: dies überzeuge nicht.
182 Palandt/*Sprau*, § 650c BGB Rn 4.
183 Palandt/*Sprau*, § 650c BGB Rn 3.

D. Vergütungsanpassung bei Anordnungen nach § 650b Abs. 2 BGB (§ 650c BGB) § 2

- tatsächlich erforderlichen Kosten (aufwandsbezogener und nach den tatsächlichen Kosten zu ermittelnder Vergütungsanspruch)[184]
- mit angemessenen Zuschlägen[185] für
- allgemeine Geschäftskosten,
- Wagnis und
- Gewinn

(regelmäßig unter Zugrundelegung des vom Unternehmer nach § 650b Abs. 1 S. 1 BGB vorgelegten Angebots als „geeignetem Anhaltspunkt")[186] zu ermitteln (**Berechnungsmodus nach den tatsächlich entstandenen Kosten**).[187] Die Änderung „ergibt sich aus einem Vergleich des für die ursprünglich vereinbarte Gesamtleistung erforderlichen Aufwands mit dem Aufwand, der für die geänderte Gesamtleistung erforderlich ist".[188] Damit bleiben die für die unveränderten Vertragsleistungen vereinbarten Preise unberührt.[189]

Damit wird die Mehr- oder Mindervergütung nicht auf der Grundlage der für die geänderte Bauleistung insgesamt „üblichen Vergütung" nach Maßgabe des § 632 Abs. 2 BGB[190] berechnet, da

- es für viele (Spezial-)Bauleistungen keine „übliche Vergütung" gibt und
- bei „Änderungsnachträgen, bei denen nur die Art der Ausführung der Bauleistung, nicht jedoch der Aufwand (Material, Zahl der Arbeitsstunden etc.) geändert wird, eine Berechnung der Mehr- oder Mindervergütung nach der üblichen Vergütung nicht zu angemessenen Ergebnissen führen" würde.[191]

Abschließende Kritik

Der Lösungsansatz des § 650c BGB ist in der Literatur auf Kritik gestoßen:[192]
- Er verlasse die nach § 2 Abs. 5 und 6 VOB/B vorgegebene und auch in der Judikatur[193] vertretene Preisfortschreibung nach Maßgabe der Auftragskalkulation.
- Es könne nicht auf die tatsächlichen Kosten – sondern auf die tatsächlich erforderlichen Kosten – ankommen.

---

184 Nach aktuellen Materialkosten und Stundenlöhnen: so Palandt/*Sprau*, § 650c BGB Rn 6.
185 Dazu näher jurisPK-BGB/*Leicht*, § 650c BGB Rn 30 ff.
186 Palandt/*Sprau*, § 650c BGB Rn 5.
187 Zum tatsächlichen Mehraufwand näher jurisPK-BGB/*Leicht*, § 650c BGB Rn 18 ff., zu den tatsächlich erforderlichen Kosten jurisPK-BGB/*Leicht*, § 650c BGB Rn 26 ff.
188 Palandt/*Sprau*, § 650c BGB Rn 5: Aufwandsmehrung oder -minderung (auch in Bezug auf einzelne Teilleistungen).
189 *Schwenker/Rodemann*, § 650c BGB Rn 5.
190 Nach § 632 Abs. 2 BGB ist, wenn die Höhe der Vergütung nicht bestimmt ist, bei dem Bestehen einer Taxe die taxmäßige Vergütung, in Ermangelung einer Taxe die „übliche Vergütung" als vereinbart anzusehen.
191 So RegE, BT-Drucks 18/8486, S. 56.
192 *Langen*, NZBau 2015, 664; *Schwenker/Rodemann*, § 650c BGB Rn 4: „kann nicht überzeugen".
193 BGH MDR 2013, 904.

- Das gesetzgeberische Ziel, Spekulationen des Unternehmers durch eine Nichtfortschreibung der Auftragskalkulation zu verhindern (vorstehende Rdn 102), werde nicht erreicht: Das Wahlrecht des Unternehmers nach § 650c Abs. 2 BGB (Rdn 122 ff.) eröffne ihm gerade diese Möglichkeit. Im Übrigen könne der Unternehmer die gegenüber der Kalkulation höheren Kosten der Nachtragsleistung – sofern diese erforderlich waren – abrechnen.[194]

109 *Beachte:*

Der veränderte Aufwand nach den „**tatsächlichen Kosten**" ist die **Differenz** zwischen

- den **hypothetischen Kosten**, die ohne die Anordnung des Bestellers entstanden wären, und
- den **Ist-Kosten**, die aufgrund der Anordnung tatsächlich entstanden sind.[195]

„Diese Differenz ist die Grundlage für die Vergütung für den geänderten Aufwand."[196]
„Der Gewinn oder Verlust, den der Unternehmer bei Ausführung der unveränderten Leistung erzielt hätte, bleibt als absoluter Betrag erhalten und wird nicht, wie bei Berücksichtigung eines sogenannten Vertragspreisniveaufaktors, der in der Gesetzesbegründung ausdrücklich abgelehnt wird, potenziert."[197]

110 *Oberhauser*[198] weist darauf hin, dass die „Nachweisführung bezüglich der Kosten, die hypothetisch bei Ausführung der unveränderten Leistung tatsächlich angefallen wären, … regelmäßig aufwendig und streitbehaftet (ist), da es sich um hypothetische Kosten, die mangels Ausführung der ursprünglichen Leistung tatsächlich nicht anfallen, handelt"[199] (Notwendigkeit, dass der Unternehmer die hypothetischen Kosten, die ihm bei Ausführung der ursprünglichen Leistung entstanden wären, darlegen und mit Beweisen belegen muss).[200]

111 Die **Zuschläge** für

- allgemeine Geschäftskosten,
- Wagnis und
- Gewinn

müssen „**angemessen**" sein (ohne dass die Gesetzesbegründung den unbestimmten Rechtsbegriff der Angemessenheit näher konkretisiert), weshalb der bloße Hinweis des

---

[194] *Langen*, NZBau 2015, 665.
[195] RegE, BT-Drucks 18/8486, S. 56.
[196] RegE, BT-Drucks 18/8486, S. 56.
[197] *Oberhauser*, Das neue Bauvertragsrecht, § 2 Rn 102.
[198] *Oberhauser*, Das neue Bauvertragsrecht, § 2 Rn 103.
[199] Zu den Problemen in der Nachweisführung *Oberhauser*, Das neue Bauvertragsrecht, § 2 Rn 107.
[200] *Oberhauser*, Das neue Bauvertragsrecht, § 2 Rn 104.

D. Vergütungsanpassung bei Anordnungen nach § 650b Abs. 2 BGB (§ 650c BGB) § 2

Unternehmers auf die Urkalkulation zum Beleg der „Angemessenheit" der Zuschlagssätze nicht ausreicht.[201]

Die Regelung beantwortet also nicht die Frage nach der „**Angemessenheit**": „Nach welchen Kriterien die „Angemessenheit" beurteilt werden soll, ist nicht ersichtlich."[202] Im Übrigen weisen *Schwenker/Rodemann*[203] darauf hin, dass „Allgemeine Geschäftskosten sowie Wagnis und Gewinn ... vom Unternehmer im Vorhinein festgelegt (werden) und ... einer Angemessenheitsprüfung wohl nicht ohne weiteres zugänglich sein (dürften)". **112**

Vor diesem Hintergrund (d.h. eines Ausschlusses des Rückgriffs auf kalkulierte Werte) meint *Oberhauser*,[204] dass sich in der Praxis ein von der Rechtsprechung unterstütztes **Modell** entwickeln müsse, wie diese Zuschläge in „angemessener Höhe" anzusetzen sind – wobei er auf ein vom Arbeitskreis I des Deutschen Baugerichtstages entwickeltes Modell verweist, das auf den insgesamt entgangenen Deckungsbeitrag (für allgemeine Geschäftskosten, Wagnis und Gewinn) abstellt.[205] „Ob dieses Modell zu sachgerechten Ergebnissen und angemessenen Zuschlägen führt oder das Gesetz einen Zuschlag auf die den Umsatz erhöhende Mehrvergütung fordert, wird die Rechtsprechung klären müssen."[206] **113**

Schwenker/Rodemann[207] monieren, dass bei den „angemessenen Zuschlägen" die **Baustellengemeinkosten** nicht erwähnt werden – was nicht nachvollziehbar sei. **114**

> *Beachte:* **115**
>
> Eine **Kombination** zwischen den
> - tatsächlich erforderlichen Kosten einerseits und den
> - kalkulierten Kosten andererseits
>
> in der Nachtragsberechnung ist **unzulässig**, „um keine Anreize für spekulative Kostenverschiebungen zu schaffen".[208] Aus diesem Grunde kommt im Rahmen des Berechnungsmodells des § 650c Abs. 1 BGB ein Rückgriff auf die hinterlegte Urkalkulation nicht in Betracht.

Auch ein sog. **Vertragspreisniveaufaktor** gelangt bei der Berechnung der Mehr- oder Mindervergütung nicht zur Anwendung, da eine entsprechende Ergänzung der Berechnung mittels dieses Faktors zur Folge hätte, dass eine ursprünglich einkalkulierte Ge- **116**

---

201 RegE, BT-Drucks 18/8486, S. 57 – es dürfe nämlich keine Kombination zwischen den Herstellungskosten (d.h. den tatsächlich entstandenen Kosten) und den Zuschlägen (kalkulierten Kosten) geben.
202 *Schwenker/Rodemann*, § 650c BGB Rn 9 unter Bezugnahme auf *Kimpel*, NZBau 2016, 736.
203 *Schwenker/Rodemann*, § 650c BGB Rn 9.
204 *Oberhauser*, Das neue Bauvertragsrecht, § 2 Rn 109.
205 *Oberhauser*, Das neue Bauvertragsrecht, § 2 Rn 110.
206 So *Oberhauser*, Das neue Bauvertragsrecht, § 2 Rn 111.
207 *Schwenker/Rodemann*, § 650c BGB Rn 9.
208 So RegE, BT-Drucks 18/8486, S. 57.

winn- oder Verlustspanne auch der Berechnung der Nachtragsvergütung zugrunde gelegt würde – was in der Folge „zu einer Potenzierung der Gewinne oder Verluste der Ausgangskalkulation führen würde".[209]

117 *Beachte:*
Die im Wettbewerb für die Ausgangsleistungen zustande gekommene anteilige **Gewinn- und Verlustspanne** *bleibt hingegen für die jeweilige Bezugsposition in ihrer ursprünglichen Höhe – d.h. als Absolutbetrag – erhalten, wodurch das Preisrisiko für die Vertragsparteien begrenzt wird.*[210]

118 Umfasst die Leistungspflicht des Unternehmers (außer der Planausführung) auch die **Planung** des Bauwerks oder der Außenanlage, steht diesem im Fall des § 650b Abs. 1 S. 1 Nr. 2 BGB (Änderung, die zur Erreichung des vereinbarten Werkerfolgs erforderlich ist) nach **§ 650c Abs. 1 S. 2 BGB** kein Anspruch auf eine Vergütung für vermehrten Aufwand zu[211] (**Ausschluss eines Anspruchs auf Vergütung für den vermehrten Aufwand im Falle von Änderungen, die zur Erreichung des vereinbarten Werkerfolgs notwendig sind**). Dies liegt darin begründet, dass der Unternehmer in diesem Fall die für die Erreichung des Werkerfolgs erforderlichen Leistungen planen und bereits in seiner Preisbildung zu berücksichtigen hat.[212]

119 Dem Unternehmer dürfe kein zusätzlicher Vergütungsanspruch daraus erwachsen, dass ein Mangel seiner Planung aufgedeckt wurde.

120 *Schwenker/Rodemann*[213] *weisen darauf hin, dass die Regelung auf* **Fälle einer funktionalen Ausschreibung** *passe (d.h. wenn der Unternehmer zum vereinbarten Preis ein Leistungsziel erreichen muss und selbst die dafür erforderlichen Schritte plant). § 650c Abs. 1 S. 2 BGB sei aber zu weit gefasst, da allein aus der Übernahme der Planung durch den Unternehmer nicht in jedem Falle folgt, „dass der Unternehmer alles schuldet, um den Werkerfolg zu erreichen".*[214] *Im Übrigen sei § 650c Abs. 1 S. 2 BGB „äußerst unklar":*[215] *Häufig seien nur Teile der Planung Aufgabe des Unternehmers – Generalunternehmer würden regelmäßig mit der Ausführungsplanung betraut, könnten aber ihr Angebot nur auf der Grundlage der vom Besteller erstellten Entwurfsplanung kalkulieren.*[216]

---

209 RegE, BT-Drucks 18/8486, S. 57.
210 RegE, BT-Drucks 18/8486, S. 57.
211 Zur Planungsverantwortung des Unternehmers näher auch jurisPK-BGB/*Leicht*, § 650c BGB Rn 33 ff.
212 *Oberhauser*, Das neue Bauvertragsrecht, § 2 Rn 112.
213 *Schwenker/Rodemann*, § 650c BGB Rn 7.
214 *Schwenker/Rodemann*, § 650c BGB Rn 7: „Stellt sich etwa der Baugrund anders dar als vom Baugrundgutachter prognostiziert, sollten dem Unternehmer nicht allein deshalb Ansprüche abgeschnitten werden, weil er geplant hat".
215 *Schwenker/Rodemann*, § 650c BGB Rn 7.
216 *Schwenker/Rodemann*, § 650c BGB Rn 7.

D. Vergütungsanpassung bei Anordnungen nach § 650b Abs. 2 BGB (§ 650c BGB) § 2

Beachte: 121

Nach *Sprau*[217] ist von den **Einzelkosten der jeweiligen Teilleistung** auszugehen – einschließlich

- umgelegter Baustellengemeinkosten (bspw. für Material, Arbeitsstunden, Geräteeinsatz und Drittleistung, bspw. von Subunternehmern) sowie ggf.
- eindeutig feststellbarer Kosten der Nachtragsbearbeitung.
- Für allgemeine Geschäftskosten (d.h. nicht projekt-, sondern umsatzbezogene Kosten [z.B. Verwaltungs- und Bürokosten] sowie Wagnis und Gewinn [mithin die im Preis einkalkulierte Gewinnspanne einschließlich eines Ansatzes für die Verlustgefahr]) sei nach § 650c Abs. 1 S. 1 BGB ein „angemessener Anschlag" anzusetzen.[218]

III. Alternativer Berechnungsmaßstab: Ansätze einer vereinbarungsgemäß hinterlegten Urkalkulation (§ 650c Abs. 2 BGB)

1. Preisfortschreibung der Ansätze aus der Urkalkulation

Der Unternehmer kann zur Berechnung der Vergütung für den Nachtrag gemäß § 650c 122 Abs. 2 S. 1 BGB – um die Abrechnung praktikabel und leichter zu gestalten – (alternativ) **auch** auf die (Kosten-)Ansätze in einer vereinbarungsgemäß hinterlegten **Urkalkulation**[219] (die nach Preisen und Leistung hinreichend aufgeschlüsselt ist) zurückgreifen[220] (**Preisfortschreibung der Ansätze aus der Urkalkulation**[221] – **vorkalkulatorische Preisfortschreibung**).[222]

Beachte: 123

Ist eine Fortschreibung – auch nur teilweise – nicht möglich (bspw. weil die Urkalkulation nicht hinreichend aufgeschlüsselt ist bzw. Nachtragsleistungen in ihr nicht berücksichtigt wurden), kommt nur eine Berechnung nach Maßgabe von § 650c Abs. 1 S. 1 BGB (vorstehende Rdn 103 ff.) in Betracht.[223]

---

217 Palandt/*Sprau*, § 650c BGB Rn 6.
218 Palandt/*Sprau*, § 650c BGB Rn 6.
219 Zum Begriff der „Urkalkulation" näher *Orlowski*, BauR 2017, 1427, 1432.
220 I.S., „dass der Unternehmer diese Berechnungselemente und Mengen auch für die Nachtragskalkulation verwendet in dem Sinn, dass er bei vergleichbaren Teilleistungen die Einzelkosten nach den Grundsätzen der Urkalkulation ansetzt": Palandt/*Sprau*, § 650c BGB Rn 7.
221 Dazu näher jurisPK-BGB/*Leicht*, § 650c BGB Rn 38 ff.
222 *Oberhauser*, Das neue Bauvertragsrecht, § 2 Rn 118.
223 RegE, BT-Drucks 18/8486, S. 56.

124 Damit müssen die Preise nicht nach den tatsächlich erforderlichen Kosten neu berechnet werden – vielmehr genügt (analog § 2 Abs. 5 und 6 VOB/B, Vergütungsberechnung für geänderte und zusätzliche Leistungen)[224] ein Rückgriff auf die im Regelfall vorhandene Urkalkulation des Unternehmers.[225]

125 Der **Begriff der „Urkalkulation"** erfährt keine Definition im Gesetz, sodass unklar ist, „welche Voraussetzungen dafür erfüllt sein müssen".[226] Unter Rückgriff auf eine zu § 2 Abs. 5 und 6 VOB/B in der Literatur vertretene Auffassung ist nach *Oberhauser*[227] „die Kalkulation, die den vertraglich vereinbarten Preisen zugrunde liegt", die „**Urkalkulation**".[228] Nach *Sprau*[229] ist „Urkalkulation" eine regelmäßig in einem geschlossenen Umschlag verwahrte Zusammenstellung der Berechnungselemente „(z.B. der Stückpreis für Einzelleistungen, der Prozentsatz für umgelegte Baustellengemeinkosten, allgemeine Geschäftskosten und Gewinn), die der Unternehmer seinem ursprünglichen Angebot zugrunde gelegt hat".[230]

2. Gesetzliche Vermutung nach § 650c Abs. 2 S. 2 BGB

126 Dabei wird nach **§ 650c Abs. 2 S. 2 BGB** ergänzend – wenngleich widerleglich[231] (der Besteller kann die Vermutung nach § 292 ZPO widerlegen) – vermutet (**gesetzliche Vermutung**), dass die auf der Basis der Urkalkulation (enthaltene oder) fortgeschriebene Vergütung (Preis- und Kostensätze) der Vergütung (d.h. den tatsächlich erforderlichen Kosten) nach § 650c Abs. 1 BGB entspricht „und hinsichtlich der Zuschläge weiterhin angemessen" ist.[232]

127 „Hinsichtlich eines **Zuschlags für allgemeine Geschäftskosten** wird mithin vermutet, dass er weiterhin zutreffend ist":[233] Haben sich die allgemeinen Geschäftskosten jedoch erhöht, kann der Unternehmer die Berechnungsmethode nach § 650c Abs. 1 BGB heranziehen und sie auf andere Weise schlüssig darlegen.

128 Nicht geregelt ist die Frage, ob und ggf. wie die Vermutung nach § 650c Abs. 2 S. 2 BGB widerlegt werden kann. *Schwenker/Rodemann*[234] plädieren dafür, die Vergütung nach

---

224 *Oberhauser*, Das neue Bauvertragsrecht, § 2 Rn 113.
225 RegE, BT-Drucks 18/8486, S. 56.
226 *Schwenker/Rodemann*, § 650c BGB Rn 4 unter Bezugnahme auf *Orlowski*, ZfBR 2016, 427.
227 *Oberhauser*, Das neue Bauvertragsrecht, § 2 Rn 115.
228 Vgl. auch BGH ZfBR 2003, 146.
229 Palandt/*Sprau*, § 650c BGB Rn 7.
230 Palandt/*Sprau*, § 650c BGB Rn 7.
231 Was dem Besteller erhebliche Schwierigkeiten bereiten dürfte, da er im Regelfall „wenig Einblick in die tatsächlichen Kosten des Unternehmers hat": *Oberhauser*, Das neue Bauvertragsrecht, § 2 Rn 120.
232 RegE, BT-Drucks 18/8486, S. 57.
233 RegE, BT-Drucks 18/8486, S. 57.
234 *Schwenker/Rodemann*, § 650c BGB Rn 10.

D. Vergütungsanpassung bei Anordnungen nach § 650b Abs. 2 BGB (§ 650c BGB) §2

§ 650c Abs. 1 BGB als den „richtigen Preis" anzusehen, weswegen der Besteller gegen eine Preisberechnung auf der Grundlage der Urkalkulation nach § 650c Abs. 2 S. 1 BGB einwenden könne, dass die Vergütungsberechnung nach § 650c Abs. 1 BGB für ihn günstiger sei.[235]

Im Hinblick auf die gesetzliche Vermutung nach § 650c Abs. 2 S. 2 BGB für die **Ansätze der Urkalkulation** sind auch die **Zuschläge für Wagnis und Gewinn** einbezogen.[236] Da diese im Wettbewerb um die Ausgangsleistung erzielt worden sind, erscheint es dem Gesetzgeber sachgerecht, sie über die Vermutung im Zweifel fortzuschreiben: „Bei unternehmensbezogenen kalkulierten Zuschlägen bezieht sich die widerlegbare Vermutung auch auf die in der Urkalkulation ausgewiesenen Ansätze und Bezugsgrößen wie Umsatz, Bauzeit oder projektbezogene Festbeträge."[237] 129

Für die Ermittlung der „tatsächlich erforderlichen Kosten" brauchen die Vertragsparteien damit **keine Nachkalkulation** (Neuberechnung) vorzunehmen. Vielmehr können sie auf die regelmäßig vorhandene Urkalkulation des Unternehmers zurückgreifen. 130

Die Vermutungswirkung nach § 650c Abs. 2 BGB hat jedoch zur Voraussetzung, dass die vom Unternehmer offenbarte oder zumindest hinterlegte **Urkalkulation in ausreichendem Maße aufgeschlüsselt** ist – wobei die Regelung als wichtiger Nebeneffekt dem Unternehmer (sofern er die Kalkulation nachvollziehbar gestaltet hat) auch den Anreiz bietet, die Kalkulation (gestützt auf die gesetzliche Vermutung) für die Berechnung der „Ist-Kosten" heranziehen zu können.[238] 131

Der Gesetzgeber hat keine ausdrücklichen Vorgaben zum **Umfang (Grad) der Aufschlüsselung** vorgegeben. Nach *Oberhauser*[239] müssen aber Preis- und Kostenansätze als Grundlage einer Fortschreibung der Ansätze vorhanden sein (und im Übrigen auch die Zuschläge für allgemeine Geschäftskosten, Wagnis und Gewinn): „Einzelkosten der Teilleistung (müssen) in die entsprechenden Kostenarten ... aufgegliedert werden."[240] 132

Oberhauser[241] vermutet auch, dass es – entgegen dem Wortlaut („die vom Unternehmer offenbarte oder zumindest hinterlegte Urkalkulation ausreichend aufgeschlüsselt")[242] – nicht erforderlich sein dürfte, „dass die Parteien eine Vereinbarung über die Hinterlegung 133

---

235 *Schwenker/Rodemann*, § 650c BGB Rn 10.
236 RegE, BT-Drucks 18/8486, S. 57.
237 RegE, BT-Drucks 18/8486, S. 57.
238 RegE, BT-Drucks 18/8486, S. 57.
239 *Oberhauser*, Das neue Bauvertragsrecht, § 2 Rn 117 – der dies aus der Gesetzesbegründung zur Vermutungswirkung (§ 650c Abs. 2 S. 2 BGB) schließt.
240 *Oberhauser*, Das neue Bauvertragsrecht, § 2 Rn 117: zudem müssten die Baustellengemeinkosten und ihre Zusammensetzung sowie die Zuschläge für allgemeine Geschäftskosten, Wagnis und Gewinn aufgeführt werden.
241 *Oberhauser*, Das neue Bauvertragsrecht, § 2 Rn 116.
242 RegE, BT-Drucks 18/8486, S. 56.

der Kalkulation und/oder ihre Inhalte treffen": Vielmehr müsse die Urkalkulation dem Besteller wohl nur offenbart (Offenbarung spätestens zum Zeitpunkt des Vertragsabschlusses – keine Nachreichung der Urkalkulation) oder hinterlegt werden und ausreichend aufgeschlüsselt sein.[243] Nur bei Vorliegen der genannten Voraussetzungen und in Kenntnis derselben könne der Unternehmer sein Wahlrecht auch in Bezug auf § 650c Abs. 2 BGB wirksam ausüben.

134 *Beachte:*

Der Unternehmer hat somit ein **Wahlrecht** in Bezug auf die **Berechnung von Nachträgen**: Er kann auf der Grundlage

- der **tatsächlich entstanden Kosten** (mit angemessenen Zuschlägen für allgemeine Geschäftskosten sowie Wagnis und Gewinn, § 650c Abs. 1 BGB – Notwendigkeit, die tatsächlich erforderlichen Mehr- oder Minderkosten für die vom Besteller nachträglich angeordnete Leistung darzulegen [vorstehende Rdn 103 ff.]) oder auf der Grundlage
- seiner **ursprünglichen Kalkulation** (§ 650c Abs. 2 BGB – Fortschreibung der Urkalkulation [Rdn 122 ff.])

abrechnen.

Allerdings kann der Unternehmer – zwecks Verhinderung von Spekulationen bei der Preisgestaltung – sein **Wahlrecht für jeden Nachtrag nur insgesamt** (d.h. in toto) ausüben („Vergütung für den Nachtrag").[244] **Eine Kombination beider Berechnungsmethoden ist dem Unternehmer nicht gestattet.**

135 Andererseits kann der Unternehmer verschiedene Nachträge aber auch nach verschiedenen Berechnungsmethoden berechnen.

136 Keine Regelung hat die Frage erfahren, ob der Unternehmer an eine einmal getroffene Wahl der Berechnungsmethode gebunden ist. *Schwenker/Rodemann*[245] verneinen dies mit dem Argument, dass „sich die ,richtige' Vergütung aus Abs. 1 ergibt".

IV. Abschlagszahlungen

137 Streiten die Parteien über eine geschuldete Mehrvergütung für einen Nachtrag nach § 650c Abs. 1 und 2 BGB,[246] trägt der Unternehmer das Risiko, dass er – zunächst ohne Entgelt – eine Mehrleistung erbringen muss und die Klärung der Mehrvergütung erst in der Schluss-

---

243 *Oberhauser*, Das neue Bauvertragsrecht, § 2 Rn 116.
244 RegE, BT-Drucks 18/8486, S. 57.
245 *Schwenker/Rodemann*, § 650c BGB Rn 10.
246 Dazu näher jurisPK-BGB/*Leicht*, § 650c BGB Rn 43 ff.

D. Vergütungsanpassung bei Anordnungen nach § 650b Abs. 2 BGB (§ 650c BGB) § 2

rechnung erfolgt (bzw., dass er wegen der nicht gezahlten Abschlagsrechnung die Erbringung seiner eigenen Leistung verweigert, den Bauvertrag kündigt oder gegen den Besteller nach § 650d BGB gerichtlich vorgeht).[247] Hier soll ihm **§ 650c Abs. 3 BGB** die Möglichkeit eröffnen, wenigstens einen Teil der geschuldeten Mehrvergütung in Gestalt einer **Abschlagszahlung**[248] – in **Form einer vorläufigen Pauschalierung** (nach vereinfachter Berechnungsmethode) – geltend machen zu können.[249]

§ 650c Abs. 3 BGB hat folgende **Voraussetzungen**:[250] 138

- Der Unternehmer hat dem Grunde nach einen Anspruch auf eine Abschlagszahlung, aus
  - dem Ausgangsvertrag oder
  - gesetzlich nach § 632a BGB.
- Der Unternehmer hat ein Angebot nach § 650b Abs. 1 S. 2 BGB (vorstehende Rdn 52 ff.) unterbreitet.
- Die Parteien konnten keine einvernehmliche Einigung über die Mehrvergütung erzielen (und es ist auch zu keiner diesbezüglichen gerichtlichen Entscheidung gekommen).

Nachschlagszahlung nach § 632a Abs. 1 BGB 139

Nach § 632a Abs. 1 S. 1 BGB kann der Unternehmer vom Besteller eine **Abschlagszahlung** in Höhe des Wertes der von ihm erbrachten und nach dem Vertrag geschuldeten Leistungen verlangen. Sind die Leistungen nicht vertragsgemäß, kann der Besteller gemäß § 632a Abs. 1 S. 2 BGB die Zahlung eines angemessenen Teils des Abschlags verweigern. Die Beweislast für die vertragsgemäße Leistung verbleibt bis zur Abnahme beim Unternehmer (so § 632a Abs. 1 S. 3 BGB). § 641 Abs. 3 BGB gilt nach § 632a Abs. 1 S. 4 BGB entsprechend. Die Leistungen sind gemäß § 632a Abs. 1 S. 5 BGB durch eine Aufstellung nachzuweisen, die eine rasche und sichere Beurteilung der Leistungen ermöglichen muss. § 632a Abs. 1 S. 1 bis 5 BGB gelten nach § 632a Abs. 1 S. 6 BGB auch für erforderliche Stoffe und Bauteile, die angeliefert oder eigens angefertigt und bereitgestellt sind, wenn der Besteller nach seiner Wahl Eigentum an den Stoffen oder Bauteilen übertragen oder entsprechende Sicherheit hierfür geleistet wird.

---

247 So *Oberhauser*, Das neue Bauvertragsrecht, § 2 Rn 121.
248 Zum Begriff der „Abschlagszahlung" *Retzlaff*, BauR 2017, 1791, 1806.
249 RegE, BT-Drucks 18/8486, S. 57.
250 Nach Palandt/*Sprau*, § 650c BGB Rn 10.

140 *Beachte:*

§ 650c Abs. 2 BGB begründet zugunsten des Unternehmers **keinen eigenständigen Anspruch**, sondern erleichtert ihm nur die Berechnung der Höhe der Abschlagszahlung und den Nachweis.

1. Die 80 %-Regelung

141 Bei der Berechnung von

- vereinbarten oder
- gemäß § 632a BGB geschuldeten[251] **Abschlagszahlungen**

kann der Unternehmer nach § **650c Abs. 3 S. 1 1. Halbs. BGB** (mangels vorgängiger Einigung) **80 %** einer in seinem **Angebot nach § 650b Abs. 1 S. 2 BGB** (vorstehende Rdn 52 ff.) genannten Mehrvergütung[252] (auf der Grundlage eines von ihm erstellen Angebots über von ihm erbrachte oder gleichgestellte Mehrleistungen) ansetzen.

142 Voraussetzung dafür ist aber gemäß § 650 Abs. 3 S. 1 2. Halbs. BGB, dass

- sich die Parteien nicht über die Höhe geeinigt haben oder
- keine anderslautende gerichtliche Entscheidung (d.h. für den Fall, dass der Besteller sich einer entsprechenden Abschlagszahlungsforderung gerichtlich erwehrt hat)

ergangen ist.

143 *Beachte:*

Der Unternehmer kann also einen Mehrvergütungsanspruch dadurch selbst begründen, dass er ein Angebot nach § 650b Abs. 1 S. 2 BGB erstellt. Er kann damit die weitere Leistungsausführung nach § 320 BGB von der Zahlung des erhöhten Abschlagszahlungsanspruchs durch den Besteller abhängig machen – und gemäß § 650f BGB (Bauhandwerkersicherung) auch eine erhöhte Sicherheit fordern.[253]

Schwenker/Rodemann[254] monieren dies jedoch zu Recht: „Dass es einem Vertragspartner ermöglicht wird, durch ein selbst erstelltes Angebot (auch wenn es unzutreffend und überhöht ist) erhebliche Rechtswirkungen herbeizuführen, ist äußerst ungewöhnlich. Der Besteller kann Rechtsschutz in Anspruch nehmen, trägt also die Beweislast."[255]

---

251 Das Tatbestandsmerkmal „geschuldet" weist daraufhin, „dass es sich um eine Änderung, die zu einem Mehrvergütungsanspruch berechtigt (bestehender Anspruchsgrund) handeln muss" und dass i.Ü. auch die Voraussetzungen einer Abschlagszahlung aufgrund vertraglicher Vereinbarung bzw. gemäß § 632a BGB erfüllt sein müssen: so *Oberhauser*, Das neue Bauvertragsrecht, § 2 Rn 122.
252 Dazu näher jurisPK-BGB/*Leicht*, § 650c BGB Rn 44 ff.
253 *Schwenker/Rodemann*, § 650c BGB Rn 11.
254 *Schwenker/Rodemann*, § 650c BGB Rn 11.
255 *Schwenker/Rodemann*, § 650c BGB Rn 11.

D. Vergütungsanpassung bei Anordnungen nach § 650b Abs. 2 BGB (§ 650c BGB) § 2

Dies verschafft dem Unternehmer während der Bauausführung einen „leicht zu begründenden vorläufigen Mehrvergütungsanspruch".[256] Wenn der Besteller diesen Abschlag für überhöht erachtet, muss er gerichtlichen Rechtsschutz in Anspruch nehmen. 144

> *Beachte:* 145
> Bei einer Berechnung der Abschlagszahlungen durch den Unternehmer nach § 650c Abs. 1 und 2 BGB kann dieser 100 % (§ 650c Abs. 3 BGB: 80 %) der für die Ausführung der Änderung erbrachten Leistung abrechnen.

2. Fälligkeit der Mehrvergütung

Wählt der Unternehmer diesen Weg – d.h. kommt es zu einer vorläufigen Abschlagsberechnung nach der 80 %-Regelung (Berechnung der Höhe der Abschlagszahlungen auf der Grundlage der in seinem Angebot genannten Mehrvergütung) – und ergeht keine anderslautende gerichtliche Entscheidung (weil der Besteller keinen Rechtsschutz für sich in Anspruch genommen hat), wird die (vom Besteller) nach § 650c Abs. 1 und 2 BGB **geschuldete tatsächliche Mehrvergütung** erst nach der Abnahme des Werkes (vgl. § 641 BGB – Fälligkeit der Vergütung erst mit Abnahme des Werkes) fällig (so **§ 650c Abs. 3 S. 2 BGB**) – d.h. mit der Schlussrechnung (**Fälligkeit der geschuldeten Mehrvergütung**).[257] 146

> *Beachte:* 147
> „Dies bedeutet, dass der Unternehmer, wenn er die Abschlagszahlungen nach § 650c Abs. 3 S. 1 BGB berechnet, lediglich 80 Prozent der in seinem Angebot genannten Mehrvergütung über Abschlagszahlungen geltend machen kann, während er bei einer Berechnung der Abschlagszahlungen nach § 650c Abs. 1 und 2 BGB 100 Prozent der so berechneten Mehrvergütung über Abschlagszahlungen abrechnen kann."[258]

3. Rückgewähr- und Zinspflicht bei Überzahlungen

Zahlungen nach § 650c Abs. 3 S. 1 BGB (Abschlagszahlungen), die die nach § 650c Abs. 1 und 2 BGB geschuldete Mehrvergütung übersteigen (d.h. **Überzahlungen**), sind dem Besteller dann nach **§ 650c Abs. 3 S. 3 BGB** 148

---

256 RegE, BT-Drucks 18/8486, S. 57 f.
257 Dazu näher jurisPK-BGB/*Leicht*, § 650c BGB Rn 49 ff.
258 *Oberhauser*, Das neue Bauvertragsrecht, § 2 Rn 125.

- zurückzugewähren (**Rückgewähranspruch**) und
- (ab dem Zeitpunkt ihres Eingangs beim Unternehmer – die Zinspflicht beginnt mit der ersten, die tatsächlich geschuldete Mehrvergütung übersteigenden Abschlusszahlung)[259] zu verzinsen (**Zinspflicht**)
(um überhöhte Nachtragsangebote unter Ausnutzung der 80 %-Regel zu vermeiden[260] – **Rückgewähr und Verzinsung von Überzahlungen**).[261]

149 Schwenker/Rodemann[262] monieren zu Recht, dass die Verzinsungsregel dazu „ermuntert", überhöhte Angebote zu stellen, weil die Sanktion erst bei Überschreitung des letztlich geschuldeten (100 %igen) Betrages greift und die Überschreitung der 80 %-Grenze sanktionslos bleibt.[263] § 650c Abs. 3 S. 3 BGB sei im Übrigen unpraktikabel, „weil Nachtragsansprüche nur Rechnungsposten der Schlussrechnung und der Abschlagsrechnung sind".[264] Häufig werde auch unklar bleiben, „worauf" der Besteller gezahlt hat und ob eine überhöhte Nachtragsforderung dadurch kompensiert werden könne, „dass der Unternehmer für andere Leistungen hätte Abschläge beanspruchen können".[265]

150 Dabei gelten gemäß **§ 650c Abs. 3 S. 4 BGB** die Regelungen des § 288 Abs. 1 S. 2 und Abs. 2 sowie § 289 S. 1 BGB entsprechend:

- Der Verzugszinssatz beträgt für das Jahr fünf Prozentpunkte über dem Basiszinssatz (§ 288 Abs. 1 S. 2 BGB).
- Bei Rechtsgeschäften, an denen ein Verbraucher nicht beteiligt ist, beträgt der Zinssatz für Entgeltforderungen neun Prozentpunkte über dem Basiszinssatz (§ 288 Abs. 2 BGB – wobei der hohe Zinsfaktor der Versuchung entgegenwirken soll, durch eine überhöhte Bepreisung des Angebots eine überhöhte Abschlagszahlung beanspruchen zu können).[266]
- Von Zinsen sind Verzugszinsen nicht zu entrichten (§ 289 S. 1 BGB).

151 Die Verzinsungspflicht nach § 650c Abs. 3 S. 3 und 4 BGB will die Risiken des Bestellers, dass Abschlagszahlungen (nicht abhängig vom Wert der erbrachten Leistungen nach § 632a BGB, sondern) in Höhe von 80 % eines vom Unternehmer (u.U. überhöht) gestellten Angebots gefordert werden, vermindern und den Unternehmer davon abhalten, leichtfertig überhöhte Mehrvergütungsangebote zu präsentieren.[267]

---

259 *Oberhauser*, Das neue Bauvertragsrecht, § 2 Rn 128.
260 *Schwenker/Rodemann*, § 650c BGB Rn 12.
261 Dazu näher jurisPK-BGB/*Leicht*, § 650c BGB Rn 54 f.
262 *Schwenker/Rodemann*, § 650c BGB Rn 12.
263 *Schwenker/Rodemann*, § 650c BGB Rn 12.
264 *Schwenker/Rodemann*, § 650c BGB Rn 12.
265 *Schwenker/Rodemann*, § 650c BGB Rn 12.
266 Palandt/*Sprau*, § 650c BGB Rn 12.
267 Beschlussempfehlung des Ausschusses für Recht und Verbraucherschutz, BT-Drucks 11437, S. 48.

E. Einstweilige Verfügung (§ 650d BGB)

§ 650d Einstweilige Verfügung 152
Zum Erlass einer einstweiligen Verfügung in Streitigkeiten über das Anordnungsrecht gemäß § 650b oder die Vergütungsanpassung gemäß § 650c ist es nach Beginn der Bauausführung nicht erforderlich, dass der Verfügungsgrund glaubhaft gemacht wird.

§ 650d BGB – eingefügt infolge Art. 1 Nr. 25 BauVertrRRG – zielt auf eine Erleichterung 153
des Erlasses einstweiliger Verfügungen (§§ 935, 940 ZPO) zur Durchsetzung von Forderungen des Unternehmers (aber nur) in Bezug auf

- das **Anordnungsrecht** (§ 650b BGB) oder
- den **Vergütungsanspruch** (§ 650c BGB – Vergütungsanpassung),

in Bezug auf Streitigkeiten, die **nach Beginn der Bauausführung** geführt werden.[268] Dabei spielt es keine Rolle, ob der Unternehmer oder der Besteller das Verfahren einleitet.[269]

Dabei hat sich – so *Schwenker/Rodemann*[270] – der Gesetzgeber gegen das sinnvolle Konzept 154
der Arbeitsgruppe „Bauvertragsrecht" einer „**Bauverfügung**" (i.S. eines besonderen Streitbeilegungsmechanismus) entschieden und „verfolgt die (fernliegende) Auffassung, komplexe Nachtragsansprüche im einstweiligen Verfügungsverfahren, in dem eine Beteiligung von Gerichtssachverständigen nicht möglich ist, sachgerecht" verhandeln zu können.[271]

I. Anwendungsbereich

Zum Erlass einer einstweiligen Verfügung (§§ 935 ff. ZPO) in **Streitigkeiten** über 155

- das **Anordnungsrecht** gemäß § 650b BGB[272] (d.h. vor allem Streitigkeiten über die Rechtmäßigkeit einer Anordnung nach § 650b Abs. 2 BGB – muss der Unternehmer einer Anordnung nachkommen? – insbesondere das Problem der „Zumutbarkeit" der Anordnung für den Unternehmer [§ 650b Abs. 2 S. 2 BGB]) *oder* (praktisch bedeutsamer)
- die **Vergütungsanpassung** gemäß § 650c BGB[273] (insbesondere Streitigkeiten über die Höhe zu leistender Abschlagszahlungen[274] [berechnet nach § 650c Abs. 3 BGB

---

268 Palandt/*Sprau*, § 650d BGB Rn 2.
269 Palandt/*Sprau*, § 650d BGB Rn 2.
270 *Schwenker/Rodemann*, § 650d BGB Rn 1.
271 *Schwenker/Rodemann*, § 650d BGB Rn 1.
272 Dazu näher jurisPK-BGB/*Leicht*, § 650d BGB Rn 11 ff.
273 Dazu näher jurisPK-BGB/*Leicht*, § 650d BGB Rn 14 ff.
274 Weil der Besteller die in Rechnung gestellte Abschlagszahlung für unberechtigt erachtet (die angeordnete Leistung sei keine Vertragsänderung, sondern eine von der vertraglichen Vergütung abgegoltene Leistung): RegE, BT-Drucks 18/8486, S. 54. Oder weil die Forderung des Unternehmers aus Sicht des Bestellers überhöht ist (da die nach § 650c Abs. 3 BGB berechnete Höhe der Abschlagszahlung wegen eines überhöhten

bzw. nach § 650c Abs. 1 und 2 BGB] und einer zu gewährenden Sicherheit [im Falle, dass die Parteien sich über die infolge der Änderung zu leistende Mehr- oder Mindervergütung nicht geeinigt haben] – erfasst werden dabei nur Abschlagszahlungen[275] [nicht Schlusszahlungen])

ist es **nach Beginn der Bauausführung** im Interesse einer raschen Entscheidung (um Liquiditätsengpässe und Baustillstände durch eine Zahlungsanordnung im einstweiligen Verfügungsverfahren zu vermeiden)[276] nicht erforderlich, dass der Verfügungsgrund, d.h. die Notwendigkeit einer gerichtlichen Regelung

- zur Sicherung eines Anspruchs oder
- zur einstweiligen Regelung der Rechtsbeziehung der Parteien,

glaubhaft gemacht wird (so § 650d BGB als einheitliche Regelung).[277]

156 Die **Glaubhaftmachung des Verfügungsgrundes** ist nicht erforderlich (**gesetzliche Vermutung für das Vorliegen eines Verfügungsgrundes**) – es reicht aus, dass der Verfügungsanspruch geltend gemacht wird. Dahingegen ist der Verfügungsanspruch nach allgemeinen Regeln (vgl. § 294 ZPO) glaubhaft zu machen.[278]

157 *Beachte:*

Ungeachtet des Streitwerts eröffnet § 71 Abs. 2 Nr. 5 GVG für Streitigkeiten über das Anordnungsrecht des Bestellers nach § 650b BGB und über die Höhe des Vergütungsanspruchs infolge einer solchen Anordnung nach § 650c BGB eine **Zuständigkeit der Landgerichte** – und dort können nach den §§ 72a, 119a GVG Spezialspruchkörper errichtet werden, die auch für die Bezirke mehrerer Landgerichte zuständig sind.[279]

II. Vermutungswirkung in Bezug auf das Vorliegen eines Verfügungsgrundes

158 Es wird „widerleglich vermutet, dass ein Verfügungsgrund[280] im Sinne der §§ 935, 940 ZPO nach Beginn der Bauausführung gegeben ist, und damit eine Entscheidung im

---

Angebots des Unternehmers nicht die zutreffenden voraussichtlichen tatsächlich erforderlichen Kosten – einschließlich angemessener Zuschläge – entspricht): RegE, BT-Drucks 18/8486, S. 58.

275 RegE, BT-Drucks 18/8486, S. 54 und 58.
276 Kritisch *Schwenker/Rodemann* (§ 650d BGB Rn 3): Eine Leistungsverfügung komme sonst nur – unter sehr eingeschränkten Voraussetzungen – bei „existenziellen Notlagen" in Betracht.
277 In Anlehnung an Vergleichsregelungen wie § 885 Abs. 1 S. 2 BGB (Eintragung einer Vormerkung) bzw. § 899 Abs. 2 S. 2 BGB (Eintragung eines Widerspruchs gegen die Richtigkeit des Grundbuchs): *Oberhauser*, Das neue Bauvertragsrecht, § 2 Rn 132.
278 Palandt/*Sprau*, § 650d BGB Rn 2.
279 Palandt/*Sprau*, § 650d BGB Rn 2.
280 Dazu näher jurisPK-BGB/*Leicht*, § 650d BGB Rn 8 ff.

E. Einstweilige Verfügung (§ 650d BGB) § 2

Wege der einstweiligen Verfügung zur Abwendung wesentlicher Nachteile notwendig ist".[281] Die bis dato hohe Hürde der Glaubhaftmachung eines Verfügungsgrundes wird also durch eine widerlegliche Vermutung für das Bestehen der Dringlichkeit ersetzt (Vereinfachung der Erlangung einstweiligen Rechtsschutzes).[282]

Die **Vermutung für das Vorliegen des Verfügungsgrundes** kann **widerlegt** werden (bspw. durch ein Zuwarten des Unternehmers nach einer Anordnung oder bei Zahlung einer Abschlagszahlung durch den Besteller,[283] bzw. wenn der Besteller mehrere Monate wartet, ehe er die Überhöhung der Mehrvergütung geltend macht, oder wenn er – ohne Not – das gerichtliche Verfahren verzögert).[284]

159

Beachte:

160

Der Antragsteller muss damit im Kontext des § 650d BGB nur den **Verfügungsanspruch** glaubhaft machen.

Wenn der Unternehmer sich auf eine „Unzumutbarkeit" der Anordnung beruft, muss er dies nur in Bezug auf „betriebsinterne Vorgänge" (§ 650b Abs. 1 S. 3 BGB) glaubhaft machen – „ansonsten trägt der Besteller die Beweislast dafür, dass die Anordnung für den Unternehmer zumutbar ist".[285]

Bei Streitigkeiten in Bezug auf eine Vergütungsanpassung müssen die Voraussetzungen nach den §§ 650b und 650c BGB glaubhaft gemacht werden (beachte insoweit jedoch die Vermutungswirkung nach § 650c Abs. 2 S. 2 BGB zugunsten des Unternehmers, wenn er die Abschlagszahlung nach § 650c Abs. 2 BGB berechnet).

In Bezug auf Abschlagszahlungen nach § 632a BGB (die in Höhe des Wertes der erbrachten Leistung zu zahlen sind) muss der Unternehmer den erreichten Leistungsstand glaubhaft machen.[286]

Beachte zudem:

161

Dem Besteller stehen alle **materiellen Einwendungen** gegen den vom Unternehmer geltend gemachten Vergütungsanspruch zu.[287]

---

281 RegE, BT-Drucks 18/8486, S. 58.
282 *Oberhauser*, Das neue Bauvertragsrecht, § 2 Rn 132.
283 *Schwenker/Rodemann*, § 650d BGB Rn 2.
284 Palandt/*Sprau*, § 650d BGB Rn 2.
285 *Oberhauser*, Das neue Bauvertragsrecht, § 2 Rn 137.
286 *Oberhauser*, Das neue Bauvertragsrecht, § 2 Rn 137.
287 *Oberhauser*, Das neue Bauvertragsrecht, § 2 Rn 138.

III. Anträge im einstweiligen Verfügungsverfahren

162 Der Antrag des Bestellers geht – steht das **Anordnungsrecht** nach § 650b BGB in Rede – auf eine Verpflichtung des Unternehmers, der Anordnung (Änderung) Folge zu leisten (Ausführung der Änderung) – **Leistungsverfügung auf Vornahme einer Handlung**. Der Unternehmer kann beantragen, der angeordneten Änderung (Ausführung) nicht Folge leisten zu müssen.

163 Der Antrag des Unternehmers geht – steht die **Vergütungsanpassung** nach § 650c BGB in Rede – auf Zahlung, der Antrag des Bestellers auf Feststellung, keine oder eine geringere als die vom Unternehmer geforderte Vergütung zahlen zu müssen.

164 Der Gesetzgeber vermutet, dass es nach der Bauvertragsrechtsnovelle weniger Streitigkeiten über die „Zumutbarkeit" einer Änderungsanordnung durch den Besteller geben wird als über die aus einer Änderungsanordnung folgende Vergütungsanpassung und dass die grundsätzlich vorleistungspflichtigen Unternehmer in besonderem Maße auf Liquidität (bspw. durch an den neuen Leistungsumfang angepasste Abschlagszahlungen) angewiesen sind.[288] Vor diesem Hintergrund soll vor allem auch der Unternehmer im einstweiligen Verfügungsverfahren rasch einen Titel über den geänderten Abschlagszahlungsanspruch oder die zu gewährende Sicherheit erlangen können – was in Bezug auf die vorläufige Pauschalierungsmöglichkeit der Mehrvergütung nach § 650c Abs. 3 S. 1 BGB auch den Interessen des Bestellers dienlich ist, da dieser überhöhten Ansprüchen des Unternehmers so schnell entgegentreten kann.

165 *Beachte:*

§ 650d BGB gestattet – wie auch bereits schon die bisherige Judikatur – eine auf Geldzahlung und damit auf vorläufige Befriedigung gerichtete einstweilige (Leistungs-) Verfügung.

*Dabei werden an das Bestehen des **Verfügungsgrundes** grundsätzlich – insbesondere im Unterhaltsrecht – erhöhte Anforderungen gestellt:[289]*

- *Der Antragsteller bedarf dringend der sofortigen Erfüllung seines Anspruchs.*
- *Die geschuldete Handlung muss – sofern sie nicht ihren Sinn verlieren soll – so kurzfristig zu erbringen sein, dass die Erwirkung eines Titels im ordentlichen Verfahren nicht mehr möglich erscheint.*
- *Dem Antragsteller müssen aus der Nichtleistung Nachteile drohen, die schwer wiegen und außer Verhältnis zu dem Schaden stehen, der dem Antragsgegner droht.[290]*

---

288 RegE, BT-Drucks 18/8486, S. 59.
289 RegE, BT-Drucks 18/8486, S. 59.
290 RegE, BT-Drucks 18/8486, S. 59 unter Bezugnahme auf Musielak/Voit/*Huber*, ZPO, 12. Aufl. 2015, § 940 Rn 14; Zöller/*Vollkommer*, ZPO, 31. Aufl. 2016, § 940 Rn 6.

F. Sicherungshypothek des Bauunternehmers §2

Da diese Voraussetzungen – so der Gesetzgeber[291] – trotz ihrer großen Bedeutung für die Liquidität von Bauunternehmen nach bislang geltendem Recht in Bezug auf Abschlagszahlungen zumeist nicht gegeben sein werden, setzt § 650d BGB die Voraussetzungen, unter denen der Unternehmer eine auf Zahlung gerichtete einstweilige Verfügung erlangen kann, nach Beginn der Bauausführung herab.[292]

Obwohl eine Regelung des Prozessrechts, soll § 650d BGB – so *Schwenker/Rodemann*[293] – durch Prozessvertrag[294] (der es ermöglicht, von einem möglichen Prozessverhalten in den Grenzen des § 134 und des § 138 BGB [von einer **bestimmten Verfahrensart**] keinen Gebrauch zu machen) jedenfalls zwischen Unternehmern (d.h. in der Relation b2b) auch durch AGB abdingbar sein.

166

Schwenker/Rodemann[295] plädieren allerdings dafür, im Regelfall von der Anordnung einer Leistungsverfügung Abstand zu nehmen. Zudem äußern sie Bedenken daran, ob § 650d BGB praktisch wirksam werden wird.[296]

167

Beachte:

168

Nach *Sprau*[297] hingegen dürfte – wobei der Gesetzgeber[298] aber wohl weitergehende Vorstellungen hatte – der Weg einer Leistungsverfügung bezüglich der Mehrvergütung dem Unternehmer dann offenstehen, „wenn er ein besonderes Liquiditätsbedürfnis darlegen kann …; i.d.R. werden (jedoch) sichernde Maßnahmen genügen".[299]

F. Sicherungshypothek des Bauunternehmers

§ 650e Sicherungshypothek des BauunternehmersDer Unternehmer kann für seine Forderungen aus dem Vertrag die Einräumung einer Sicherungshypothek an dem Baugrundstück des Bestellers verlangen. Ist das Werk noch nicht vollendet, so kann er die Einräumung der Sicherungshypothek für einen der geleisteten Arbeit entsprechenden Teil der Vergütung und für die in der Vergütung nicht inbegriffenen Auslagen verlangen.

169

---

291 RegE, BT-Drucks 18/8486, S. 59.
292 RegE, BT-Drucks 18/8486, S. 59.
293 *Schwenker/Rodemann*, § 650d BGB Rn 7.
294 So auch Palandt/*Sprau*, § 650d BGB Rn 2 unter Bezugnahme auf Thomas/Putzo/*Reichold*, ZPO, Einl. III Rn 6.
295 *Schwenker/Rodemann*, § 650d BGB Rn 4.
296 *Schwenker/Rodemann*, § 650d BGB Rn 6 – das einstweilige Verfügungsverfahren sei nämlich ausgeschlossen, wenn auch andere Ansprüche beurteilt werden müssten, um zu entscheiden, ob bspw. ein Abschlagszahlungsanspruch besteht.
297 Palandt/*Sprau*, § 650d BGB Rn 2 unter Bezugnahme auf Thomas/Putzo/*Seiler*, § 940 ZPO Rn 6.
298 RegE, BT-Drucks 18/8486, S. 58.
299 So Palandt/*Sprau*, § 650d BGB Rn 2.

§ 2   Bauvertragsrecht

170 Da die im Jahre 1993 eingeführte Vorschrift des § 648 Abs. 1 BGB alt[300] (Anspruch des Unternehmers auf eine Bauhandwerkersicherung) ausschließlich Bauverträge erfasst, hat der Gesetzgeber sie durch Art. 1 Nr. 25 BauVertrRRG aus systematischen Gründen mit geringfügigen redaktionellen Änderungen (in Bezug auf den Anwendungsbereich) aufgrund der Definition des Bauvertrags in § 650a BGB als § 650e BGB in das zweite Kapitel übernommen.[301] Die Norm hat letztlich die aus der Vorleistungspflicht des Unternehmers resultierenden Schwierigkeiten nicht gelöst und soll deshalb in § 650e BGB „vorsichtig weiterentwickelt" werden[302] (Schutz des vorleistungspflichtigen Unternehmers).

171 *Beachte:*
§ 650e BGB gilt für nach dem 31.12.2017 abgeschlossene Verträge (vgl. Art. 229 § 39 EGBGB) – auf Altverträge gelangt weiterhin § 648 Abs. 1 BGB alt zur Anwendung.[303]

I. Anspruch des Bauunternehmers auf Einräumung einer Sicherungshypothek (§ 650e S. 1 BGB)

172 Der Unternehmer[304] kann für seine (d.h. sämtliche) Forderungen[305] aus dem Vertrag[306] (Bauvertrag [§ 650a BGB] einschließlich Verbraucherbauvertrag [§ 650i Abs. 1 BGB], zum Architekten- und Ingenieurvertrag nachstehende Rdn 176) nach **§ 650e S. 1 BGB** (als schuldrechtlicher Anspruch)[307] die Einräumung einer Sicherungshypothek an dem

---

300 „Der Unternehmer eines Bauwerks oder eines einzelnen Teiles eines Bauwerks kann für seine Forderungen aus dem Vertrag die Einräumung einer Sicherungshypothek an dem Baugrundstück des Bestellers verlangen. Ist das Werk noch nicht vollendet, so kann er die Einräumung der Sicherungshypothek für einen der geleisteten Arbeit entsprechenden Teil der Vergütung und für die in der Vergütung nicht inbegriffenen Auslagen verlangen".
301 RegE, BT-Drucks 18/8486, S. 59.
302 *Glöckner*, VuR 2016, 163, 164.
303 Palandt/*Sprau*, § 650e BGB Rn 1.
304 Das ist derjenige, der Schuldner eines Bauvertrags i.S.v. § 650a BGB ist: so *Schwenker/Rodemann*, § 650e BGB Rn 5 – d.h. auch wer mit der Herstellung, Wiederherstellung, Beseitigung und dem Umbau einer Außenanlage (oder wer mit der Instandhaltung nach Maßgabe von § 650a Abs. 2 BGB) beauftragt ist (Erweiterung des Unternehmerbegriffs gegenüber § 648 BGB alt).
305 Zum sicherbaren und gesicherten Anspruch näher jurisPK-BGB/*Leicht*, § 650e BGB Rn 10 ff.
306 Wobei die Norm nicht restriktiv so zu interpretieren ist, dass nur Forderungen, die zu einer Wertsteigerung des Grundstücks geführt haben, gesichert werden können: *Schwenker/Rodemann*, § 650e BGB Rn 3 – Wertsteigerung des Grundstücks ist keine Anspruchsvoraussetzung.
307 Zum Berechtigten näher jurisPK-BGB/*Leicht*, § 650e BGB Rn 5.

F. Sicherungshypothek des Bauunternehmers § 2

Baugrundstück des Bestellers[308] (als Pfandgegenstand)[309] verlangen (wobei von Bedeutung ist, dass der Unternehmer durch seine Leistung den Wert des Grundstücks erhöht).[310] Erforderlich ist eine Identität zwischen dem Besteller der Werkleistung und dem Grundstückseigentümer.[311] Die Sicherungshypothek vermag alle aus dem (Verbraucher-)Bauvertrag herrührenden Forderungen gegen den Besteller zu sichern[312] – ohne dass es auf die Fälligkeit der Forderung ankäme (arg.: Sicherungszweck des § 650e BGB).[313] 173

Durch die Verschiebung des Anwendungsbereichs – erfasst werden alle Bauverträge i.S.v. § 650a Abs. 1 BGB – ist es zu einer **Erweiterung des Anspruchs auf Erteilung einer Sicherungshypothek** gekommen: Erfasst werden jetzt auch Forderungen aus der Errichtung von **Außenanlagen**. Der Anwendungsbereich des § 650e BGB hat damit gegenüber § 648 Abs. 1 BGB alt eine geringfügige Erweiterung insoweit erfahren, als jetzt auch ein mit der Errichtung einer Außenanlage betrauter Unternehmer eine Sicherungshypothek verlangen kann.[314] 174

§ 650e BGB gelangt – sofern ein Sicherungsbedürfnis des Unternehmers besteht (vgl. § 650f Abs. 4 BGB) – nach Leistungsbeginn und im Umfang der geleisteten Arbeit zur Anwendung.[315] Er findet hingegen keine Anwendung auf Leistungen, „die sich in Vor- und Hilfsarbeiten erschöpfen".[316] 175

Für **Architekten- und Ingenieurverträge** gilt § **650e BGB entsprechend** (vgl. § 650q Abs. 1 BGB) – womit auch dem Architekten ein Anspruch nach § 650e BGB dann zusteht, „wenn er nach dem Architektenvertrag sämtliche Teilleistungen von der Planung bis zur Bauüberwachung erbracht hat".[317] 176

II. Fehlende Vollendung des Werks (§ 650e S. 2 BGB)

Ist das Werk noch nicht vollendet, so kann der Unternehmer gemäß **§ 650e S. 2 BGB** die Einräumung der Sicherungshypothek (nur) 177

---

308 Zum Verpflichteten und zum Pfandgegenstand näher jurisPK-BGB/*Leicht*, § 650e BGB Rn 6 ff.
309 Der Besteller muss – auch noch im Zeitpunkt der Geltendmachung des Anspruchs nach § 650e BGB – Eigentümer des Grundstücks sein: *Schwenker/Rodemann*, § 650e BGB Rn 10.
310 *Schwenker/Rodemann*, § 650e BGB Rn 2 unter Bezugnahme auf BGH NJW 2000, 1681.
311 Palandt/*Sprau*, § 650e BGB Rn 4: rechtlich dieselbe Person bei formaler (nicht rechtlicher) Betrachtung.
312 Palandt/*Sprau*, § 650e BGB Rn 6: z.B. Werklohn, (Rest-) Vergütung (§ 648 S. 2 BGB) oder Schadensersatz aus dem Vertrag.
313 Palandt/*Sprau*, § 650e BGB Rn 6.
314 RegE, BT-Drucks 18/8486, S. 59.
315 Palandt/*Sprau*, § 650e BGB Rn 2.
316 Näher *Schwenker/Rodemann*, § 650e BGB Rn 6.
317 *Schwenker/Rodemann*, § 650e BGB Rn 7 unter Bezugnahme auf BGH NJW 1969, 419.

- für einen der geleisteten Arbeit entsprechenden Teil der Vergütung und
- für die in der Vergütung nicht inbegriffenen Auslagen

verlangen.

> *Beachte:*
> „Mängel des Werks, auch wenn der Unternehmer nur subsidiär für sie einzustehen hat …, mindern den Sicherungsanspruch vor wie nach Abnahme des Werks".[318]

III. Erfüllung des Anspruchs

178 Die Erfüllung des Anspruchs nach 650e BGB[319] erfolgt nach § 873 BGB durch Einigung und Eintragung der Sicherungshypothek ins Grundbuch (wobei die Einigungserklärung des Eigentümers gemäß § 894 ZPO durch rechtskräftiges Urteil ersetzt werden kann).[320] Der Anspruch auf Bestellung der Sicherungshypothek kann auch durch eine Vormerkung (vgl. § 883 BGB) aufgrund einstweiliger Anordnung gesichert werden.[321]

179 Eine weitere Sicherungsmöglichkeit besteht bspw. nach § 650f BGB (nachstehende Rdn 181 ff.) bzw. auf der Grundlage des BauFordSiG.[322]

IV. Abdingbarkeit?

180 § 650e BGB ist auch gegenüber Verbrauchern dispositiv (vgl. § 650o S. 1 BGB) mit der Folge, dass durch Individualvereinbarung eine abweichende Vereinbarung getroffen werden kann – allerdings soll bei AGB-Verwendung ohne Einräumung einer anderen gleichwertigen Sicherheit Unwirksamkeit der entsprechenden AGB anzunehmen sein.[323]

---

318 Palandt/*Sprau*, § 650e BGB Rn 6.
319 Zum prozessualen Verfahren näher jurisPK-BGB/*Leicht*, § 650e BGB Rn 22 ff.
320 *Schwenker/Rodemann*, § 650e BGB Rn 14. Vgl. auch Palandt/*Sprau*, § 650e BGB Rn 7: § 866 Abs. 3 und § 867 Abs. 2 ZPO „sind, da keine Zwangsvollstreckung, nicht anwendbar" – hingegen ist wegen einer zu sichernden Geldforderung selbst bei Gefährdung ein Arrestantrag möglich: „Es handelt sich hier kraft Gesetzes um eine Sicherungshypothek (§§ 1184, 1185 BGB), sie ist daher streng akzessorisch beschränkt auf die tatsächliche Höhe der gesicherten Forderung".
321 Palandt/*Sprau*, § 650e BGB Rn 7.
322 Palandt/*Sprau*, § 650e BGB Rn 8.
323 Palandt/*Sprau*, § 650e BGB Rn 1; Palandt/*Grüneberg*, § 307 BGB Rn 150.

G. Bauhandwerkersicherung (§ 650f BGB)

§ 650f Bauhandwerkersicherung **181**

(1) Der Unternehmer kann vom Besteller Sicherheit für die auch in Zusatzaufträgen vereinbarte und noch nicht gezahlte Vergütung einschließlich dazugehöriger Nebenforderungen, die mit 10 Prozent des zu sichernden Vergütungsanspruchs anzusetzen sind, verlangen. Satz 1 gilt in demselben Umfang auch für Ansprüche, die an die Stelle der Vergütung treten. Der Anspruch des Unternehmers auf Sicherheit wird nicht dadurch ausgeschlossen, dass der Besteller Erfüllung verlangen kann oder das Werk abgenommen hat. Ansprüche, mit denen der Besteller gegen den Anspruch des Unternehmers auf Vergütung aufrechnen kann, bleiben bei der Berechnung der Vergütung unberücksichtigt, es sei denn, sie sind unstreitig oder rechtskräftig festgestellt. Die Sicherheit ist auch dann als ausreichend anzusehen, wenn sich der Sicherungsgeber das Recht vorbehält, sein Versprechen im Falle einer wesentlichen Verschlechterung der Vermögensverhältnisse des Bestellers mit Wirkung für Vergütungsansprüche aus Bauleistungen zu widerrufen, die der Unternehmer bei Zugang der Widerrufserklärung noch nicht erbracht hat.

(2) Die Sicherheit kann auch durch eine Garantie oder ein sonstiges Zahlungsversprechen eines im Geltungsbereich dieses Gesetzes zum Geschäftsbetrieb befugten Kreditinstituts oder Kreditversicherers geleistet werden. Das Kreditinstitut oder der Kreditversicherer darf Zahlungen an den Unternehmer nur leisten, soweit der Besteller den Vergütungsanspruch des Unternehmers anerkennt oder durch vorläufig vollstreckbares Urteil zur Zahlung der Vergütung verurteilt worden ist und die Voraussetzungen vorliegen, unter denen die Zwangsvollstreckung begonnen werden darf.

(3) Der Unternehmer hat dem Besteller die üblichen Kosten der Sicherheitsleistung bis zu einem Höchstsatz von 2 Prozent für das Jahr zu erstatten. Dies gilt nicht, soweit eine Sicherheit wegen Einwendungen des Bestellers gegen den Vergütungsanspruch des Unternehmers aufrechterhalten werden muss und die Einwendungen sich als unbegründet erweisen.

(4) Soweit der Unternehmer für seinen Vergütungsanspruch eine Sicherheit nach Absatz 1 oder 2 erlangt hat, ist der Anspruch auf Einräumung einer Sicherungshypothek nach § 650e ausgeschlossen.

(5) Hat der Unternehmer dem Besteller erfolglos eine angemessene Frist zur Leistung der Sicherheit nach Absatz 1 bestimmt, so kann der Unternehmer die Leistung verweigern oder den Vertrag kündigen. Kündigt er den Vertrag, ist der Unternehmer berechtigt, die vereinbarte Vergütung zu verlangen; er muss sich jedoch dasjenige anrechnen lassen, was er infolge der Aufhebung des Vertrages an Aufwendungen erspart oder durch anderweitige Verwendung seiner Arbeitskraft erwirbt oder böswillig zu erwerben unterlässt. Es wird vermutet, dass danach dem Unternehmer 5 Prozent der auf den noch nicht erbrachten Teil der Werkleistung entfallenden vereinbarten Vergütung zustehen.

(6) Die Absätze 1 bis 5 finden keine Anwendung, wenn der Besteller
1. eine juristische Person des öffentlichen Rechts oder ein öffentlich-rechtliches Sondervermögen ist, über deren Vermögen ein Insolvenzverfahren unzulässig ist, oder
2. Verbraucher ist und es sich um einen Verbraucherbauvertrag nach § 650i oder um einen Bauträgervertrag nach § 650u handelt.

Satz 1 Nummer 2 gilt nicht bei Betreuung des Bauvorhabens durch einen zur Verfügung über die Finanzierungsmittel des Bestellers ermächtigten Baubetreuer.

(7) Eine von den Absätzen 1 bis 5 abweichende Vereinbarung ist unwirksam.

182 Da die Vorschrift des § 648a BGB alt –

(1) Der Unternehmer eines Bauwerks, einer Außenanlage oder eines Teils davon kann vom Besteller Sicherheit für die auch in Zusatzaufträgen vereinbarte und noch nicht gezahlte Vergütung einschließlich dazugehöriger Nebenforderungen, die mit 10 vom Hundert des zu sichernden Vergütungsanspruchs anzusetzen sind, verlangen. Satz 1 gilt in demselben Umfang auch für Ansprüche, die an die Stelle der Vergütung treten. Der Anspruch des Unternehmers auf Sicherheit wird nicht dadurch ausgeschlossen, dass der Besteller Erfüllung verlangen kann oder das Werk abgenommen hat. Ansprüche, mit denen der Besteller gegen den Anspruch des Unternehmers auf Vergütung aufrechnen kann, bleiben bei der Berechnung der Vergütung unberücksichtigt, es sei denn, sie sind unstreitig oder rechtskräftig festgestellt. Die Sicherheit ist auch dann als ausreichend anzusehen, wenn sich der Sicherungsgeber das Recht vorbehält, sein Versprechen im Falle einer wesentlichen Verschlechterung der Vermögensverhältnisse des Bestellers mit Wirkung für Vergütungsansprüche aus Bauleistungen zu widerrufen, die der Unternehmer bei Zugang der Widerrufserklärung noch nicht erbracht hat.

(2) Die Sicherheit kann auch durch eine Garantie oder ein sonstiges Zahlungsversprechen eines im Geltungsbereich dieses Gesetzes zum Geschäftsbetrieb befugten Kreditinstituts oder Kreditversicherers geleistet werden. Das Kreditinstitut oder der Kreditversicherer darf Zahlungen an den Unternehmer nur leisten, soweit der Besteller den Vergütungsanspruch des Unternehmers anerkennt oder durch vorläufig vollstreckbares Urteil zur Zahlung der Vergütung verurteilt worden ist und die Voraussetzungen vorliegen, unter denen die Zwangsvollstreckung begonnen werden darf.

(3) Der Unternehmer hat dem Besteller die üblichen Kosten der Sicherheitsleistung bis zu einem Höchstsatz von 2 vom Hundert für das Jahr zu erstatten. Dies gilt nicht, soweit eine Sicherheit wegen Einwendungen des Bestellers gegen den Vergütungsanspruch des Unternehmers aufrechterhalten werden muss und die Einwendungen sich als unbegründet erweisen.

(4) Soweit der Unternehmer für seinen Vergütungsanspruch eine Sicherheit nach den Absätzen 1 oder 2 erlangt hat, ist der Anspruch auf Einräumung einer Sicherungshypothek nach § 648 Abs. 1 ausgeschlossen.

(5) Hat der Unternehmer dem Besteller erfolglos eine angemessene Frist zur Leistung der Sicherheit nach Absatz 1 bestimmt, so kann der Unternehmer die Leistung verweigern oder den Vertrag kündigen. Kündigt er den Vertrag, ist der Unternehmer berechtigt, die vereinbarte Vergütung zu verlangen; er muss sich jedoch dasjenige anrechnen lassen, was er infolge der Aufhebung des Vertrages an Aufwendungen erspart oder durch anderweitige Verwendung seiner Arbeitskraft erwirbt oder böswillig zu erwerben unterlässt. Es wird vermutet, dass danach dem Unternehmer 5 vom Hundert der auf den noch nicht erbrachten Teil der Werkleistung entfallenden vereinbarten Vergütung zustehen.

(6) Die Vorschriften der Absätze 1 bis 5 finden keine Anwendung, wenn der Besteller

1) eine juristische Person des öffentlichen Rechts oder ein öffentlich-rechtliches Sondervermögen ist, über deren Vermögen ein Insolvenzverfahren unzulässig ist, oder

G. Bauhandwerkersicherung (§ 650f BGB) § 2

2) eine natürliche Person ist und die Bauarbeiten zur Herstellung oder Instandsetzung eines Einfamilienhauses mit oder ohne Einliegerwohnung ausführen lässt.

Satz 1 Nr. 2 gilt nicht bei Betreuung des Bauvorhabens durch einen zur Verfügung über die Finanzierungsmittel des Bestellers ermächtigten Baubetreuer.

(7) Eine von den Vorschriften der Absätze 1 bis 5 abweichende Vereinbarung ist unwirksam.

– in Kraft getreten zum 1.5.1993 mit dem Ziel, dem Unternehmer eines Bauwerks anstelle eines Anspruchs auf Bestellung einer Sicherungshypothek (§ 648a BGB alt) einen Anspruch auf Sicherheitsleistung für seine Vorleistungen einzuräumen und dadurch die schwache Rechtsstellung des Unternehmers zu verbessern[324] (arg.: § 650e BGB gewährt dem Unternehmer wegen der notwendigen Identität von Besteller und Grundstückseigentümer [vorstehende Rdn 172] oft nur eine unzureichende Sicherheit),[325] ausschließlich Bauverträge erfasst, hat der Gesetzgeber durch Art. 1 Nr. 25 BauVertrRRG sie aus systematischen Gründen mit geringfügigen redaktionellen Änderungen aufgrund der Definition des Bauvertrags in § 650a BGB als § 650f BGB in das zweite Kapitel übernommen.[326] „§ 650f (BGB) soll dem Unternehmer ... zusätzlich den einfachen und flexiblen (sichernden) Zugriff auf die zum Bauen bestimmten Finanzmittel des Bestellers eröffnen, auch wenn dieser nicht Grundstückseigentümer ist."[327]

Allerdings wurde das sog. „Häuslebauer-Privileg" des § 648a Abs. 6 Nr. 2 BGB alt insoweit geändert, dass es jetzt für Verbraucher (§ 13 BGB) gilt, die einen Verbrauchervertrag nach § 650i BGB oder einen Bauträgervertrag gemäß § 650u BGB schließen (nachstehende Rdn 213 ff.). **183**

Beachte: **184**
§ 650f BGB erfasst nach Art. 229 § 39 EGBGB nach dem 31.12.2017 abgeschlossene Verträge – für Altverträge gilt § 648a BGB „in der zeitlich maßgeblichen Fassung"[328] (vgl. auch Art. 229 § 39 Abs. 1 EGBGB).

Beachte zudem: **185**
§ 650f BGB findet gemäß § 650q Abs. 1 BGB auf **Architekten- und Ingenieurverträge** entsprechende Anwendung.[329]

---

324 *Schwenker/Rodemann*, § 650f BGB Rn 2.
325 So Palandt/*Sprau*, § 650f BGB Rn 1.
326 RegE, BT-Drucks 18/8486, S. 59.
327 Palandt/*Sprau*, § 650f BGB Rn 1 unter Bezugnahme auf BGH NJW 2004, 1528.
328 Palandt/*Sprau*, § 650f BGB Rn 2.
329 Daher sollen – so Palandt/*Sprau*, § 650f BGB Rn 23 unter Bezugnahme auf BT-Drucks 18/8486, S. 68 – die Einschränkungen, die die Judikatur früher zur Anwendung des § 648a BGB alt gefordert hat, nur aufrechtzuerhalten sein, „soweit sie sich aus dem Gesetzeszweck oder Besonderheiten des Architekten- und Ingenieurvertrags ergeben".

I. Anspruchsvoraussetzungen

186 Der Unternehmer[330] (auch der Subunternehmer gegenüber seinem Auftraggeber[331] oder der Generalunternehmer)[332] als Inhaber der vertraglichen Ansprüche[333] kann vom Besteller[334] als seinem Vertragspartner[335] (vgl. jedoch insoweit die Ausnahme nach § 650f Abs. 6 BGB, nachstehende Rdn 213 ff.) nach **§ 650f Abs. 1 S. 1 BGB** – beim Vorliegen eines (wirksamen) Bauvertrags i.S.v. § 650a BGB (einschließlich Verbraucherbauvertrag i.S.v. § 650i Abs. 1 BGB) ab dem Abschluss des Werkvertrags (pauschalierte Festsetzung der Nebenforderung) – **Leistung von Sicherheit** (in einer der Formen des § 232 Abs. 1 BGB) für die auch in Zusatzaufträgen vereinbarte und noch nicht gezahlte Vergütung einschließlich dazugehöriger Nebenforderungen, die mit 10 %[336] des zu sichernden Vergütungsanspruchs anzusetzen sind (pauschalierte Festsetzung der Nebenforderung), verlangen (**offene Vergütungsforderung**).[337]

187 Dabei kommt es auf die Fälligkeit der Forderung oder deren sofortige Durchsetzbarkeit nicht an[338] (Anspruch auf Vergütung oder deren Surrogat).[339] Der **Anspruch auf Sicherheitsleistung** auf Verlangen des Unternehmers ist eine Hauptpflicht des Bestellers, auf die der Unternehmer einen klagbaren Anspruch hat (vgl. § 650f Abs. 1 S. 3 BGB).[340]

188 Beim **Einheitspreisvertrag** soll es im Hinblick auf die „maßgebliche Vergütung" auf die tatsächlich anfallenden Vordersätze, beim Stundenlohnvertrag auf den tatsächlichen Zeitaufwand ankommen.[341]

---

330 Zum Berechtigten näher jurisPK-BGB/*Leicht*, § 650f BGB Rn 9 ff.
331 So Palandt/*Sprau*, § 650f BGB Rn 8: nicht aber der bloße Baustofflieferant.
332 Palandt/*Sprau*, § 650f BGB Rn 2.
333 Zu den zu sichernden Ansprüchen näher jurisPK-BGB/*Leicht*, § 650f BGB Rn 22 ff.
334 Der im Unterschied zu § 650e BGB (Identitätserfordernis) nicht Eigentümer des Grundstücks sein muss: *Schwenker/Rodemann*, § 650f BGB Rn 6, weswegen § 650f BGB (anders als § 650e BGB) auch für Werkverträge zwischen Hauptunternehmer (Besteller i.S.v. § 650f BGB) und Subunternehmer (Unternehmer i.S.v. § 650f BGB) gilt, sofern der Gegenstand ein Bauvertrag (§ 650a BGB) ist.
335 Zum Verpflichteten näher jurisPK-BGB/*Leicht*, § 650f BGB Rn 12.
336 Der Gesetzgeber hat die in § 648a BGB alt noch verwendete – aber nicht mehr gebräuchliche – Formulierung „vom Hundert" in den Absätzen 1, 3 und 5 durch das Wort „Prozent" ersetzt: RegE, BT-Drucks 18/8486, S. 59.
337 Näher Palandt/*Sprau*, § 650f BGB Rn 14: Vergütung nach § 632 BGB (auch bei Kündigung nach § 650f Abs. 5 S. 2 BGB [Rn 208], 648 S. 2 BGB bzw. § 645 BGB) sowie Vergütung für Ergänzungs- und Zusatzleistungen (z.B. berechtigte Nachträge, vgl. § 650c BGB) sowie Nebenforderungen (vertraglich geschuldete Zinsen).
338 *Schwenker/Rodemann*, § 650f BGB Rn 8.
339 Palandt/*Sprau*, § 650f BGB Rn 7.
340 Palandt/*Sprau*, § 650f BGB Rn 5.
341 *Schwenker/Rodemann*, § 650f BGB Rn 9.

G. Bauhandwerkersicherung (§ 650f BGB) §2

Die **Sicherheitsleistung** (Stellung der Sicherheit)[342] ist in den §§ 232 ff. **BGB** näher geregelt. Wer Sicherheit zu leisten hat, kann dies nach § 232 Abs. 1 BGB u.a. bewirken durch 189
- Hinterlegung von Geld oder Wertpapieren,
- Verpfändung von Forderungen, die in das Bundesschuldbuch oder in das Landesschuldbuch eines Landes eingetragen sind,
- Verpfändung beweglicher Sachen,
- Bestellung von Hypotheken an inländischen Grundstücken bzw. durch
- Verpfändung von Forderungen, für die eine Hypothek an einem inländischen Grundstück besteht oder durch Verpfändung von Grundschulden oder Rentenschulden an inländischen Grundstücken.

Kann die Sicherheit nicht in dieser Weise geleistet werden, so ist gemäß § 232 Abs. 2 BGB die Stellung eines tauglichen **Bürgen** zulässig. Vgl. auch § 650f Abs. 2 S. 1 BGB, wonach die Sicherheit auch durch eine Garantie oder ein sonstiges Zahlungsversprechen eines im Geltungsbereich des BGB zum Geschäftsbetrieb befugten Kreditinstituts oder Kreditversicherers geleistet werden kann (nachstehende Rdn 199). Damit ist auch die Stellung einer Bürgschaft – ohne die Einschränkung nach § 232 Abs. 2 BGB – möglich.[343] 190

> *Beachte:* 191
> Die Sicherheit muss das Risiko des Ausfalls der gesicherten Forderungen voll abdecken (arg.: § 240 BGB).[344]

> *Beachte zudem:* 192
> **Abschlagszahlungen** mindern die Werklohnforderung und somit auch die Höhe der zu sichernden Forderung.[345]

Voraussetzung eines Anspruchs nach § 650f Abs. 1 BGB ist ein **Verlangen des Unternehmers** gegen den Besteller auf Sicherheitsleistung in bezifferter Höhe (verbunden mit einer angemessenen Fristsetzung, die sich an der objektiven Sachlage und den Umständen des Einzelfalls orientiert – notwendig sind i.d.R. sieben bis zehn Tage).[346] 193

> *Beachte:* 194
> Der Anspruch auf Sicherheitsleistung unterliegt der Regelverjährung nach den §§ 195, 199 BGB.[347]

---

342 Dazu näher jurisPK-BGB/*Leicht*, § 650f BGB Rn 45 ff.
343 Palandt/*Sprau*, § 650f BGB Rn 10.
344 Palandt/*Sprau*, § 650f BGB Rn 11 und 16.
345 *Schwenker/Rodemann*, § 650f BGB Rn 11.
346 RegE, BT-Drucks 12/1836, S. 9.
347 Palandt/*Sprau*, § 650f BGB Rn 13.

195 Der Anspruch auf Sicherheitsleistung gilt gemäß § 650f Abs. 1 S. 2 BGB in demselben Umfang auch für **Ansprüche, die** (im Falle einer vorzeitigen Vertragsbeendigung) **an die Stelle der Vergütung treten** (z.b. für den Vergütungsanspruch nach Kündigung – nicht jedoch für Ansprüche nach § 6 Abs. 6 VOB oder § 642 BGB [die **neben** die Vergütung treten]).[348]

196 Der Anspruch des Unternehmers auf Sicherheit wird nach § 650f Abs. 1 S. 3 BGB nicht dadurch ausgeschlossen, dass der Besteller Erfüllung verlangen kann oder das Werk abgenommen hat (**Unbeachtlichkeit einer Einredebehaftetheit** – arg.: Der Unternehmer bleibt bis zur vollständigen Erfüllung wirtschaftlich vorleistungspflichtig und damit schutzbedürftig).[349]

197 Ansprüche, mit denen der Besteller gegen den Anspruch des Unternehmers auf Vergütung aufrechnen kann (vgl. § 387 BGB, bspw. solche aus Mängelgewährleistung – §§ 634, 280 ff. BGB), bleiben gemäß § 650f Abs. 1 S. 4 BGB (**aufrechnungsfähige Ansprüche**) bei der Berechnung der Vergütung unberücksichtigt, es sei denn, sie sind unstreitig oder rechtskräftig festgestellt. § 650f Abs. 1 S. 4 BGB soll analog auf die **Minderung** anwendbar sein.[350]

198 Die Sicherheit ist nach § 650f Abs. 1 S. 5 BGB auch dann als „ausreichend" anzusehen, wenn sich der Sicherungsgeber das Recht vorbehält, sein Versprechen im Falle einer wesentlichen Verschlechterung der Vermögensverhältnisse des Bestellers mit Wirkung für Vergütungsansprüche aus Bauleistungen zu widerrufen, die der Unternehmer bei Zugang der Widerrufserklärung noch nicht erbracht hat (**Widerrufsvorbehalt**).

II. Sicherungsmittel

199 Die Sicherheit kann (i.S. eines Bestimmungsrechts des Bestellers) nach § 650f Abs. 2 S. 1 BGB auch durch eine **Garantie** oder ein **sonstiges Zahlungsversprechen** eines im Geltungsbereich des BGB zum Geschäftsbetrieb befugten Kreditinstituts oder Kreditversicherers geleistet werden. Erfasst werden davon zum einen Realsicherheiten (Hinterlegung von Geld oder geeigneten Wertpapieren, Verpfändung von Mobilien, Immobilien und Forderungen),[351] zum anderen aber auch alle Haftungskredite i.S.v. § 19 Abs. 4 KWG[352] – mithin Bürgschaft, Garantie und sonstige Gewährleistungen.

---

348 *Schwenker/Rodemann*, § 650f BGB Rn 10.
349 *Schwenker/Rodemann*, § 650f BGB Rn 8.
350 *Schwenker/Rodemann*, § 650f BGB Rn 12.
351 *Schwenker/Rodemann*, § 650f BGB Rn 15.
352 *Schwenker/Rodemann*, § 650f BGB Rn 16.

Die Sicherungsmittel nach § 650f Abs. 2 S. 2 BGB sind nach *Sprau*[353] nur tauglich, wenn sich die Sicherheit 200
- auf die Vergütungsforderung bezieht, wenn die Sicherheit
- einen unmittelbaren Zahlungsanspruch gegen den Sicherungsgeber gewährt,
- bezüglich erbrachter Leistungen insolvenzfest ist und
- durch ein im Geltungsbereich des BGB zum Geschäftsbetrieb zugelassenes Kreditinstitut bzw. eine Kreditversicherung nach Maßgabe des KWG begeben wird.

Das Kreditinstitut oder der Kreditversicherer darf Zahlungen an den Unternehmer gemäß § 650f Abs. 2 S. 2 BGB (als Sicherheit) aber nur leisten, soweit 201
- der Besteller den Vergütungsanspruch des Unternehmers anerkennt oder
- durch vorläufig vollstreckbares Urteil zur Zahlung der Vergütung verurteilt worden ist und
- die Voraussetzungen vorliegen, unter denen die Zwangsvollstreckung begonnen werden darf

(arg.: Schutz des Bestellers davor, dass ein Kreditinstitut an den Unternehmer trotz eines bestrittenen Vergütungsanspruchs leistet).[354] § 650f Abs. 2 S. 2 BGB schließt für Zahlungsversprechen nach § 650f Abs. 2 S. 1 BGB aus, dass der Unternehmer die Sicherheit verwerten kann, wenn der Sicherungsfall (d.h. wenn der Besteller endgültig nicht den geschuldeten Werklohn begleicht) eintritt.[355]

III. Kosten der Sicherheitsleistung

Der Unternehmer hat dem Besteller nach § 650f Abs. 3 S. 1 BGB die üblichen Kosten[356] der Sicherheitsleistung[357] bis zu einem Höchstsatz von 2 % für das Jahr zu erstatten, „weil die Sicherheit in dessen Interesse zu leisten ist"[358] (**Kostenerstattungsanspruch des Bestellers**, da dieser im Verhältnis zum Sicherungsgeber die Kosten der Sicherheitsleistung trägt). 202

Dies gilt nicht (**Entfallen des Kostenerstattungsanspruchs**), soweit eine Sicherheit wegen Einwendungen des Bestellers gegen den Vergütungsanspruch des Unternehmers 203

---

[353] Palandt/*Sprau*, § 650f BGB Rn 10.
[354] *Schwenker/Rodemann*, § 650f BGB Rn 16.
[355] Palandt/*Sprau*, § 650f BGB Rn 17: „Wegen S. 2 wird ein Kreditinstitut Sicherheitsleistungen in Form der Zahlung auf erstes Anfordern ... kaum übernehmen, weil die Vorschrift nicht abdingbar ist".
[356] Die Üblichkeit ergibt sich aus der Höhe der Avalprovision, die Banken bei durchschnittlichem Risiko verlangen: *Schwenker/Rodemann*, § 650f BGB Rn 18.
[357] Näher jurisPK-BGB/*Leicht*, § 650f BGB Rn 53.
[358] Palandt/*Sprau*, § 650f BGB Rn 18.

aufrechterhalten werden muss und die Einwendungen sich als unbegründet erweisen (so § **650f Abs. 3 S. 2 BGB**). „Gleiches gilt bei Zahlungsverzug des Bestellers".[359]

IV. Verhältnis von Bauhandwerkersicherung und Sicherungshypothek

204 Der Unternehmer hat die Wahl,[360] ob er eine Sicherheit nach Maßgabe von

- § 650f BGB (Bauhandwerkersicherung),
- § 650e BGB (Sicherungshypothek des Bauunternehmers) oder eine
- andere Form der Sicherheit (bspw. durch vertragliche Vereinbarung)

verlangt.[361] Soweit der Unternehmer für seinen Vergütungsanspruch eine Sicherheit nach § 650f Abs. 1 oder 2 BGB erlangt hat – d.h. **nach Arbeitsbeginn** –, ist der Anspruch auf Einräumung einer Sicherungshypothek nach § 650e BGB[362] gemäß **§ 650f Abs. 4 BGB** ausgeschlossen. **Vor Arbeitsbeginn** ist § 650e BGB (Anspruch auf Einräumung einer Sicherungshypothek) ausgeschlossen (arg.: Wortlaut des § 650e Abs. 1 S. 2 BGB – „geleistete Arbeit").

V. Rechtsfolgen bei Nichterfüllung des Anspruchs nach § 650f Abs. 1 BGB (d.h. bei unzureichender Sicherheitsleistung)

205 Hat der Unternehmer dem Besteller erfolglos eine angemessene Frist zur Leistung der Sicherheit nach § 650f Abs. 1 BGB bestimmt (Nichtleistung einer Sicherheit durch den Besteller trotz berechtigtem Verlangen des Unternehmers),[363] „kann der Unternehmer weiterarbeiten und auf Erfüllung seines Anspruchs nach (§ 650f) Abs. 1 S. 1 (BGB) klagen".[364] Nach **§ 650f Abs. 5 S. 1 BGB** kann der Unternehmer aber auch

- die Leistung verweigern (Leistungsverweigerungsrecht) *oder* (alternativ, d.h. wahlweise)
- den Vertrag kündigen.

206 Die **Ausübung des Leistungsverweigerungsrechts** bzw. des **Kündigungsrechts** durch den Unternehmer haben zur Voraussetzung, dass dieser

---

[359] Palandt/*Sprau*, § 650f BGB Rn 18.
[360] Zum Verhältnis zu anderen Sicherungsformen näher jurisPK-BGB/*Leicht*, § 650f BGB Rn 20 f.
[361] Palandt/*Sprau*, § 650f BGB Rn 3.
[362] Der Verweis in § 648a Abs. 4 BGB alt auf § 648 Abs. 1 BGB wurde auf die jetzt geltende Verweisungsnorm – § 650e BGB – ersetzt: RegE, BT-Drucks 18/8486, S. 59.
[363] Dazu näher jurisPK-BGB/*Leicht*, § 650f BGB Rn 54 ff.
[364] Palandt/*Sprau*, § 650f BGB Rn 19: und zugleich die allgemeinen schuldrechtlichen Folgen für Pflichtverletzungen (z.B. §§ 280 ff. BGB) geltend machen.

G. Bauhandwerkersicherung (§ 650f BGB) § 2

- ordnungsgemäß eine Sicherheitsleistung verlangt hat und hierfür
- (gleichzeitig oder später) dem Besteller eine (nach den Umständen des konkret in Rede stehenden Einzelfalls)[365] angemessene Frist gesetzt hat, und dass
- der Besteller (während der angemessenen Frist) keine oder nur eine nur unzureichende Sicherheit gestellt hat.[366]

Die **Ausübung des Leistungsverweigerungsrechts** hat zur Folge, dass der Unternehmer die Arbeit weder beginnen noch fortsetzen muss – ihn trifft auch keine Verpflichtung zur Mängelbeseitigung (und er gerät insoweit auch nicht in Verzug).[367] **207**

Das **(außerordentliche) Kündigungsrecht** des Unternehmers korrespondiert (in Bezug auf Ausübung, Wirkung und Rechtsfolgen) mit dem ordentlichen Kündigungsrecht des Bestellers nach § 648 BGB (vgl. den Wortlaut von § 650f Abs. 5 S. 2 und 3 BGB einerseits und § 648 S. 2 und 3 BGB andererseits).[368] **208**

Kündigt der Unternehmer den Vertrag (und entfällt damit seine Leistungspflicht),[369] ist er nach **§ 650f Abs. 5 S. 2 1. Halbs. BGB** berechtigt, die „vereinbarte Vergütung" zu verlangen – er muss sich jedoch dasjenige anrechnen lassen, was er infolge der Aufhebung des Vertrages an Aufwendungen erspart oder durch anderweitige Verwendung seiner Arbeitskraft erwirbt oder böswillig zu erwerben unterlässt (§ **650f Abs. 5 S. 2 1. Halbs. BGB**). **209**

Es wird vermutet, dass danach dem Unternehmer 5 % der auf den noch nicht erbrachten Teil der Werkleistung entfallenden vereinbarten Vergütung zustehen (**gesetzliche Vermutung** nach § **650f Abs. 5 S. 3 BGB**). **210**

Beachte: **211**
Der Besteller kann nach § 648 S. 1 BGB kündigen – ist dann aber verpflichtet, nach § 648 S. 2 BGB die volle Vergütung (unter Abzug ersparter Aufwendungen und anderweitigen oder böswillig unterlassenen Erwerbs) zu zahlen.

Mit der **Erfüllung** (§ 362 BGB) erlischt der Anspruch des Unternehmers nach § 650f BGB. **212**

---

365 Vgl. RegE, BT-Drucks 12/1836, S. 9: regelmäßig 7 bis 10 Tage.
366 Palandt/*Sprau*, § 650f BGB Rn 20.
367 Palandt/*Sprau*, § 650f BGB Rn 21: Der Besteller hat dann auch kein Selbstvornahmerecht nach § 637 BGB – gerät aber bei Leistungsbereitschaft des Unternehmers in Gläubigerannahmeverzug (vgl. §§ 293 ff. BGB).
368 Palandt/*Sprau*, § 650f BGB Rn 22.
369 Palandt/*Sprau*, § 650f BGB Rn 20.

VI. Anwendungsausschluss

213 Die Vorgaben in § 650f Abs. 1 bis 5 BGB (Freistellung von der gesetzlichen Verpflichtung zur Stellung einer Bauhandwerkersicherung) finden nach § **650f Abs. 6 S. 1 BGB** keine Anwendung (**Anwendungsausschluss**[370] – arg.: Das Sicherungsbedürfnis fällt in diesen Fällen erheblich geringer aus als im Normalfall),[371] wenn der Besteller
- eine **juristische Person des öffentlichen Rechts** oder ein **öffentlich-rechtliches Sondervermögen** ist, über deren Vermögen ein Insolvenzverfahren unzulässig[372] (Insolvenzunfähigkeit nach § 12 Abs. 1 InsO) ist (Nr. 1), oder
- **Verbraucher** i.S.v. § 13 BGB ist und es sich um
  - einen Verbraucherbauvertrag nach § 650i BGB oder um
  - einen Bauträgervertrag nach § 650u BGB

  handelt (Nr. 2).

214 Das sog. **Verbraucherprivileg** in § 650f Abs. 6 S. 1 Nr. 2 BGB hat gegenüber § 648a Abs. 6 S. 1 Nr. 2 BGB alt (der Besteller musste eine natürliche Person gewesen sein, die Bauarbeiten zur Herstellung oder Instandsetzung eines Einfamilienhauses mit oder ohne Einliegerwohnung ausführen ließ) eine Anpassung an die neue Systematik des Titels 9 (Werkvertrag und ähnliche Verträge) erfahren: Vom Anwendungsbereich ausgenommen sind Verträge von Verbrauchern (§ 13 BGB), die einen
- **Verbraucherbauvertrag** (i.S.v. § 650i BGB) oder einen
- **Bauträgervertrag** (i.S.v. § 650u BGB)

zum Gegenstand haben. Damit schafft die Norm für die Praxis mehr Klarheit und Rechtssicherheit in Bezug auf den Anwendungsbereich dieses Anwendungsausschlusses – insbesondere auch durch die Klarstellung, dass auch ein von einem Verbraucher geschlossener Bauträgerverein (§ 650u BGB) den Ausschluss bewirkt.[373]

215 *Beachte:*

Wenn der Verbraucher ein Einfamilienhaus im Wege der **Einzelvergabe** *der Gewerke an verschiedene Unternehmer baut, liegt kein Verbraucherbauvertrag i.S.v. § 650i Abs. 1 BGB vor – und der Verbraucher muss dem Unternehmer infolgedessen Sicherheit leisten.*[374]

---

370 Dazu näher jurisPK-BGB/*Leicht*, § 650f BGB Rn 13 ff.
371 *Schwenker/Rodemann*, § 650f BGB Rn 5.
372 Agiert eine juristische Person des öffentlichen Rechts hingegen in einer privatrechtlichen Gesellschaftsform zur Erfüllung ihrer Aufgaben, greift die Privilegierung nicht: *Schwenker/Rodemann*, § 650f BGB Rn 5.
373 RegE, BT-Drucks 18/8486, S. 59.
374 *Schwenker/Rodemann*, § 650f BGB Rn 1.

G. Bauhandwerkersicherung (§ 650f BGB) § 2

Im Übrigen ist damit eine **geringfügige Ausweitung des Anwendungsbereichs** in § 650f Abs. 6 S. 1 Nr. 2 BGB gegenüber der Vorgängerregelung insoweit erfolgt, als das Verbraucherprivileg nunmehr auch **Verträge eines Verbrauchers über den Bau eines Mehrfamilienhauses** erfasst[375] (ebenso wie Eigentumswohnungen),[376] da auch für solche Verträge die ein Verbraucherprivileg rechtfertigenden Argumente Geltung beanspruchen: „Die finanzielle Situation des Verbrauchers wird vor und während der Realisierung des Bauvorhabens in der Regel durch die finanzierende Bank ausreichend geprüft. Kommt es nach dem Ende der Bauphase zu einer Einschränkung der finanziellen Leistungsfähigkeit des Bestellers, so betrifft dies in aller Regel die Ansprüche, die die finanzierende Bank gegen den Besteller hat. Probleme bei der Begleichung der Vergütungsansprüche des Unternehmers entstehen nur dann, wenn sich die Kosten für das Bauprojekt durch unvorhergesehene Ereignisse wesentlich erhöhen und sich dadurch für die das Bauprojekt vorgesehene Finanzierung als nicht ausreichend erweist. Dabei handelt es sich jedoch nur um Ausnahmefälle, für die eine gesetzliche Regelung nicht erforderlich ist."[377]

216

> *Beachte:*
> Das Verbraucherprivileg des § 650f Abs. 6 S. 1 Nr. 2 BGB erfasst hingegen keine von Verbrauchern abgeschlossenen **sonstigen Werkverträge** i.S.v. § 631 BGB, die keine Verbraucherbauverträge i.S.v. § 650i Abs. 1 BGB bzw. Bauträgerverträge i.S.v. § 650u BGB sind[378] – bspw. Verträge über kleinere Baumaßnahmen (etwa Wiederherstellungsmaßnahmen oder kleinere Umbaumaßnahmen). Dem Gesetzgeber erschien eine Privilegierung dieser Fälle nicht gerechtfertigt: Es könne nicht davon ausgegangen werden, dass die Finanzierung entsprechender Vorhaben in gleichem Maße wie bei einem Verbraucherbauvertrag oder von einem Verbraucher geschlossenen Bauträgervertrag gesichert sei. „Angesichts des kleineren Volumens wird der Verbraucher die Verbindlichkeit hier häufiger ohne vorherige Sicherstellung der Finanzierung durch eine Bank eingehen".[379]

217

§ 650f Abs. 6 S. 1 Nr. 2 BGB gilt **nicht** bei einer Betreuung des Bauvorhabens durch einen zur Verfügung über die Finanzierungsmittel des Bestellers ermächtigten **Baubetreuer** (so **§ 650f Abs. 6 S. 2 BGB**): Dann besteht ein Sicherungsanspruch des Unternehmers.

218

---

375 RegE, BT-Drucks 18/8486, S. 59.
376 Palandt/*Sprau*, § 650f Rn 2.
377 RegE, BT-Drucks 18/8486, S. 60.
378 RegE, BT-Drucks 18/8486, S. 60.
379 RegE, BT-Drucks 18/8486, S. 60.

VII. § 650f BGB als zwingendes Recht

219 § 650f BGB ist zwingendes Recht (*ius cogens* – **Unabdingbarkeit**).[380] Eine von § 650f Abs. 1 bis 5 BGB abweichende Vereinbarung ist nach § **650f Abs. 7 BGB** unwirksam – wobei auch Vergleiche, die einen Verzicht des Unternehmers auf § 650f BGB beinhalten, nicht möglich sind:[381] „Auch der Unternehmer kann auf sein Recht weder in AGB noch durch Individualvereinbarung weder im Vertrag selbst noch nachträglich verzichten."[382]

H. Zustandsfeststellung bei Verweigerung der Abnahme sowie Schlussrechnung (§ 650g BGB)

220 § 650g Zustandsfeststellung bei Verweigerung der Abnahme; Schlussrechnung

(1) Verweigert der Besteller die Abnahme unter Angabe von Mängeln, hat er auf Verlangen des Unternehmers an einer gemeinsamen Feststellung des Zustands des Werks mitzuwirken. Die gemeinsame Zustandsfeststellung soll mit der Angabe des Tages der Anfertigung versehen werden und ist von beiden Vertragsparteien zu unterschreiben.

(2) Bleibt der Besteller einem vereinbarten oder einem von dem Unternehmer innerhalb einer angemessenen Frist bestimmten Termin zur Zustandsfeststellung fern, so kann der Unternehmer die Zustandsfeststellung auch einseitig vornehmen. Dies gilt nicht, wenn der Besteller infolge eines Umstands fernbleibt, den er nicht zu vertreten hat und den er dem Unternehmer unverzüglich mitgeteilt hat. Der Unternehmer hat die einseitige Zustandsfeststellung mit der Angabe des Tages der Anfertigung zu versehen und sie zu unterschreiben sowie dem Besteller eine Abschrift der einseitigen Zustandsfeststellung zur Verfügung zu stellen.

(3) Ist das Werk dem Besteller verschafft worden und ist in der Zustandsfeststellung nach Absatz 1 oder 2 ein offenkundiger Mangel nicht angegeben, wird vermutet, dass dieser nach der Zustandsfeststellung entstanden und vom Besteller zu vertreten ist. Die Vermutung gilt nicht, wenn der Mangel nach seiner Art nicht vom Besteller verursacht worden sein kann.

(4) Die Vergütung ist zu entrichten, wenn 1. der Besteller das Werk abgenommen hat oder die Abnahme nach § 641 Absatz 2 entbehrlich ist und 2. der Unternehmer dem Besteller eine prüffähige Schlussrechnung erteilt hat. Die Schlussrechnung ist prüffähig, wenn sie eine übersichtliche Aufstellung der erbrachten Leistungen enthält und für den Besteller nachvollziehbar ist. Sie gilt als prüffähig, wenn der Besteller nicht innerhalb von 30 Tagen nach Zugang der Schlussrechnung begründete Einwendungen gegen ihre Prüffähigkeit erhoben hat.

---

380 Dazu näher jurisPK-BGB/*Leicht*, § 650f BGB Rn 7 ff.
381 *Schwenker/Rodemann*, § 650f BGB Rn 4.
382 Palandt/*Sprau*, § 650f BGB Rn 4 unter Bezugnahme auf BGH NJW 2006, 2475 – allerdings umstritten. Vgl. auch *Kniffka*, BauR 2007, 246, 251.

H. Zustandsfeststellung bei Verweigerung der Abnahme sowie Schlussrechnung § 2

Die Neuregelung zur fiktiven Abnahme in § 640 Abs. 2 BGB[383] erfährt für Bauverträge durch § 650g BGB infolge Art. 1 Nr. 25 BauVertrRRG für Verträge, die nach dem 31.12.2017 abgeschlossen wurden (vgl. Art. 229 § 39 EGBGB), eine Ergänzung: Die Norm regelt die Zustandsfeststellung für den Fall, dass der Besteller die Abnahme verweigert (**Zustandsfeststellung bei Annahmeverweigerung des Bestellers** – d.h. bei gegensätzlicher Auffassung der Parteien über die Abnahmereife des Werks).[384] Die Norm will einem in der Praxis bestehenden Bedürfnis nach einer Zustandsfeststellung im Zeitpunkt des Abnahmeverlangens Rechnung tragen: Dann nämlich, wenn es nicht zu einer Abnahme kommt, weil zwischen den Parteien Streit über die Abnahmereife des Werks herrscht. Zugleich trifft § 650g BGB in Ergänzung zu den allgemeinen Regeln und § 644 BGB[385] eine **Regelung zur Gefahrtragung**. 221

In § 650g Abs. 1 bis 3 BGB finden sich ergänzende (teilweise an § 648a Abs. 4 BGB anknüpfende) Regelungen zur **Beweissicherung** und zur **Gefahrtragung** vor der Abnahme und in § 650g Abs. 4 BGB eine gegenüber § 641 BGB spezifische Regelung zur **Fälligkeit der Vergütung**.[386] 222

§ 650g BGB erfasst seinem **sachlichen Anwendungsbereich** nach Bauverträge (§ 650a BGB) einschließlich Verbraucherbauverträge (§ 650i Abs. 1 BGB) – i.Ü. aber auch nach § 650q Abs. 1 BGB Architekten- und Ingenieurverträge i.S.v. § 650p Abs. 1 BGB sowie gemäß § 650u Abs. 1 S. 2 BGB Bauträgerverträge (soweit die Errichtung und der Umbau eines Bauwerks betroffen sind).[387] 223

---

383 „Als abgenommen gilt ein Werk auch, wenn der Unternehmer dem Besteller nach Fertigstellung des Werks eine angemessene Frist zur Abnahme gesetzt hat und der Besteller die Abnahme nicht innerhalb dieser Frist unter Angabe mindestens eines Mangels verweigert hat. Ist der Besteller ein Verbraucher, so treten die Rechtsfolgen des Satzes 1 nur dann ein, wenn der Unternehmer den Besteller zusammen mit der Aufforderung zur Abnahme auf die Folgen einer nicht erklärten oder ohne Angabe von Mängeln verweigerten Abnahme hingewiesen hat; der Hinweis muss in Textform erfolgen".
384 Wobei der Unternehmer zum Nachweis der Abnahmereife (um zu einem späteren Zeitpunkt den Nachweis führen zu können, dass im Nachgang auftretende Abweichungen von der vereinbarten Beschaffenheit nicht von ihm zu vertreten sind) vormals eine Dokumentation des bestehenden Zustandes herbeiführen musste – entweder mittels Durchführung eines selbstständigen Beweisverfahrens nach den §§ 485 ff. ZPO oder durch die Beauftragung eines Sachverständigen, der die Abnahmereife dokumentiert.
385 „(1) Der Unternehmer trägt die Gefahr bis zur Abnahme des Werkes. Kommt der Besteller in Verzug der Annahme, so geht die Gefahr auf ihn über. Für den zufälligen Untergang und eine zufällige Verschlechterung des von dem Besteller gelieferten Stoffes ist der Unternehmer nicht verantwortlich.
(2) Versendet der Unternehmer das Werk auf Verlangen des Bestellers nach einem anderen Ort als dem Erfüllungsort, so findet die für den Kauf geltende Vorschrift des § 447 entsprechende Anwendung".
386 Palandt/*Sprau*, § 650g BGB Rn 1.
387 Palandt/*Sprau*, § 650g BGB Rn 1.

224 | *Beachte:*
§ 650g BGB ist dispositives Recht und kann sowohl durch Individualvereinbarung als auch durch AGB abbedungen werden – auch beim Verbraucherbauvertrag (arg.: § 650o S. 1 BGB).[388]

I. Gemeinsame Zustandsfeststellung (§ 650g Abs. 1 BGB)

225 Im Falle eines komplexen Bauvorhabens können im Zeitpunkt der Abnahme diverse Einzelleistungen schon seit langem (und auch vertragsgemäß) erbracht – ggf. nach der Fertigstellung aber auch wieder beschädigt oder zerstört – worden sein. Dabei trägt grundsätzlich der Unternehmer bis zur Abnahme des Werks die Leistungs- und Vergütungsgefahr. Bei Nichtabnahme des Bauwerks bzw. einer Außenanlage, weil zwischen den Vertragsparteien **Streit über die Abnahmereife des Werks** herrscht, besteht das praktisches Bedürfnis einer Dokumentation des Werkzustands im Zeitpunkt des Abnahmeverlangens, um die Sachaufklärung in einem nachfolgenden Prozess zu erleichtern – vor allem dann, wenn der Besteller das Werk (ohne vorherige Abnahme) bereits in Benutzung genommen hat.[389] Die Zustandsfeststellung erleichtert dem Unternehmer den Nachweis, dass nicht er, sondern ggf. der Besteller für eine Beschädigung (die im Nachgang auftritt) verantwortlich ist.[390]

226 Oftmals stellt sich im Nachgang zur Werkerstellung die Frage, ob ein später festgestellter Mangel aus dem Verantwortungsbereich des Bestellers oder jenem des Unternehmers herrührt. Der Unternehmer hat ein anerkennungswertes Interesse daran, dass die Vertragsgemäßheit seiner Leistung festgestellt wird, um damit auch den Gefahrübergang herbeiführen zu können. Ein Bedürfnis nach Dokumentation besteht gleichermaßen aber auch dann, wenn sowohl der Unternehmer als auch der Besteller sich einig darüber sind, dass das Werk nicht „abnahmereif" ist.[391]

227 | *Beachte:*
Unbeschadet des § 650g BGB kann der Unternehmer aber auch eine **fiktive Abnahme** nach § 640 Abs. 2 BGB herbeiführen oder ein **selbstständiges Beweisverfahren** gemäß §§ 485 ff. ZPO beantragen.

---

388 Palandt/*Sprau*, § 650g BGB Rn 1.
389 RegE, BT-Drucks 18/8486, S. 60.
390 RegE, BT-Drucks 18/8486, S. 59.
391 RegE, BT-Drucks 18/8486, S. 60.

H. Zustandsfeststellung bei Verweigerung der Abnahme sowie Schlussrechnung § 2

§ 650g BGB fordert im Nachgang zu der durch die BGH-Judikatur entwickelten **beider-** **seitigen Pflicht der Vertragsparteien zur Kooperation**[392] vom Besteller die Mitwirkung an einer gemeinsamen Zustandsfeststellung.[393]

228

1. Gemeinsame Zustandsfeststellung bei Verweigerung der Abnahme durch den Besteller unter Angabe von Mängeln

Verweigert der Besteller die Abnahme (des abnahmefähigen Bauwerks oder der entsprechenden Außenanlage) unter Angabe (Rüge) von Mängeln (**konkretisierte Abnahmeverweigerung**),[394] hat er auf Verlangen des Unternehmers (**Mitwirkungsverlangen**)[395] nach **§ 650g Abs. 1 S. 1 BGB** an einer **gemeinsamen Feststellung des Zustands** des Werks mitzuwirken[396] (i.S. einer vom Besteller bestätigten schriftlichen Dokumentation [Darstellung] des äußeren Zustands des Werks im Zeitpunkt der Feststellung).[397]

229

Dabei handelt es sich bei § 650g Abs. 1 S. 1 BGB um eine **Gläubigerobliegenheit i.S. einer Obliegenheit des Bestellers** (hingegen um keine Verpflichtung des Bestellers mit korrespondierendem Anspruch des Unternehmers), **an einer Zustandsfeststellung bei Abnahmeverweigerung mitzuwirken**. Obliegenheit bedeutet, dass der Besteller im „wohlverstandenen Eigeninteresse" an der Zustandsfeststellung teilnehmen sollte, um einem Rechtsverlust zu begegnen: Wirkt der Besteller an der Zustandsfeststellung nicht mit, kann der Unternehmer nach Maßgabe von § 650g Abs. 2 BGB (nachstehende Rdn 237 ff.) eine einseitige Zustandsfeststellung vornehmen, die dann die Rechtsfolgen nach § 650g Abs. 3 BGB (Rdn 244 ff.) zeitigt.

230

Es reicht aus – so *Oberhauser*[398] –, dass der Besteller die Verweigerung der Abnahme mit „einem" Mangel begründet.

231

Beachte:

232

Die Zustandsfeststellung ersetzt weder die Abnahme noch zeitigt sie sonstige Ausschlusswirkungen. Sie hat ausschließlich **Dokumentationsfunktion** in Bezug auf den Zustand des Werks. Zudem ist sie Grundlage für eine modifizierte Gefahrtragung.[399]

---

392 Vgl. etwa BGH NJW 2003, 2678 und 2000, 807.
393 Dazu näher *Breitling*, NZBau 2017, 393, 395; *Retzlaff*, BauR 2017, 1791 und 1822; *Tschäpe/Werner*, ZfBR 2017, 419.
394 Palandt/*Sprau*, § 650g BGB Rn 4: Notwendigkeit einer Benennung einzelner (nicht aller), konkreter Mängelsymptome.
395 Dazu näher jurisPK-BGB/*Leicht*, § 650g BGB Rn 20 f.
396 Dazu näher jurisPK-BGB/*Leicht*, § 650g BGB Rn 9 ff.
397 Palandt/*Sprau*, § 650g BGB Rn 3 – die die Entdeckung offenkundiger Mängel ermöglicht (arg.: § 650g Abs. 3 S. 1 BGB, nachstehende Rdn 246).
398 *Oberhauser*, Das neue Bauvertragsrecht, § 2 Rn 146.
399 *Schwenker/Rodemann*, § 650g BGB Rn 3.

233 *Beachte zudem:*

§ 650g BGB ist eine **Ergänzung des § 640 Abs. 2 BGB zur fiktiven Abnahme**. Wenn der Besteller nämlich nach einem Abnahmeverlangen des Unternehmers gemäß § 640 Abs. 2 BGB nicht reagiert oder die Abnahme nicht innerhalb der ihm vom Unternehmer gesetzten angemessenen Frist unter Angabe mindestens eines (nicht notwendigerweise wesentlichen) Mangels (die Benennung eines auch nur „unwesentlichen Mangels" reicht aus)[400] verweigert, greift die **gesetzliche Abnahmefiktion des § 640 Abs. 2 S. 1 BGB** (als angemessener Interessenausgleich zwischen Besteller und Unternehmer): Das Werk **gilt** als abgenommen.

234 Nach § 650g Abs. 1 BGB kann der Unternehmer – wenn der Besteller die Abnahme verweigert – verlangen, dass der Besteller an einer gemeinsamen Feststellung des Zustands des Werks mitwirkt (zu der der Unternehmer nach § 650g Abs. 2 BGB mit dem Besteller entweder einvernehmlich einen Termin vereinbart oder, wenn der Besteller sich einer Terminvereinbarung verweigert, innerhalb einer angemessenen Frist einen Termin bestimmt).

2. Anforderungen an eine gemeinsame Zustandsfeststellung

235 § 650g Abs. 1 S. 2 BGB normiert die Anforderungen an die Form einer **gemeinsamen Zustandsfeststellung** durch Unternehmer und Besteller[401] (i.S. einer Dokumentation des Zustandes des Werks zum Zeitpunkt des Abnahmeverlangens – **formelle Anforderungen einer gemeinsamen Zustandsfeststellung**): Die gemeinsame Zustandsfeststellung soll

- (entsprechend der ihr zukommenden Dokumentationsfunktion)[402] mit der Angabe des Tages der Anfertigung versehen werden und sie
- ist von beiden Vertragsparteien zu unterschreiben.[403]

236 *Beachte:*

Kommt es – praktisch bedeutsam – zu keiner Einigung der Parteien über den festzustellenden Zustand (fehlendes Einvernehmen der Vertragspartner über den Zustand

---

400 Weil ansonsten erst nachträglich (im gerichtlichen Verfahren) die Art des Mangels geklärt werden würde mit der Folge, dass damit auch die „Abnahme" in der Schwebe bliebe: so RegE, BT-Drucks 18/8486, S. 48. Kritisch dazu *Pause*, Das neue Bauvertragsrecht, § 6 Rn 31: „Das überzeugt nicht. Nach der klaren Wertung des § 640 Abs. 1 S. 2 BGB soll die Abnahme an unwesentlichen Mängeln gerade nicht scheitern".
401 Zur „Gemeinsamkeit" der Zustandsfeststellung näher jurisPK-BGB/*Leicht*, § 650g BGB Rn 16 ff.
402 RegE, BT-Drucks 18/8486, S. 60.
403 *Glöckner*, VuR 2016, 163: „um ein gesetzliches Schriftformerfordernis handelt es sich freilich aus gutem Grund nicht".

H. Zustandsfeststellung bei Verweigerung der Abnahme sowie Schlussrechnung § 2

oder die Abnahmereife des Werkes), kann der Unternehmer nicht den Weg des § 650g Abs. 2 BGB (d.h. einseitige Zustandsfeststellung) beschreiten[404] – vielmehr muss er dann den Zustand des Werks mittels

- selbstständigen Beweisverfahrens (§§ 485 ff. ZPO) oder und durch einen
- gerichtlich bestellten Sachverständigen

dokumentieren lassen.

Oberhauser[405] regt in praktischer Hinsicht vor dem Hintergrund einer gemeinsamen Zustandsfeststellung der Parteien auf der Grundlage des **Kooperationsgebots** folgende Differenzierung an:

- Der Zustand, über den Einvernehmen erzielt worden ist, müsse gemeinsam fixiert werden.
- Der Zustand, über den kein Einvernehmen erzielt werden konnte, soll (im Interesse einer Reduktion der Streitpunkte und einer Eingrenzung des dann ggf. vom Unternehmer angestrengten selbstständigen Beweisverfahrens nach den §§ 485 ff. ZPO) gleichermaßen fixiert werden.

II. Einseitige Zustandsfeststellung durch den Unternehmer (§ 650g Abs. 2 BGB)

Bleibt der Besteller **237**

- einem vereinbarten oder
- einem von dem Unternehmer (einseitig) innerhalb einer angemessenen Frist[406] bestimmten

Termin (d.h. Notwendigkeit einer ordnungsgemäßen Terminbestimmung) **zur Zustandsfeststellung** fern[407] (kommt es also nicht zu einer gemeinsamen Zustandsfeststellung gemäß § 650g Abs. 1 BGB), so kann der Unternehmer nach **§ 650g Abs. 2 S. 1 BGB** die Zustandsfeststellung auch einseitig vornehmen (**einseitige Zustandsfeststellung**[408] – als Rechtsfolge [Sanktion] einer Verletzung der Gläubigerobliegenheit zur Mitwirkung) –, um auch in einem solchen Fall die Rechtsfolgen nach § 650g Abs. 3 BGB (nachstehende Rdn 244 ff.) auslösen zu können.

---

404 RegE, BT-Drucks 18/8486, S. 60.
405 *Oberhauser*, Das neue Bauvertragsrecht, § 2 Rn 148.
406 „Angemessenheit" hängt von den Umständen ab (z.B. der Werksbeschaffenheit oder den objektiven Möglichkeiten des Bestellers): Der Besteller muss genügend Zeit haben, sich auf den Termin einzustellen und die erforderlichen Prüfungen zur Abnahmereife herbeizuführen: Palandt/*Sprau*, § 650g BGB Rn 5.
407 Der Besteller erscheint nicht selbst und entsendet auch keinen bevollmächtigten Vertreter: Palandt/*Sprau*, § 650g BGB Rn 5.
408 Dazu näher jurisPK-BGB/*Leicht*, § 650g BGB Rn 22.

238 Dies gilt nur dann nicht (d.h. eine einseitige Zustandsfeststellung durch den Unternehmer muss unterbleiben), wenn der Besteller infolge eines **Umstands** fernbleibt,
- den er nicht zu vertreten hat (kein Verschulden i.S.d. §§ 276 bis 278 BGB) und
- den er dem Unternehmer unverzüglich (vgl. § 121 Abs. 1 S. 1 BGB – d.h. „ohne schuldhaftes Zögern") nach Kenntniserlangung mitgeteilt hat

(so **§ 650g Abs. 2 S. 2 BGB**).

239 Auf diese Weise will der Gesetzgeber erreichen, dass sich die Vertragsparteien sowohl über den Termin einer Zustandsfeststellung austauschen als auch die Frage des Vertretenmüssens eines eventuellen Fernbleibens des Bestellers noch vor dem Termin zwischen ihnen erörtert wird.[409]

240 *Beachte:*

*Die **Voraussetzungen einer einseitigen Zustandsfeststellung** nach § 650g Abs. 2 S. 1 und S. 2 BGB sind **nicht erfüllt**, wenn Unternehmer und Besteller sich zwar zu einer „gemeinsamen Zustandsfeststellung" treffen, dabei aber **keine Einigung** über den festzustellenden Zustand erzielen können[410] (Verweigerung einer Unterschriftsleistung bei gemeinsamer Feststellung):[411] Hier besteht für den Unternehmer allein die Möglichkeit, ein **selbstständiges Beweisverfahren** (§§ 485 ff. ZPO) zum Zustand des Werks durchführen oder einen **gerichtlich bestellten Sachverständigen** tätig werden zu lassen.*

241 *Schwenker/Rodemann*[412] monieren, die Regelung berücksichtige nicht, „dass der Unternehmer eine einseitige Feststellung oft nicht treffen kann, weil er keinen Zugriff auf das Werk hat, z.B. Arbeiten in der Wohnung des Bestellers".

242 Der Unternehmer hat – damit der Besteller vom Inhalt der einseitigen Zustandsfeststellung (überhaupt) Kenntnis erlangt und auch einer nachträglichen Änderung der Zustandsfeststellung vorgebeugt wird[413] – die einseitige Zustandsfeststellung nach **§ 650g Abs. 2 S. 3 BGB** mit der Angabe des Tages der Anfertigung zu versehen und sie zu unterschreiben sowie dem Besteller eine Abschrift der einseitigen Zustandsfeststellung zur Verfügung zu stellen.

---

[409] RegE, BT-Drucks 18/8486, S. 60.
[410] RegE, BT-Drucks 18/8486, S. 61.
[411] Palandt/*Sprau*, § 650g BGB Rn 5: ggf. könne aber § 242 BGB greifen. Dazu auch *Tschäpe/Weber*, ZfBR 2017, 419, 423.
[412] *Schwenker/Rodemann*, § 650g BGB Rn 4.
[413] RegE, BT-Drucks 18/8486, S. 61.

H. Zustandsfeststellung bei Verweigerung der Abnahme sowie Schlussrechnung | § 2

Beachte: 243
Die Norm trifft keine Regelung in Bezug auf die Kostenzuordnung für eine Zustandsfeststellung (**Kostenfrage**). Nach Ansicht des Gesetzgebers liegt die Zustandsfeststellung jedoch im **Interesse beider Vertragspartner**[414] – weswegen
- „jede Partei die ihr entstehenden Kosten der Zustandsfeststellung grundsätzlich selbst zu tragen" hat.[415]
- Ausnahmsweise soll dann aber etwas anderes gelten, wenn die Voraussetzungen eines Schadensersatzanspruchs nach § 280 Abs. 1 BGB vorliegen, bspw. im Falle, dass der Unternehmer – obwohl das Werk offensichtlich „wesentliche Mängel" aufweist – den Besteller zur Abnahme des Werks auffordert.[416]

III. (Widerlegbare) Vermutungswirkung beim Auftreten eines Mangels nach der Zustandsfeststellung (§ 650g Abs. 3 BGB)

Beim Vorliegen bestimmter Voraussetzungen knüpft § 650g Abs. 3 BGB an eine Zustandsfeststellung nach § 650g Abs. 1 oder Abs. 2 BGB eine (widerlegbare) **Vermutungswirkung hinsichtlich der Beweislast**,[417] „die den Werkunternehmer davon entlastet, auch für Mängel des Werks einstehen zu müssen, die wahrscheinlich nicht von ihm verursacht sind"[418] (**Gefahrentlastung**). Die Verweigerung einer Werkabnahme durch den Besteller unter Verweis auf Mängel wirft die Frage auf, ob es sich um 244

- „wesentliche Mängel" handelt, die den Besteller zur Abnahmeverweigerung berechtigen, oder nur um
- „unwesentliche Mängel", die ihn zur Abnahme verpflichten.

Das Problem wird dadurch verschärft, dass sich das Werk oft schon vor der Abnahme im Einflussbereich des Bestellers befindet und von diesem auch genutzt wird.[419] Während der Mängelbeseitigung durch den Unternehmer können nun weitere Beeinträchtigungen des Werks auftreten – deren Ursachen zwar unklar sind, deren Beseitigung aber dem Unternehmer aufgegeben sind, da dieser auch im Falle von Störungen weiterhin zur Herstellung eines „vollständig mangelfreien Werks" verpflichtet ist[420] und die Gefahr bis zur Abnahme des Werks nach § 644 Abs. 1 BGB trägt.[421] Den Unternehmer trifft also die Be- 245

---

414 *Schwenker/Rodemann*, § 650g BGB Rn 6.
415 RegE, BT-Drucks 18/8486, S. 61.
416 RegE, BT-Drucks 18/8486, S. 61.
417 Dazu näher jurisPK-BGB/*Leicht*, § 650g BGB Rn 27 ff.
418 RegE, BT-Drucks 18/8486, S. 61.
419 RegE, BT-Drucks 18/8486, S. 61.
420 Vgl. Palandt/*Sprau*, BGB, 75. Aufl., § 644 Rn 2.
421 RegE, BT-Drucks 18/8486, S. 61.

weislast bis zur Abnahme des Werks. „Wurde das Werk zwischenzeitlich durch den Besteller selbst beeinträchtigt, muss er (der Unternehmer) diese Schäden ebenfalls beseitigen, wenn er nicht nachweisen kann, dass sie vom Besteller verursacht wurden".[422]

246 Diese Risiken versucht die **(widerlegliche) Vermutungswirkung** des § 650g Abs. 3 BGB zugunsten des Unternehmers abzumildern (**Risikoeinschränkung**): Ist das Werk

- dem Besteller **verschafft** worden (i.s. eines endgültigen Übergangs des Werks in den Einflussbereich des Bestellers)[423] und ist
- in der (gemeinsamen oder einseitigen) Zustandsfeststellung nach § 650g Abs. 1 oder 2 BGB ein **„offenkundiger Mangel"**[424] **nicht angegeben** (Voraussetzung ist, dass die gesetzlichen Anforderungen an eine Zustandsfeststellung nach § 650g Abs. 1 [Rdn 225 ff.] bzw. Abs. 2 BGB [Rdn 237 ff.] eingehalten worden sind – wobei der Gesetzgeber „lediglich die Angabe des Tages der Ausfertigung der gemeinsamen Zustandsfeststellung nach Absatz 1 Satz 2, die ebenso wie in § 585b Absatz 1 Satz 3 als ‚Sollvorschrift' ausgestaltet wurde" für verzichtbar erachtet),[425]

wird nach § 650g Abs. 3 S. 1 BGB vermutet (**doppelte Vermutungswirkung**), dass der Mangel

- **nach der Zustandsfeststellung entstanden** und
- **vom Besteller zu vertreten** ist.

247 Es kommt damit zu einer widerlegbaren (vgl. § 292 ZPO) **Beweislastumkehr** zugunsten des Unternehmers (aber nur im Verhältnis zwischen den Parteien):[426] Der Unternehmer haftet nicht für Mängel – es sei denn, der Besteller kann den Gegenbeweis führen. Der Unternehmer trägt die Beweislast für das Vorliegen der Voraussetzungen des § 650g Abs. 3 S. 1 BGB, der Besteller für den Gegenbeweis zu § 650g Abs. 3 S. 1 BGB bzw. zu den Voraussetzungen nach § 650g Abs. 3 S. 2 BGB.

248 Nach *Glöckner*[427] werden mit § 650g Abs. 3 BGB wegen

- der Begrenzung der Vermutungswirkung auf offenkundige Mängel und
- den Zeitpunkt ihres Eintritts

„die Interessen des Bestellers ausrechend gewahrt".

249 Ein Mangel ist im vorgenannten Sinne dann **„offenkundig"**, wenn er bei einer ordnungsgemäßen Zustandsfeststellung ohne Weiteres hätte entdeckt werden müssen – wobei im

---

422 RegE, BT-Drucks 18/8486, S. 61.
423 Palandt/*Sprau*, § 650g BGB Rn 6.
424 „Offenkundig" ist ein Mangel, der im Zeitpunkt der Zustandsfeststellung nach dem Fachhorizont der Beteiligten (vor allem des Bestellers) ohne Weiteres hätte entdeckt werden müssen: RegE, BT-Drucks 18/8486, S. 60.
425 RegE, BT-Drucks 18/8486, S. 61.
426 Palandt/*Sprau*, § 650g BGB Rn 6.
427 *Glöckner*, VuR 2016, 163.

H. Zustandsfeststellung bei Verweigerung der Abnahme sowie Schlussrechnung § 2

Rahmen einer Auslegung des Begriffs „offenkundig" die jeweilige Fachkunde des Bestellers zu berücksichtigen ist.[428]

Die **gesetzliche Vermutung** nach § 650g Abs. 3 S. 1 BGB gilt nicht (**Ausschluss der Vermutungswirkung**), wenn der Mangel nach seiner Art nicht vom Besteller verursacht worden sein kann (so **§ 650g Abs. 3 S. 2 BGB**) – was bspw. dann der Fall ist, „wenn es sich um einen Materialfehler handelt oder der Mangel darin besteht, dass das Werk nicht nach den Planungsvorgaben hergestellt wurde"[429] (Planabweichung, Ausführungsfehler oder Verstöße gegen fachliche Regeln).[430]

250

Zusammenfassung:

251

Der **Inhalt der doppelten gesetzlichen Vermutungswirkung** nach § 650g Abs. 3 BGB geht also dahin, dass ein „offenkundiger Mangel"
- nach der Zustandsfeststellung entstanden und
- vom Besteller zu vertreten ist.

Beachte:

252

Über § 650g Abs. 3 BGB können dem Besteller damit auch **von Dritten verursachte Schäden** zugerechnet werden, wenn der Besteller die Vermutung nicht erschüttern kann – was dem Gesetzgeber aber deshalb als gerechtfertigt erscheint, „weil der Besteller bereits im Besitz des Werkes ist und daher Beeinträchtigungen durch Dritte eher vermeiden kann als der Unternehmer, der dafür bisher einzustehen hat".[431]

IV. Fälligkeit der Vergütung und Schlussrechnung (§ 650g Abs. 4 BGB)

In Bezug auf den Bauvertrag ist die **Fälligkeit der (Gesamt-)Vergütung**[432] (in Annäherung an die VOB/B-Regelung, dort die §§ 14 und 16 Abs. 3 Nr. 1)[433] – nicht erfasst wird der Schadensersatzanspruch[434] – vom Vorliegen folgender **Voraussetzungen** abhängig:

253

- **Abnahme des Werks** (rechtsgeschäftliche Abnahme i.S.v. § 640 Abs. 1 BGB oder Abnahmefiktion gemäß § 640 Abs. 2 BGB)[435] *und*
- **Erteilung einer prüffähigen Schlussrechnung.**

---

428 RegE, BT-Drucks 18/8486, S. 61.
429 RegE, BT-Drucks 18/8486, S. 61.
430 Palandt/*Sprau*, § 650g BGB Rn 6.
431 RegE, BT-Drucks 18/8486, S. 61.
432 Dazu näher jurisPK-BGB/*Leicht*, § 650g BGB Rn 34 ff.
433 *Schwenker/Rodemann*, § 650g BGB Rn 8.
434 Palandt/*Sprau*, § 650g BGB Rn 7.
435 Bzw. eine Abnahme ist ausnahmsweise entbehrlich (dazu Palandt/*Sprau*, § 641 BGB Rn 4 f.): so Palandt/*Sprau*, § 650g BGB Rn 8.

254 Die Vergütung ist nach § **650g Abs. 4 S. 1 BGB** somit (als vorrangige Sonderregelung gegenüber § 641 Abs. 1 S. 1 BGB – Fälligkeit der Vergütung)[436] zu entrichten, wenn
- der Besteller das Werk abgenommen hat (§ 640 Abs. 1 BGB) oder die Abnahme nach § 640 Abs. 2 BGB entbehrlich ist (Nr. 1) *und*
- der Unternehmer dem Besteller eine prüffähige Schlussrechnung (nachstehende Rdn 255 ff.) erteilt hat (Nr. 2).

255 Unter „**Schlussrechnung**" ist eine letzte Zahlungszusammenstellung des Unternehmers zu verstehen, „durch die dieser zum Ausdruck bringt, welche Vergütung er endgültig und abschließend für die (alle) von ihm erbrachte(n) (Gesamt-)Leistung(en) beansprucht"[437] (einschließlich Zusatzleistungen und Nachträgen sowie ggf. unter Ausweis/Abzug bereits geleisteter Vorauszahlungen), die der Schrift- (vgl. § 126 BGB) oder der Textform (§ 126b BGB) bedarf (Notwendigkeit einer Verkörperung wegen des Erfordernisses eines Umsatzsteuerausweises nach § 14 Abs. 1 UStG).[438]

256 Die Schlussrechnung ist ihrem Inhalt nach „**prüffähig**",[439] wenn sie
- eine **übersichtliche Aufstellung**[440] der erbrachten Leistungen enthält und
- für den Besteller **nachvollziehbar** ist[441]

(so § **650g Abs. 4 S. 2 BGB**). Der Begriff beinhaltet hingegen nicht die sachliche Richtigkeit.[442]

257 Eine Schlussrechnung gilt nach der gesetzlichen Fiktion des § **650g Abs. 4 S. 3 BGB** als prüffähig (**Fiktion der Prüffähigkeit**, um eine längere Unsicherheit über die Prüffähigkeit zu vermeiden),[443] wenn der Besteller nicht innerhalb von 30 Tagen nach Zugang (Fristablauf) der Schlussrechnung begründete Einwendungen gegen ihre Prüffähigkeit erhoben hat. Als entsprechende **Einwendungen** (die einer Begründung bedürfen) sollen nur solche in Betracht kommen, die sich gegen die Prüffähigkeit nach § 650g Abs. 4 S. 2 BGB richten (i.S. konkreter Mängel in der Rechnung, die eine Prüffähigkeit ausschließen) – unerheblich sollen hingegen Einwendungen gegen die Leistung selbst sein.[444]

---

436 Palandt/*Sprau*, § 650g BGB Rn 7.
437 Palandt/*Sprau*, § 650g BGB Rn 9.
438 Palandt/*Sprau*, § 650g BGB Rn 9.
439 Dazu näher jurisPK-BGB/*Leicht*, § 650g BGB Rn 38.
440 Notwendig sei – je nach Inhalt – bspw. eine Trennung einzelner Leistungspositionen oder eine eindeutige Zuordnung der Preise bzw. eine Herausstellung der noch geforderten Schlusszahlung: Palandt/*Sprau*, § 650g BGB Rn 10.
441 Für den Besteller müsse – ohne Nachfrage beim Unternehmer – allein auf der Grundlage der vertraglichen Vereinbarungen erkennbar sein, wie der Unternehmer zu dem von ihm geforderten Schlusszahlungsbetrag gekommen ist: Palandt/*Sprau*, § 650g BGB Rn 10.
442 *Schwenker/Rodemann*, § 650g BGB Rn 8.
443 RegE, BT-Drucks 18/11437, S. 49.
444 Palandt/*Sprau*, § 650g BGB Rn 11.

I. Schriftform der Kündigung (§ 650h BGB) § 2

Beachte: 258
Für den Fall, dass die Einwendungen nicht greifen, gilt die Fiktion nach § 650g Abs. 4 S. 2 BGB (**unwiderlegliche Vermutung der Prüffähigkeit als Fristablauf**, nachstehende Rdn 257).

Für die **Fristberechnung** gelten die §§ 187 Abs. 1 und 188 Abs. 1 BGB.[445] 259

I. Schriftform der Kündigung (§ 650h BGB)

§ 650h Schriftform der Kündigung 260
Die Kündigung des Bauvertrags bedarf der schriftlichen Form.

§ 650h BGB – eingefügt durch Art. 1 Nr. 25 BauVertrRRG – statuiert den neu eingeführten Grundsatz, dass jede Kündigung eines Bauvertrags (§ 650a BGB, erfasst werden auch Verbraucherbauverträge [§ 650i Abs. 1 BGB] sowie Architekten- und Ingenieurverträge [i.S.v. § 650p Abs. 1 BGB, vgl. § 650q Abs. 1 BGB]) – wie die Kündigung eines Mietverhältnisses (vgl. § 568 BGB) oder eines Arbeitsverhältnisses (vgl. § 623 BGB) – ab dem 31.12.2017 (vgl. Art. 229 § 39 EGBGB) im Interesse der **Rechtssicherheit** und der **Beweissicherung** der Schriftform bedarf.[446] 261

Das Formerfordernis will die Bauvertragsparteien i.Ü. auch vor übereilten und später bereuten spontanen Handlungen schützen, „die angesichts des Umfangs, den Bauverträge in der Regel haben, mit erheblichen negativen Folgen verbunden sein können"[447] (**Übereilungsschutz**). 262

Beachte: 263
Die Norm erfasst auch Bauträgerverträge in Bezug auf Bauleistungen (§ 650u Abs. 1 S. 2 BGB) – doch ist gemäß § 650u Abs. 2 BGB eine Kündigung nach den §§ 648, 648a BGB ausgeschlossen.

Die Kündigung des Bauvertrags – nicht hingegen auch eine eventuelle Begründung der Kündigung[448] – bedarf nach **§ 650h BGB** der schriftlichen Form (§ 126 BGB – **Schriftform**). 264

Ist durch Gesetz **schriftliche Form** vorgeschrieben, so muss das Kündigungsschreiben nach § 126 Abs. 1 BGB vom Aussteller eigenhändig durch Namensunterschrift (oder mittels notariell beglaubigten Handzeichens) unterzeichnet werden. Die schriftliche Form 265

---

445 Zur Fälligkeit und Verjährung der Schlussrechnung näher jurisPK-BGB/*Leicht*, § 650g BGB Rn 42 ff.
446 RegE, BT-Drucks 18/8486, S. 62.
447 RegE, BT-Drucks 18/8486, S. 62.
448 Palandt/*Sprau*, § 650h BGB Rn 3 – arg.: Das Gesetz schreibt keine Begründung vor.

kann nach § 126 Abs. 3 BGB durch die elektronische Form (§ 126a BGB) ersetzt werden – wenn sich aus dem Gesetz (wie in § 650h BGB geschehen) nichts anderes ergibt. Die schriftliche Form wird gemäß § 126 Abs. 4 BGB durch eine notarielle Beurkundung (§ 128 BGB) ersetzt. Nach § 128 BGB genügt es – wenn notarielle Beurkundung eines Vertrags vorgesehen ist –, wenn zunächst der Antrag und sodann die Annahme des Antrags von einem Notar beurkundet wird. Die notarielle Beurkundung wird gemäß § 127a BGB bei einem gerichtlichen Vergleich durch die Aufnahme der Erklärungen in ein nach den Vorschriften der ZPO errichtetes Protokoll ersetzt.

266 Die Kündigung eines Bauvertrags in Textform (vgl. § 126b BGB) ist damit unzureichend, weil dadurch der angestrebte Schutzzweck nicht erreicht wird.[449]

267 *Beachte:*

Ein **Formmangel** führt zur **Nichtigkeit** der Kündigung nach § 125 S. 1 BGB: Ein Rechtsgeschäft, welches der durch Gesetz vorgeschriebenen Form ermangelt, ist nichtig.

268 „**Kündigung**" i.S.v. § 650h BGB bedeutet „die auf einem gesetzlichen Kündigungsrecht beruhende Willenserklärung des Bestellers oder Unternehmers, durch die ein Bauvertrag oder gleichgestellter Vertrag einseitig beendet werden soll".[450]

269 Das Schriftformerfordernis gilt somit im Hinblick auf den Schutzzweck sowohl für die
- **freie Kündigung** (§ 648 BGB, vormals § 649 BGB alt) als auch für die
- **Kündigung aus wichtigem Grund** (§ 648a Abs. 1 BGB). Ebenso[451] für die
- **Kündigung wegen fehlender Sicherheitsleistung** (§ 650f Abs. 5 BGB), das
- **Sonderkündigungsrecht** bei Architekten- und Ingenieurverträgen (§ 650r BGB) sowie die
- **Teilkündigung** (§ 648a Abs. 2 BGB).[452]

270 Nicht erfasst sein sollen hingegen die u.U. wie eine Kündigung wirkende Fristsetzung nach § 643 BGB (Kündigung bei unterlassener Mitwirkung), die Ablehnung der Vertragserfüllung durch den Insolvenzverwalter nach § 113 Abs. 2 InsO bzw. die Ausübung vertraglich vereinbarter Sonderkündigungsrechte (z.B. nach VOB/B).[453]

271 *Beachte:*

§ 650h BGB ist in Bezug auf das gesetzliche Kündigungsrecht wegen des Schutzzwecks gesetzlicher Formvorschriften **zwingendes Recht**.[454]

---

449 RegE, BT-Drucks 18/8486, S. 62.
450 Palandt/*Sprau*, § 650h BGB Rn 2.
451 Palandt/*Sprau*, § 650h BGB Rn 2.
452 Palandt/*Sprau*, § 650h BGB Rn 2.
453 Palandt/*Sprau*, § 650h BGB Rn 2.
454 Palandt/*Sprau*, § 650h BGB Rn 2.

§ 3 Der Verbraucherbauvertrag (§§ 650i bis 650n BGB)

A. Einleitung

Der Gesetzgeber will für nach dem 31.12.2017 abgeschlossene Verträge (vgl. Art. 229 § 39 EGBGB) mit der Einfügung eines eigenen Kapitels 3 (§§ 650i bis 650n) BGB (**Verbraucherbauvertrag**)[1] in das Werkvertragsrecht – in dem eine Reihe von Schutzvorschriften (in Bezug auf die Vertragsgestaltung und -auslegung) zugunsten des Verbrauchers i.S. des § 13 BGB (d.h. dem **Verbraucherbauherrn**) neu kodifiziert und zusammengefasst werden – der **besonderen Schutzbedürftigkeit des Verbrauchers** (über den bereits seit langem gewährten Verbraucherschutz nach den §§ 312 ff. BGB und die AGB-rechtliche Inhaltskontrolle gemäß §§ 307 ff. BGB hinaus) **beim Abschluss größerer Bauverträge** Rechnung tragen.[2] Es handelt sich dabei mit Ausnahme von § 650m BGB um zum Nachteil des Verbrauchers **unabdingbares Recht**[3] (§ 650o S. 1 BGB).

1

Gegenüber § 312 Abs. 2 Nr. 4 BGB alt (nachstehende Rdn 12 f.) soll durch die **Schaffung eines eigenständigen Verbraucherbaurechts** in den §§ 650i bis 650n BGB durch Ausfüllung des nationalen Gestaltungsspielraums eine Schutzlücke geschlossen und ein verbessertes Schutzniveau erreicht werden:[4] durch die Einführung

2

- einer Baubeschreibungspflicht (§§ 650j und k BGB),
- eines allgemeinen Widerrufsrechts (§ 650l BGB),
- einer Obergrenze für Abschlagszahlungen (§ 650m BGB) und von
- Dokumentationspflichten (§ 650n BGB).

Beachte:

3

Der in § 650i Abs. 1 BGB umschriebene Anwendungsbereich des Verbraucherbauvertragsrechts knüpft an die Vorgaben der **EU-Verbraucherrechterichtlinie**[5] (VerbrRRL) vom 25.10.2011 zu den **vorvertraglichen Informationspflichten** an:[6]

- Der Verbraucher ist vor Vertragsschluss nach Art. 5 Abs. 1 Buchst. a VerbrRRL über die „wesentlichen Eigenschaften der Leistung" zu informieren.

---

1 Näher *Pause*, NZBau 2015, 667; *Ders.*, BauR 2017, 430; *Retzlaff*, BauR 2017, 17.
2 RegE, BT-Drucks 18/8486, S. 62. Risiken bei der Errichtung oder dem Umbau eines Hauses, in deren Rahmen der Verbraucher einen Großteil seiner wirtschaftlichen Leistungskraft einsetzt: RegE, BT-Drucks 18/8486, S. 24.
3 Palandt/*Sprau*, § 650i BGB Rn 1.
4 *Stretz*, Das neue Bauvertragsrecht, § 5 Rn 9.
5 Vgl. zum europäischen Hintergrund näher jurisPK-BGB/*Segger*, § 650i Rn 7.
6 Richtlinie 2011/83/EG des Europäischen Parlaments und des Rates, ABl L 304 vom 22.11.2011, S. 64.

§ 3 Der Verbraucherbauvertrag (§§ 650i bis 650n BGB)

- Vom Anwendungsbereich der VerbrRRL ausgenommen sind nach deren Art. 3 Abs. 3 Buchst. f und Art. 6 Abs. 1 Buchst. a „Verträge über den Bau von neuen Gebäuden und erhebliche Umbaumaßnahmen an bestehenden Gebäuden".

- „Diese Ausnahme ermöglicht es dem deutschen Gesetzgeber nicht nur für diesen Bereich eigene, weitergehende Vorgaben zur Information des Vertragspartners einzuführen, sondern macht dies sogar notwendig"[7] – da es ansonsten (würde der Gesetzgeber von Vorgaben absehen) zu einem nicht akzeptablen Ungleichgewicht käme: „Für kleinere Bauverträge würden die auf die Verbraucherrechterichtlinie zurückgehenden Informationspflichten greifen, für größere mit einem höheren Risiko für den Verbraucher verbundene Verträge dagegen keine entsprechenden Pflichten bestehen."[8]

- Vor diesem Hintergrund hat sich der deutsche Gesetzgeber dafür entschieden, für die **von der VerbrRRL nicht erfassten Bauverträge spezielle vorvertragliche Informationspflichten** sowie **weitere Schutzvorschriften** einzuführen.

B. Legaldefinition des Verbraucherbauvertrags

4 § 650i Verbraucherbauvertrag

(1) Verbraucherbauverträge sind Verträge, durch die der Unternehmer von einem Verbraucher zum Bau eines neuen Gebäudes oder zu erheblichen Umbaumaßnahmen an einem bestehenden Gebäude verpflichtet wird.

(2) Der Verbraucherbauvertrag bedarf der Textform.

(3) Für Verbraucherbauverträge gelten ergänzend die folgenden Vorschriften dieses Kapitels.

5 § 650i Abs. 1 BGB trifft – eingefügt durch Art. 1 Nr. 25 BauVertrRRG – eine Legaldefinition des „Verbraucherbauvertrags" als Bauvertrag über einen bestimmten Vertragsgegenstand (Bau eines neuen Gebäudes bzw. erhebliche Umbaumaßnahme an bestehenden Gebäuden), der enger als jener des allgemeinen Bauvertrags (vgl. § 650a Abs. 1 BGB) ist,[9] und bestimmt damit den Anwendungsbereich der nachstehend normierten Schutzvorschriften.

6 Verbraucherbauverträge sind nach **§ 650i Abs. 1 BGB** Verträge zwischen einem Unternehmer (§ 631 und § 14 BGB) und einem Verbraucher (§ 13 BGB),[10] durch die (in Bezug auf den **persönlichen Anwendungsbereich**)[11]

---

[7] RegE, BT-Drucks 18/8486, S. 62.
[8] RegE, BT-Drucks 18/8486, S. 62.
[9] Palandt/*Sprau*, § 650i BGB Rn 2.
[10] „Nach der gewählten Bezeichnung liegt es nahe, dass ein Verbrauchervertrag ... i.S.v. § 310 III (BGB) vorliegen muss": so Palandt/*Sprau*, § 650i BGB Rn 5.
[11] Näher jurisPK-BGB/*Segger*, § 650i Rn 10 ff.

B. Legaldefinition des Verbraucherbauvertrags § 3

- der Unternehmer als Auftragnehmer (nachstehende Rdn 11) von einem
- Verbraucher als Besteller (Rdn 7 ff.)

zum (in Bezug auf den **sachlichen Anwendungsbereich**)

- Bau eines neuen Gebäudes (Rdn 12 ff.) oder zu
- erheblichen Umbaumaßnahmen an einem bestehenden Gebäude (Rdn 16)

verpflichtet wird.[12]

I. Verbraucher

Verbraucher ist nach der Legaldefinition des § 13 BGB[13] jede **natürliche Person**, die ein Rechtsgeschäft zu Zwecken abschließt, die „überwiegend"[14] weder ihrer gewerblichen noch ihrer selbstständigen beruflichen Tätigkeit zugerechnet werden können.[15]

7

Beachte:

Nach Ansicht des BGH[16] kann eine **teilrechtsfähige Außen-GbR** (deren Gesellschafter ausschließlich natürliche Personen sind) – wenn und soweit sie zu Zwecken des § 13 BGB handelt – dem Verbraucher gleichgestellt sein (z.B. eine **Bauherrengemeinschaft**): Voraussetzung ist, dass alle natürlichen Personen vom Schutzzweck der verbraucherschützenden Norm betroffen sind.[17]

8

Beachte weiter:

Eine teilrechtsfähige Außen-GbR, deren Gesellschafter hingegen **eine natürliche Person und eine juristische Person** sind, „ist unabhängig davon, ob sie lediglich zu privaten Zwecken und nicht gewerblich oder selbstständig beruflich tätig ist, nicht Verbraucher".[18]

9

---

12 Näher *Motzke*, NZBau 2017, 515, 518.
13 Dazu näher die Kommentierung des § 13 BGB in NK-BGB/*Ring*, 3. Aufl. 2016.
14 Für den Fall des Abschlusses eines Vertrags über die Errichtung eines neuen Gebäudes, das zum Teil gewerblich genutzt werden soll (**teilweise gewerbliche Nutzung des Gebäudes**), soll in Bezug auf das Tatbestandsmerkmal „überwiegend" auf das Verhältnis von Fläche und Wert abzustellen sein: so *Stretz*, Das neue Bauvertragsrecht, § 5 Rn 22 unter Bezugnahme auf *Glöckner*, BauR 2014, 411, 413. Bei der **Errichtung eines Miethauses** will *Stretz* (a.a.O.) darauf abstellen, ob es sich noch um eine private Vermögensverwaltung ohne planmäßigen Geschäftsbetrieb handelt – „maßgeblich für die Bewertung ist nicht die Größe des Objekts, sondern der mit der Vermögensverwaltung verbundene organisatorische und zeitliche Aufwand" (*Stretz*, a.a.O., unter Bezugnahme auf *Glöckner*, a.a.O.) im Einzelfall.
15 Zum Verbraucher als Besteller auch näher jurisPK-BGB/*Segger*, § 650i Rn 13 f.
16 BGH NJW 2002, 368.
17 Dazu auch *Stretz*, Das neue Bauvertragsrecht, § 5 Rn 19.
18 *Schwenker/Rodemann*, § 650i BGB Rn 2 unter Bezugnahme auf BGH ZIP 2017, 917.

§ 3   Der Verbraucherbauvertrag (§§ 650i bis 650n BGB)

10   *Beachte zudem:*
Eine **Wohnungseigentümergemeinschaft** ist (obgleich weder juristische noch natürliche Person) nach § 10 Abs. 6 WEG **teilrechtsfähig**:[19] Sie „ist jedenfalls dann einem ‚Verbraucher' gleichzustellen, wenn ihr wenigstens ein Verbraucher angehört und sie ein Rechtsgeschäft zu einem Zweck abschließt, der weder einer gewerblichen noch einer selbstständigen beruflichen Tätigkeit dient"[20] – anders als in einer teilrechtsfähigen Außen-GbR (vorstehende Rdn 8) soll in einer Wohnungseigentümergemeinschaft die natürliche Person jedoch nicht deshalb ihre Schutzwürdigkeit verlieren, weil auch juristische Personen Mitglied der Gemeinschaft sind. Nach *Stretz*[21] – unter Bezugnahme auf den BGH – soll es geboten sein, „den Verbraucherschutz auf die Wohnungseigentümergemeinschaft zu erstrecken, sobald ihr jedenfalls ein Verbraucher angehört".

II. Unternehmer

11   Unternehmer ist nach der Legaldefinition des § 14 Abs. 1 BGB[22] eine natürliche oder juristische Person oder eine rechtsfähige Personengesellschaft, die bei Abschluss eines Rechtsgeschäfts in Ausübung ihrer gewerblichen oder selbstständigen beruflichen Tätigkeit handelt.[23] Eine rechtsfähige Personengesellschaft ist gemäß § 14 Abs. 2 BGB eine Personengesellschaft, die mit der Fähigkeit ausgestattet ist, Rechte zu erwerben und Verbindlichkeiten einzugehen.

III. Der Bau eines neuen Gebäudes

12   „Bau eines neuen Gebäudes"[24] kann in Anlehnung an § 312b Abs. 3 Nr. 4 BGB alt (Anwendungsausschluss vom verbraucherschützenden Fernabsatzrecht in Bezug auf „Verträge über die Errichtung von Bauwerken")[25] im Interesse des Verbraucherschutzes in enger Auslegung dahingehend verstanden werden, dass darunter nur **Verträge über Maßnahmen, die das „Grundstück wesentlich umgestalten"** und daher den klassischen

---

19   BGH NJW 2005, 2061.
20   So *Stretz*, Das neue Bauvertragsrecht, § 5 Rn 20 unter Bezugnahme auf BGH NJW 2015, 3228.
21   *Stretz*, Das neue Bauvertragsrecht, § 5 Rn 20 unter Bezugnahme auf BGH NJW 2015, 3228.
22   Dazu näher die Kommentierung des § 14 BGB in NK-BGB/*Ring*, 3. Auf. 2016.
23   Zum Unternehmer als Auftragnehmer näher jurisPK-BGB/*Segger*, § 650i Rn 11 f.
24   „Gebäude" sind „Bauwerke ..., die Menschen, Tieren und Sachen durch räumliche Umfriedung Schutz gegen äußere Einflüsse gewähren und dem Eintritt von Menschen zugänglich sind": so Palandt/*Sprau*, § 650i BGB Rn 3; näher jurisPK-BGB/*Segger*, § 650i Rn 17 f.
25   Der sog. privilegierte Bauvertrag i.S.v. § 312b Abs. 3 Nr. 4 BGB alt fiel – im Unterschied zum sog. nicht-privilegierten Bauvertrag – „nahezu kaum in den Anwendungsbereich verbraucherschützender Vorschriften": so *Stretz*, Das neue Bauvertragsrecht, § 5 Rn 2.

Immobiliengeschäften gleich gestellt werden können, zu verstehen sind.[26] Erfasst werden damit vor allem Verträge über die vollständig neue Errichtung eines Wohnhauses bzw. von Nebengebäuden zu Wohnzwecken. Die **„Wiederherstellung eines Gebäudes"** soll dem „Bau eines neuen Gebäudes" entsprechen, wenn sie einem Neubau vergleichbar ist[27] – was, so *Sprau*,[28] der „Herstellung" i.S.v. § 650a Abs. 1 BGB entspricht. *Stretz*[29] vermutet, dass aber auch andere Hausbauverträge oder Verträge über vergleichbare Bauwerke der Begrifflichkeit unterfallen können.

Dahingegen gelangten nach Maßgabe von § 312b Abs. 3 Nr. 4 BGB alt die Vorschriften des Fernabsatzrechts zur Anwendung, wenn der Vertrag nur Erneuerungs-, Umbau- und Erweiterungsmaßnahmen an bestehenden Gebäuden betraf bzw., wenn es sich um ein Bauwerk untergeordneter Funktion (wie z.B. einen Carport oder einen Gartenschuppen) handelte.[30]

Vom Begriff des Verbraucherbauvertrags gleichermaßen nicht erfasst sind Verträge über die Errichtung von Außenanlagen, Sportanlagen oder Verkehrsanlagen.[31]

„Neue Gebäude" sind demnach Wohngebäude und Nebengebäude zu Wohngebäuden (wie etwa Garagen) – nicht hingegen die Herstellung von sonstigen Bauwerken oder Außenanlagen.[32]

IV. Der Begriff der „erheblichen Umbaumaßnahme"

Erwägungsgrund 26 der VerbrRRL erläutert „erhebliche Umbaumaßnahme"[33] in der Bereichsausnahme des Art. 3 Abs. 3 Buchst. f VerbrRRL als **Umbaumaßnahme, die dem Bau eines neuen Gebäudes vergleichbar ist** (wie bspw. Baumaßnahmen, bei denen nur noch die Fassade eines alten Gebäudes erhalten bleibt) – womit es maßgeblich auf den Umfang und die Komplexität des Eingriffs und das Ausmaß des Eingriffs in die bauliche Substanz des Gebäudes ankommt.[34]

Folglich werden Verträge zur Errichtung von **Anbauten** (z.B. einer Garage oder eines Wintergartens) sowie solche zur **Instandsetzung** oder **Renovierung von Gebäuden**

---

26 RegE, BT-Drucks 18/8486, S. 62.
27 Palandt/*Sprau*, § 650i BGB Rn 4 unter Bezugnahme auf *Motzke*, NZBau 2017, 515, 519.
28 Palandt/*Sprau*, § 650i BGB Rn 4.
29 *Stretz*, Das neue Bauvertragsrecht, § 5 Rn 26.
30 RegE, BT-Drucks 18/8486, S. 62 unter Bezugnahme auf MüKo-BGB/*Wendehorst*, 5. Aufl. § 312b Rn 77.
31 *Stretz*, Das neue Bauvertragsrecht, § 5 Rn 27.
32 *Schwenker/Rodemann*, § 650ig BGB Rn 3.
33 Näher jurisPK-BGB/*Segger*, § 650i Rn 19.
34 RegE, BT-Drucks 17/12637, S. 46.

(bspw. der Einbau einer neuen Heizungsanlage, neuer Fenster oder Türen bzw. eine Renovierung der Treppe[35] – ohne dass es sich dabei um „erhebliche Umbauarbeiten" handelt) von der Ausnahme **nicht** erfasst[36] (selbst dann nicht, wenn diese als „wesentliche Instandhaltung" i.S.v. § 650a Abs. 1 BGB[37] zu qualifizieren waren)[38] – ebenso wenig wie die neue Eindeckung eines Hauses mit einem Dach.[39]

18 Unter Rückgriff auf den Begriff des „Umbaus" in § 632a Abs. 3 BGB alt muss es sich um einen „wesentlichen Eingriff" in die Konstruktion oder den Bestand des Gebäudes handeln, wovon kleinere Umbaumaßnahmen nicht erfasst werden.[40] *Stretz*[41] verweist im Übrigen darauf, dass die aufgezeigte Abgrenzung – erhebliche Umbaumaßnahmen versus bloße Renovierungs- oder Unterhaltungsmaßnahmen – an die Differenzierung zwischen umfassender Kernsanierung (Neubau hinter einer historischen Fassade) und punktueller Sanierung beim Bauträgervertrag erinnere, weshalb auf die dazu ergangene Judikatur zurückgegriffen werden könne. Ob eine „erhebliche Umbaumaßnahme"[42] in Rede steht, beurteilt sich also danach, ob die bauliche Maßnahme einer „Neuherstellung" des Gebäudes gleichkommt oder nicht.[43]

V. Verbraucherbauvertrag als Vertrag über alle Bauleistungen des Gebäudes

19 Der Verbraucherbauvertrag eines Unternehmers mit einem Verbraucher umfasst nur Verträge über **alle (d.h. sämtliche) Bauleistungen** eines Gebäudes (weil sich die Herstellungspflicht des Unternehmers auf das gesamte Bauwerk bezieht – nicht auf bloße Teilleistungen [d.h. eine Einzelvergabe der Bauleistungen durch den Verbraucher], sodass solche von Generalunternehmern oder Fertighausherstellern [Errichtung eines Gebäudes „aus einer Hand"] darunter fallen).[44]

---

35 Beispiele nach *Stretz*, Das neue Bauvertragsrecht, § 5 Rn 31.
36 RegE, BT-Drucks 18/8486, S. 62.
37 Zur Abgrenzung des § 650i Abs. 1 BGB von § 650a BGB näher jurisPK-BGB/*Segger*, § 650i Rn 20.
38 Palandt/*Sprau*, § 650i BGB Rn 4.
39 RegE, BT-Drucks 17/12637, S. 46.
40 So *Stretz*, Das neue Bauvertragsrecht, § 5 Rn 32.
41 *Stretz*, Das neue Bauvertragsrecht, § 5 Rn 33.
42 Wie bspw. (so *Stretz*, Das neue Bauvertragsrecht, § 5 Rn 33) folgende Sanierungsmaßnahmen: Boden- und Wandbeläge, des Außenputzes und des Anstrichs, der Austausch der Wasser- oder Gasleitungen, der Einbau einer Gasheizung, neue Innentreppen oder Türen, die Erneuerung eines Teils der Fenster und der Dacheindeckung.
43 *Stretz*, Das neue Bauvertragsrecht, § 5 Rn 33.
44 *Stretz*, Das neue Bauvertragsrecht, § 5 Rn 28.

B. Legaldefinition des Verbraucherbauvertrags § 3

Beachte: 20

Stretz[45] qualifiziert den Vertrag zwischen einem Unternehmer und einem Verbraucher im Rahmen eines **Generalübernehmermodells** zur Errichtung eines neuen Gebäudes (gekennzeichnet durch eine Aufspaltung in einen Grundstückskauf- und in einen Bauerrichtungsvertrag) als „Verbraucherbauvertrag" i.S.v. § 650i Abs. 1 BGB und nicht als Bauträgervertrag i.S.v. § 650u Abs. 1 BGB.

Auch *Schwenker/Rodemann*[46] weisen darauf hin, dass ein Verbraucherbauvertrag nur dann vorliegt, wenn ein Generalunter- oder ein Generalübernehmer damit beauftragt wird – nicht hingegen bei der Vergabe der Bauleistungen an diverse Unternehmer:[47] So schließt ein Verbraucher, der alle Bauleistungen zur Errichtung eines Neubaus an verschiedene Unternehmer vergibt, einen Bauvertrag (§ 650a Abs. 1 S. 1 und Abs. 2 BGB) ab – aber keinen Verbraucherbauvertrag (i.S.v. § 650i Abs. 1 BGB).[48]

Bauvertrag (§ 650a Abs. 1 S. 1 und Abs. 2 BGB) – und nicht Verbraucherbauvertrag 21 (§ 650i Abs. 1 BGB) – sind Verträge über eine Sanierung, Instandhaltung und Instandsetzung. Für diese Verträge gilt, wie bei einer Einzelvergabe, wenn ein Verbraucher i.S.v. § 13 BGB beteiligt ist, § 312 BGB[49] (wobei die Informationspflichten nach den §§ 312a Abs. 2, 312d Abs. 1 BGB und u.U. auch das Widerrufsrecht nach § 312g BGB zur Anwendung gelangen).[50]

Beachte: 22

Auch Architekten- und Ingenieurverträge mit Verbrauchern sind keine Verbraucherbauverträge i.S.v. § 650i BGB.[51]

VI. Weite Begriffsbestimmung im Verbraucherschutzinteresse

Im Zuge einer überschießenden Umsetzung der VerbrRRL – Bau eines neuen Gebäudes 23 bzw. erhebliche Umbaumaßnahme an einem bestehenden Gebäude (mithin der Bereichs-

---

45 *Stretz*, Das neue Bauvertragsrecht, § 5 Rn 29.
46 *Schwenker/Rodemann*, § 650i BGB Rn 3.
47 *Schwenker/Rodemann*, § 650i BGB Rn 3 unter Bezugnahme auf *Pause*, BauR 2017, 431; *Glöckner*, BauR 2014, 416.
48 *Schwenker/Rodemann*, § 650i BGB Rn 3, wobei die Unternehmer dann vom Verbraucherbauherrn Bauhandwerkersicherung (§ 650f BGB) verlangen können, da das Verbraucherprivileg nach § 650f Abs. 6 Nr. 2 BGB nur für „Verbraucherbauverträge" i.S.v. § 650i Abs. 1 BGB gilt.
49 *Schwenker/Rodemann*, § 650i BGB Rn 3.
50 *Pause*, BauR 2017, 432.
51 *Schwenker/Rodemann*, § 650i BGB Rn 3.

ausnahme nach Art. 3 Abs. 3 Buchst. f VerbrRRL unterfallend) – hat der Gesetzgeber „ein neues Verbraucherschutzniveau im Bereich der für den Verbraucher wirtschaftlich bedeutsamen Bauverträge" geschaffen, das vielfach „über das im Bereich der nicht-privilegierten (‚kleinen') Bauverträge geregelte Schutzniveau hinausgeht".[52]

24   *Stretz*[53] plädiert daher im Interesse eines effektiven Verbraucherschutzes im Zweifel für (eine Aufgabe der zu § 312b Abs. 3 Nr. 4 BGB alt erfolgten restriktiven Interpretation und damit) eine **weite Interpretation** der Begriffe „Bau eines neuen Gebäudes" und „erhebliche Umbaumaßnahmen".[54]

VII. Verbraucherverträge außerhalb des Anwendungsbereichs des § 650i Abs. 1 BGB

25   *Beachte:*

Verbraucherverträge, die nicht dem Anwendungsbereich des § 650i Abs. 1 BGB unterfallen (sog. **nicht-privilegierte Bauverträge**) – mithin solche, die nicht den Bau eines neuen Gebäudes bzw. erhebliche Umbaumaßnahmen zum Gegenstand haben –, unterfallen allein dem Anwendungsbereich der §§ 312 ff. BGB[55] – womit Folgendes gilt:[56]

- § 312a Abs. 2 BGB i.V.m. Art. 246 EGBGB (in Bezug auf vorvertragliche Informationspflichten).
- § 312d BGB i.V.m. Art. 246a EGBGB (in Bezug auf Informationspflichten bei außerhalb von Geschäftsräumen geschlossenen Verträgen [i.S.v. § 312b BGB] und Fernabsatzverträgen [i.S.v. § 312c BGB]).
- Widerrufsrecht nach § 312g BGB.
- Entsprechende nicht-privilegierte Bauverträge bedürfen auch nicht – wie Verbraucherbauverträge – der Textform[57] (vgl. § 650i Abs. 2 i.V.m. § 126b BGB, nachstehende Rdn 26 ff.).

---

52 *Stretz*, Das neue Bauvertragsrecht, § 5 Rn 14.
53 *Stretz*, Das neue Bauvertragsrecht, § 5 Rn 36.
54 Zur Frage, ob angesichts der intendierten Ausweitung des Verbraucherschutzniveaus noch am Erfordernis der Erbringung sämtlicher Bauleistungen „aus einer Hand" festzuhalten ist: näher *Stretz*, Das neue Bauvertragsrecht, § 5 Rn 37 f.
55 Zu diesen näher *Ring*, Kommentierung des Verbraucherschutzrechts (§§ 312 ff. BGB) in NK-BGB, 3. Aufl. 2016.
56 So *Stretz*, Das neue Bauvertragsrecht, § 5 Rn 10.
57 So *Stretz*, Das neue Bauvertragsrecht, § 5 Rn 43.

VIII. Textformerfordernis

Der Verbraucherbauvertrag (d.h. dessen gesamter Inhalt)[58] – und zwar beide zum Vertragsschluss führenden Willenserklärungen[59] – bedarf im Interesse einer dauerhaften Verfügbarkeit der Vertragserklärung (einschließlich des Inhalts) gemäß **§ 650i Abs. 2 BGB** der Textform[60] (i.S.v. § 126b BGB, dazu vorstehend § 2 Rdn 89).

26

Infolgedessen müssen beide Vertragserklärungen auf einem Schriftstück oder auf einem anderen zur dauerhaften Wiedergabe geeigneten Datenträger abgegeben werden – wobei Schriftform (§ 126 BGB) genügt.[61]

27

> *Beachte:*
> Eine Nichtbeachtung des Textformerfordernisses nach § 650i Abs. 2 i.V.m. § 126b BGB führt gemäß § 126 S. 1 BGB zur **Nichtigkeit des Vertrags**: Ein Rechtsgeschäft, welches der durch Gesetz vorgeschriebenen Form ermangelt, ist nichtig.

28

Das Formerfordernis zielt auf eine Gewährleistung der Baukontrolle durch den Verbraucher[62] (**Verbraucherinformation**): Dieser soll – bei oft längerer Dauer der Bauausführung, aber auch noch nach der Fertigstellung des Bauwerks – jederzeit kontrollieren können, was der konkrete Inhalt der vom Unternehmer geschuldeten Vertragsleistung ist oder war. Dem Texterfordernis kommt **Informationsfunktion** zu – nach der Intention des Gesetzgebers auch **Warn- und Beweisfunktion**, da Textform wegen der wirtschaftlichen Bedeutung entsprechender Verträge für den Verbraucher nicht nur sinnvoll sei, sondern auch Beweisschwierigkeiten über den Vertragsinhalt vorbeugen könne.[63]

29

> *Beachte:*
> Auch (spätere) **Vertragsänderungen** oder **Vertragsergänzungen** (**Nachträge**) unterliegen im Falle von Verbraucherbauverträgen (i.S.v. § 650i Abs. 1 BGB) dem Textformerfordernis[64] – weshalb das zu erzielende **Einvernehmen** über eine vom Verbraucher begehrte Änderung

30

---

58 So Palandt/*Sprau*, § 650i BGB Rn 6: nicht jedoch eine eventuelle Vollmacht zum Vertragsabschluss, vgl. § 167 Abs. 2 BGB.
59 *Stretz*, Das neue Bauvertragsrecht, § 5 Rn 44.
60 Näher jurisPK-BGB/*Segger*, § 650i Rn 26 f.
61 Palandt/*Sprau*, § 650i BGB Rn 6.
62 BT-Drucks 18/11437, S. 49.
63 RegE, BT-Drucks 18/11437, S. 49. Kritisch dazu *Stretz*, Das neue Bauvertragsrecht, § 5 Rn 42: Dieses gesetzgeberische Ansinnen hätte für Schriftform (§ 126 BGB) gesprochen – „Für die zivilprozessuale Praxis bedeutet dies, dass allein die Vorlage des Verbraucherbauvertrages in Textform bei entsprechend substantiiertem Bestreiten weder die Tatsache des Vertragsschlusses noch den Inhalt des Vertrages zu beweisen vermag" (so *Stretz*, a.a.O.).
64 *Stretz*, Das neue Bauvertragsrecht, § 5 Rn 46.

- des vereinbarten Werkerfolgs (§ 650b Abs. 1 S. 1 Nr. 1 BGB) bzw. eine solche,
- die zur Erreichung der vereinbarten Werkerfolgs notwendig ist (§ 650b Abs. 1 S. 1 Nr. 2 BGB)

der Textform (§ 126b BGB) bedarf, ebenso wie (sofern kein Einvernehmen erzielt werden kann) die einseitige **Anordnung der Vertragsänderung** durch den Besteller nach § 650b Abs. 2 BGB.

31 *Beachte zudem:*

Das Textformerfordernis nach § 650i Abs. 2 BGB entspricht dem Formerfordernis der Baubeschreibung gemäß § 650k BGB (die der Unternehmer dem Verbraucher vor Vertragsschluss nach § 650j BGB i.V.m. Art. 249 §§ 1 und 2 EGBGB übermitteln muss: „Dadurch kann diese" (d.h. die Baubeschreibung) „formgerecht Vertragsinhalt werden, wenn sie der (auch nur elektronischen) Erklärung des Unternehmers beigefügt und auf sie Bezug genommen wird".[65]

32 Der Gesetzgeber hat (anders als in anderen Fällen)[66] **keine Heilungsmöglichkeit** im Falle eines Verstoßes gegen das Formerfordernis vorgesehen. Da mangels planwidriger Regelungslücke[67] eine analoge Anwendung anderer gesetzlich geregelter Heilungsvorschriften nicht in Betracht kommt, führt der Formverstoß zur **Nichtigkeit** des Verbraucherbauvertrags nach § 126 S. 1 i.V.m. §§ 650i Abs. 2, 126b BGB.[68] Damit scheiden vertragliche Erfüllungsansprüche aus – ebenso wie Gewährleistungsrechte des Verbrauchers.[69] Der Unternehmer kann vom Besteller ggf. aber

- Aufwendungsersatz nach den §§ 670, 683 S. 1 BGB bzw.
- Wertersatz gemäß §§ 812 Abs. 1 S. 1 1. Alt, 818 Abs. 2 BGB

verlangen.[70] Der Aufwendungsersatzanspruch des Unternehmers ist allerdings im Falle einer mangelhaften Leistungserbringung ebenso ausgeschlossen[71] wie ein bereicherungsrechtlicher Wertersatzanspruch (arg.: eine mangelhafte Leistung sei per se keine Bereicherung).[72]

33 Fraglich ist, ob die Formnichtigkeit nach § 650i Abs. 2 BGB ausnahmsweise nach § 242 BGB (über den **Grundsatz von Treu und Glauben**) geheilt werden kann, was die Recht-

---

65 Palandt/*Sprau*, § 650i BGB Rn 4.
66 Vgl. bspw. § 311b Abs. 1 S. 2, § 518 Abs. 2 oder § 766 S. 2 BGB.
67 Dazu *Stretz*, Das neue Bauvertragsrecht, § 5 Rn 50 f.
68 So *Stretz*, Das neue Bauvertragsrecht, § 5 Rn 52.
69 *Stretz*, Das neue Bauvertragsrecht, § 5 Rn 52.
70 Näher *Stretz*, Das neue Bauvertragsrecht, § 5 Rn 53.
71 So *Stretz*, Das neue Bauvertragsrecht, § 5 Rn 54: ggf. haftet der Unternehmer dem Verbraucher auch für etwaige Mangelfolgeschäden nach § 678 BGB.
72 *Stretz*, Das neue Bauvertragsrecht, § 5 Rn 54 unter Bezugnahme auf BGH NJW 1982, 83.

sprechung in anderen Fällen dann annimmt, wenn ein Scheitern des Vertrags wegen des Formmangels nach den Gesamtumständen des Vertrags und unter Berücksichtigung der Interessen der Vertragsparteien gegen Treu und Glauben verstoßen würde.[73] *Stretz*[74] führt dazu aus, dass „letztlich ... ein Unternehmer bei Nichterfüllung seiner vorvertraglichen Informationspflichten ... die Formnichtigkeit und ihre Beachtlichkeit nicht nur treuwidrig herbeigeführt, sondern den Verbraucher auch pflichtwidrig von einer Wahrung des Textformerfordernisses abgehalten (hätte); jedenfalls der Unternehmer sollte sich in dieser Konstellation nicht auf die Formunwirksamkeit des Verbraucherbauvertrages berufen können".[75]

IX. Ergänzende Anwendbarkeit des allgemeinen Werkvertragsrechts und des Bauvertragsrechts auf den Verbraucherbauvertrag

Für Verbraucherbauverträge gelten nach § 650i Abs. 3 BGB ergänzend[76] zu den Regelungen **34**

- im ersten Kapitel (Allgemeine Vorschriften – §§ 631 bis 650 BGB)[77] und
- im zweiten Kapitel (Bauvertrag – §§ 650a bis 650h BGB)
- die Vorschriften des Kapitels 3 (Verbraucherbauvertragsrecht – §§ 650j bis 650n BGB).

Die Vorschriften des Verbraucherbauvertragsrechts gelten „ergänzend", d.h. „zusätzlich **35** zu den allgemeinen Vorschriften und den Regelungen des Bauvertragsrechts (§§ 650a bis 650h BGB) und modifizieren diese im Einzelfall".[78]

C. Vorvertragliche Informationspflicht: Baubeschreibung

§ 650j Baubeschreibung **36**

Der Unternehmer hat den Verbraucher über die sich aus Artikel 249 des Einführungsgesetzes zum Bürgerlichen Gesetzbuche ergebenden Einzelheiten in der dort vorgesehenen Form zu unterrichten, es sei denn, der Verbraucher oder ein von ihm Beauftragter macht die wesentlichen Planungsvorgaben.

---

73 *Stretz*, Das neue Bauvertragsrecht, § 5 Rn 57.
74 *Stretz*, Das neue Bauvertragsrecht, § 5 Rn 62.
75 *Stretz*, Das neue Bauvertragsrecht, § 5 Rn 62.
76 Näher jurisPK-BGB/*Segger*, § 650i Rn 28 f.
77 Bspw. auch die Änderungen infolge der Baurechtsreform in § 632a BGB (Abschlagszahlungen – vgl. dazu die ergänzende Regelung zur Begrenzung der Abschläge in § 650m BGB), § 640 Abs. 2 S. 2 BGB (fiktive Abnahme, die sowohl auf den Verbraucherbauvertrag als auch auf nicht privilegierte Bauverträge Anwendung findet, so *Stretz*, Das neue Bauvertragsrecht, § 5 Rn 65), § 648a BGB (Kündigung aus wichtigem Grund) bzw. § 650 BGB (Anwendung des Kaufrechts).
78 Palandt/*Sprau*, § 650i BGB Rn 7.

37 § 650j BGB – neu eingefügt durch Art. 1 Nr. 25 BauVertrRRG – regelt für nach dem 31.12.2017 neu abgeschlossene Verbraucherbauverträge (vgl. Art. 229 § 39 EGBGB) die **vorvertragliche Informationspflicht** des Unternehmers in Gestalt einer Baubeschreibung beim Verbraucherbauvertrag (§ 650i Abs. 1 BGB). Die Verpflichtung, die sich an der allgemeinen Informationspflicht des § 312a Abs. 2 BGB orientiert,[79] zielt auf einen Schutz der aufgrund der Vertragsverhandlungen entstandenen, gerechtfertigten Erwartungen des Bestellers.[80] Die Baubeschreibung ermöglicht diesem i.ü. auch eine Überprüfung der vom Unternehmer angebotenen Leistung durch einen sachverständigen Dritten und einen Preis-/Leistungsvergleich mit anderen Angeboten, wodurch der Wettbewerb gefördert wird.[81]

38 § 650j BGB ist zum Nachteil des Verbrauchers **nicht abdingbar** (§ 650o S. 1 BGB, vgl. zudem das Umgehungsverbot nach § 650o S. 2 BGB).

39 Der Unternehmer hat den Verbraucher nach § **650j 1. Halbs. BGB** über die sich aus Art. 249 EGBGB ergebenden Einzelheiten in der dort vorgesehenen Form zu unterrichten (**individueller Anspruch des Verbrauchers auf eine Baubeschreibung**).[82]

40 Etwas anderes – d.h. **Wegfall einer Verpflichtung des Unternehmers zur Baubeschreibung** – gilt nach § **650j 2. Halbs. BGB** (vgl. den Wortlaut „es sei denn") nur dann, wenn der Verbraucher selbst oder ein von ihm Beauftragter (z.B. ein Architekt) die wesentlichen Planungsvorgaben (i.S.d. Planungselemente nach Art. 249 § 2 Abs. 1 EGBGB,[83] nachstehende Rdn 48 ff.) macht.

41 *Beachte:*

Die Verpflichtung des Unternehmers, den Verbraucher über sein Widerrufsrecht nach § 355 BGB zu informieren (**Belehrungspflicht über das Widerrufsrecht**), ist gesondert in § 650l S. 2 BGB i.V.m. Art. 249 § 3 EGBGB geregelt.

42 **Art. 249 EGBGB** (**Informationspflichten bei Verbraucherbauverträgen**), der zusammen mit der Anlage 10 infolge Art. 2 Nr. 3 BauVertrRRG (seit dem 1.1.2018, vgl. Art. 10 BauVertrRRG) eingefügt worden ist, normiert – ergänzend zu § 650j BGB (Unterrichtungspflicht des Unternehmers bei Verbraucherverträgen) – detailliert die **Einzelheiten dieser vorvertraglichen Informationspflichten**.[84] Art. 249 EGBGB hat keine EU-

---

[79] Palandt/*Sprau*, § 650j BGB Rn 2.
[80] Der Gesetzgeber schließt damit eine Verbraucherschutzlücke (d.h. Informationsdefizite, da vor der Bauvertragsrechtsreform für Verbraucherbauverträge nach § 312a Abs. 2 Nr. 4 BGB alt weder die vorvertraglichen Informationspflichten nach § 312a Abs. 2 BGB i.V.m. Art. 246a BGB noch jene gemäß § 312d Abs. 1 BGB i.V.m. Art. 246a BGB galten (allein § 312a Abs. 1 BGB galt mit geringer praktischer Relevanz: Offenbarungspflicht bei Telefonanrufen): vgl. näher *Stretz*, Das neue Bauvertragsrecht, § 5 Rn 69.
[81] RegE, BT-Drucks 18/8486, S. 63.
[82] Palandt/*Sprau*, § 650j BGB Rn 2.
[83] Palandt/*Sprau*, § 650j BGB Rn 2.
[84] RegE, BT-Drucks 18/8486, S. 63.

C. Vorvertragliche Informationspflicht: Baubeschreibung § 3

rechtliche Grundlage, „da der Verbraucherbauvertrag von der VerbrRRL nicht erfasst wird"[85] – die Norm aber nur nach dem 31.12.2017 (vgl. Art. 229 § 39 EGBGB) abgeschlossene Verbraucherbauverträge i.S.v. § 650i Abs. 1 BGB erfasst. Art. 249 EGBGB erfasst inhaltlich

- (in Ergänzung von § 650j und § 650k BGB) Einzelheiten zum Zeitpunkt, zum **Inhalt und** zur **Form der Baubeschreibung** (in den §§ 1 und 2) sowie
- (in Ergänzung von § 650l BGB) Einzelheiten zur **Belehrung über das Widerrufsrecht** des Verbrauchers (§ 3 und Anhang 10).[86]

> *Beachte:* **43**
> Abweichende Vereinbarungen von Art. 249 §§ 1 bis 3 EGBGB zulasten des Verbrauchers sind nach § 650o S. 1 BGB unzulässig – arg.: Die §§ 650j und 650l S. 2 BGB inkorporieren durch ihren Verweis auf Art. 249 EGBGB die Vorgaben der §§ 1 bis 3.[87]

Art 249 EGBGB (Informationspflichten bei Verbraucherbauverträgen) **44**

§ 1 Informationspflichten bei Verbraucherbauverträgen

Der Unternehmer ist nach § 650j des Bürgerlichen Gesetzbuchs verpflichtet, dem Verbraucher rechtzeitig vor Abgabe von dessen Vertragserklärung eine Baubeschreibung in Textform zur Verfügung zu stellen.

§ 2 Inhalt der Baubeschreibung

(1) In der Baubeschreibung sind die wesentlichen Eigenschaften des angebotenen Werks in klarer Weise darzustellen. Sie muss mindestens folgende Informationen enthalten:
1. allgemeine Beschreibung des herzustellenden Gebäudes oder der vorzunehmenden Umbauten, gegebenenfalls Haustyp und Bauweise,
2. Art und Umfang der angebotenen Leistungen, gegebenenfalls der Planung und der Bauleitung, der Arbeiten am Grundstück und der Baustelleneinrichtung sowie der Ausbaustufe,
3. Gebäudedaten, Pläne mit Raum- und Flächenangaben sowie Ansichten, Grundrisse und Schnitte,
4. gegebenenfalls Angaben zum Energie-, zum Brandschutz- und zum Schallschutzstandard sowie zur Bauphysik,
5. Angaben zur Beschreibung der Baukonstruktionen aller wesentlichen Gewerke,
6. gegebenenfalls Beschreibung des Innenausbaus,
7. gegebenenfalls Beschreibung der gebäudetechnischen Anlagen,
8. Angaben zu Qualitätsmerkmalen, denen das Gebäude oder der Umbau genügen muss,
9. gegebenenfalls Beschreibung der Sanitärobjekte, der Armaturen, der Elektroanlage, der Installationen, der Informationstechnologie und der Außenanlagen.

---

85 Palandt/*Sprau*, Vor Art. 249 EGBGB Rn 1.
86 Palandt/*Sprau*, Vor Art. 249 EGBGB Rn 1.
87 Palandt/*Sprau*, Vor Art. 249 EGBGB Rn 1.

(2) Die Baubeschreibung hat verbindliche Angaben zum Zeitpunkt der Fertigstellung des Werks zu enthalten. Steht der Beginn der Baumaßnahme noch nicht fest, ist ihre Dauer anzugeben.

§ 3 Widerrufsbelehrung

(1) Steht dem Verbraucher ein Widerrufsrecht nach § 650l Satz 1 des Bürgerlichen Gesetzbuchs zu, ist der Unternehmer verpflichtet, den Verbraucher vor Abgabe von dessen Vertragserklärung in Textform über sein Widerrufsrecht zu belehren. Die Widerrufsbelehrung muss deutlich gestaltet sein und dem Verbraucher seine wesentlichen Rechte in einer an das benutzte Kommunikationsmittel angepassten Weise deutlich machen. Sie muss Folgendes enthalten:
1. einen Hinweis auf das Recht zum Widerruf,
2. einen Hinweis darauf, dass der Widerruf durch Erklärung gegenüber dem Unternehmer erfolgt und keiner Begründung bedarf,
3. den Namen, die ladungsfähige Anschrift und die Telefonnummer desjenigen, gegenüber dem der Widerruf zu erklären ist, gegebenenfalls seine Telefaxnummer und E-Mail-Adresse,
4. einen Hinweis auf die Dauer und den Beginn der Widerrufsfrist sowie darauf, dass zur Fristwahrung die rechtzeitige Absendung der Widerrufserklärung genügt, und
5. einen Hinweis darauf, dass der Verbraucher dem Unternehmer Wertersatz nach § 357d des Bürgerlichen Gesetzbuchs schuldet, wenn die Rückgewähr der bis zum Widerruf erbrachten Leistung ihrer Natur nach ausgeschlossen ist.

(2) Der Unternehmer kann seine Belehrungspflicht dadurch erfüllen, dass er dem Verbraucher das in Anlage 10 vorgesehene Muster für die Widerrufsbelehrung zutreffend ausgefüllt in Textform übermittelt.

I. Form und Zeitpunkt der vorvertraglichen Informationen

45 Art. 249 § 1 EGBGB trifft Vorgaben hinsichtlich der Form und des Zeitpunktes der vorvertraglichen Information:[88] Der Unternehmer ist nach § 650j BGB verpflichtet, dem Verbraucher „rechtzeitig vor Abgabe von dessen Vertragserklärung" (d.h. Angebot oder Annahme) eine **Baubeschreibung in Textform** (vgl. § 126b BGB – lesbare Erklärung auf dauerhaftem Datenträger, dazu vorstehend § 2 Rdn 89) zur Verfügung zu stellen. „**Zur Verfügung stellen**" bedeutet zwar nur, dass der Unternehmer sicherstellen muss, „dass der Verbraucher von der Baubeschreibung Kenntnis nehmen kann, nicht auch, dass er sie (tatsächlich auch) zur Kenntnis nimmt"[89] – wenngleich das Textformerfordernis aber voraussetzt, „dass es tatsächlich zu einem Download durch den Verbraucher gekommen ist".[90]

---

[88] Näher jurisPK-BGB/*Segger*, § 650j Rn 9 f.
[89] Palandt/*Sprau*, Art. 249 EGBGB § 1 Rn 1.
[90] Palandt/*Sprau*, Art. 249 EGBGB § 1 Rn 1.

C. Vorvertragliche Informationspflicht: Baubeschreibung § 3

„Für den Bauvertrag ist die Regelung dahingehend auszulegen, dass dem Verbraucher vor dem Vertragsschluss ausreichend Zeit zu einer Überprüfung der angebotenen Leistung, gegebenenfalls auch unter Hinzuziehung eines sachverständigen Dritten, und einem Preis-/Leistungsvergleich mit anderen Angeboten bleiben muss".[91] *Stretz*[92] will in Bezug auf die **Rechtzeitigkeit der Zurverfügungstellung** auf § 17 Abs. 2 Buchst. a Nr. 2 BeurkG[93] rekurrieren: „Die Vorschrift gilt unter anderem auch für den Bauträgervertrag, bei welchem die Baubeschreibung als wesentlicher Vertragsinhalt beurkundet werden muss, sodass eine vergleichbare Situation mit der Baubeschreibungspflicht des Verbraucherbauvertrags vorliegt. Damit kann auch eine rechtzeitige Zurverfügungstellung der Baubeschreibung bei **Wahrung einer 2-Wochen-Frist** in der Regel unterstellt werden."[94]

46

II. Inhalt der Baubeschreibung

Art. 249 § 2 EGBGB regelt den Inhalt der Baubeschreibung.[95]

47

1. Informatorischer Mindestinhalt

In der Baubeschreibung sind nach der **Generalklausel**[96] des **Art. 249 § 2 Abs. 1 S. 1 EGBGB** die „**wesentlichen Eigenschaften**"[97] **des angebotenen Werks** (was sich nach dem Zweck der Baubeschreibung beurteilt)[98] „in klarer Weise"[99] (d.h. i.S. eines **bloßen**

48

---

91 RegE, BT-Drucks 18/8486, S. 74.
92 *Stretz*, Das neue Bauvertragsrecht, § 5 Rn 93.
93 „Bei Verbraucherverträgen soll der Notar darauf hinwirken, dass der Verbraucher ausreichend Gelegenheit erhält, sich vorab mit dem Gegenstand der Beurkundung auseinanderzusetzen."
94 So *Stretz*, Das neue Bauvertragsrecht, § 5 Rn 94.
95 Näher jurisPK-BGB/*Segger*, § 650j Rn 14 ff.
96 Näher jurisPK-BGB/*Segger*, § 650j Rn 15 ff.
97 Eine Eigenschaft ist „wesentlich", wenn sie „aus der Sicht eines objektiven Verbrauchers für dessen Entscheidung über den Vertragsschluss bedeutsam ist" – wozu (über den Katalog des Art. 249 § 2 Abs. 1 S. 2 EGBGB hinaus, nachstehende Rdn 49) auch wesentliche Abweichungen vom allgemein üblichen Standard bei vergleichbaren Vorhaben sowie über vom Verbraucher zu tragende Risiken zählen bzw. solche Umstände, die nach der Art des Vorhabens übliche Nutzung beeinträchtigen können: so RegE, BT-Drucks 18/8486, S. 73.
98 „Sie soll den Verbraucher vor Vertragsschluss über die für seine Entscheidung wesentlichen Eigenschaften des angebotenen Werks informieren, die Brauchbarkeit des Angebots für seine Zwecke zu prüfen und ihm einen Vergleich mit anderen Angeboten ermöglichen": Palandt/*Sprau*, Art. 249 EGBGB § 1 Rn 3.
99 Anders als – bei und nach gesetzgeberischer Intention (RegE, BT-Drucks 18/8486, S. 73 f.) als bewusste Differenzierung zu – anderen Informationspflichten, deren Erfüllung „in klarer und verständlicher Weise" erfolgen muss: vgl. bspw. § 312a Abs. 2 BGB i.V.m. Art. 246 EGBGB, § 312d BGB i.V.m. Art. 246a § 4 Abs. 1 EGBGB oder § 312j Abs. 2 BGB i.V.m. Art. 246a BGB. Damit wird die Verwendung fachspezifischer Begriffe ermöglicht, die für den Verbraucher möglicherweise unverständlich, „gleichwohl aus formalen und grammatikalischen Aspekten hinreichend klar sind": *Stretz*, Das neue Bauvertragsrecht, § 5 Rn 81 – z.B. DIN-Vorschriften. Der Verbraucher könne auch durch die Hinzuziehung von Experten etwaige Verständnisprobleme ausgleichen, so RegE, BT-Drucks 18/8486, S. 74.

Klarheitsgebots)[100] darzustellen. „Was letztlich eine wesentliche Eigenschaft des angebotenen Werkes darstellt, richtet sich ... nach dem konkreten Vertragsgegenstand und ist anhand einer Auslegung im Einzelfall zu bestimmen, die sich an dem objektiven Interesse eines verständigen Durchschnittsverbrauchers zu orientieren hat."[101]

49 Die Baubeschreibung muss – in Ergänzung der **Generalklausel des Art. 249 § 2 Abs. 1 S. 1 EGBGB** (wesentliche Eigenschaften des angebotenen Werks, vorstehende Rdn 48) – jedoch nach **Art. 249 § 2 Abs. 1 S. 2 BGB** mindestens auch noch folgende weitere Informationen (technischer Art sowie eine Beschreibung der Leistung des Unternehmers) enthalten (**informatorischer Mindestinhalt**[102] **einer Baubeschreibung nach § 650j BGB**):[103]

- allgemeine Beschreibung des herzustellenden Gebäudes oder der vorzunehmenden Umbauten, ggf. Haustyp und Bauweise (Nr. 1),[104]
- Art und Umfang der angebotenen Leistungen, ggf. der Planung und der Bauleitung, der Arbeiten am Grundstück und der Baustelleneinrichtung sowie der Ausbaustufe (Nr. 2),[105]
- Gebäudedaten, Pläne mit Raum- und Flächenangaben sowie Ansichten, Grundrisse und Schnitte (Nr. 3),[106]
- ggf. Angaben zum Energie-, zum Brandschutz- und zum Schallschutzstandard sowie zur Bauphysik (Nr. 4),[107]
- Angaben zur Beschreibung der Baukonstruktionen aller wesentlichen Gewerke (Nr. 5),[108]
- ggf. Beschreibung des Innenausbaus (Nr. 6),[109]
- ggf. Beschreibung der gebäudetechnischen Anlagen (Nr. 7),[110]
- Angaben zu Qualitätsmerkmalen, denen das Gebäude oder der Umbau genügen muss (Nr. 8),[111]

---

100 Wobei *Stretz* (Das neue Bauvertragsrecht, § 5 Rn 84 ff.) das Problem erörtert, ob das Verständlichkeitsgebot sich nicht doch aus anderen Vorschriften – bspw. Art. 5 Abs. 1 bzw. Art. 6 Abs. 1 VerbrRRL (*Stretz*, a.a.O., Rn 84 f.) oder § 307 Abs. 1 S. 2, Abs. 3 S. 2 BGB (*Stretz*, a.a.O., Rn 86 ff.) ableiten lässt.
101 So *Stretz*, Das neue Bauvertragsrecht, § 5 Rn 76 – wobei es auf ein individuelles Informationsbedürfnis des konkreten Verbrauchers bei der Wesentlichkeitsbestimmung im Zweifel nicht ankomme.
102 Wobei *Stretz* (Das neue Bauvertragsrecht, § 5 Rn 74) darauf hinweist, dass „Mindestinhalt" „nicht dahingehend zu verstehen (ist), dass jede Baubeschreibung sämtliche der in Art. 249 § 2 Abs. 1 S. 2 Nr. 1 bis 9 EGBGB aufgeführten Informationskomponenten tatsächlich auch enthalten muss".
103 Näher jurisPK-BGB/*Segger*, § 650j Rn 28 ff.
104 Allgemeine Gebäude- und Umbauangaben: dazu jurisPK-BGB/*Segger*, § 650j Rn 31.
105 Leistungsspektrum des Unternehmers: dazu näher jurisPK-BGB/*Segger*, § 650j Rn 32.
106 Näher jurisPK-BGB/*Segger*, § 650j Rn 33.
107 Dazu jurisPK-BGB/*Segger*, § 650j Rn 34.
108 Näher jurisPK-BGB/*Segger*, § 650j Rn 35.
109 Dazu jurisPK-BGB/*Segger*, § 650j Rn 36.
110 Näher jurisPK-BGB/*Segger*, § 650j Rn 37 f.
111 Dazu jurisPK-BGB/*Segger*, § 650j Rn 39.

C. Vorvertragliche Informationspflicht: Baubeschreibung § 3

- ggf. Beschreibung der Sanitärobjekte, der Armaturen, der Elektroanlage, der Installationen, der Informationstechnologie und der Außenanlagen (Nr. 9).[112]

Nach Ansicht des Gesetzgebers[113] ist es – angesichts der Vielfalt der Bauvorhaben (die zudem in technischer Hinsicht ständigen Änderungen und Neuerungen unterworfen sind) – nicht möglich, den notwendigen Inhalt einer Baubeschreibung abschließend aufgelistet im Gesetz vorzunehmen (**keine abschließende i.s. einer vollständigen enumerativen Listung der für die Vollständigkeit einer Baubeschreibung notwendigen Informationen**). Die Generalklausel des Art. 249 § 1 Abs. 1 S. 1 EGBGB (vorstehende Rdn 48) bildet damit einen **Auffangtatbestand**. Daher sind, wenn ein angebotenes Werk Eigenschaften enthält, die nicht unter die Aufzählung des Art. 249 § 1 Abs. 1 S. 2 EGBGB (Rdn 49) fallen, die aber doch als „wesentlich" anzusehen sind, diese gleichermaßen in die Baubeschreibung mit aufzunehmen.[114]

50

> *Beachte:*
>
> In der Baubeschreibung muss daher auch zum Ausdruck gebracht werden, wenn ausnahmsweise bestimmte Unwägbarkeiten oder Risiken bei der angebotenen Leistung nicht berücksichtigt und mit dem angebotenen Preis nicht abgegolten sind (z.B. die Beschaffenheit des Baugrundes).[115]

51

2. Angaben zur Bauzeit bzw. zur Dauer der Baumaßnahme

Die Baubeschreibung muss nach **Art. 249 § 2 Abs. 2 S. 1 EGBGB** verbindliche Angaben zum Zeitpunkt der Fertigstellung des Werks zu enthalten (**Pflicht zu verbindlichen Angaben zur Bauzeit**)[116] i.S. einer kalendermäßig zu bestimmenden Datumsangabe.[117]

52

Steht der Beginn der Baumaßnahme noch nicht fest, ist ihre Dauer anzugeben (so **Art. 249 § 2 Abs. 2 S. 2 EGBGB – Angabe über die Dauer der Baumaßnahme**).

53

> *Beachte:*
>
> „Ca.-Angaben oder die Angabe eines voraussichtlichen Fertigstellungstermins dürften hingegen zur Erfüllung der Informationspflicht gegenüber dem Verbraucher nicht genügen."[118]

54

---

112 Näher jurisPK-BGB/*Segger*, § 650j Rn 40.
113 RegE, BT-Drucks 18/8486, S. 74.
114 RegE, BT-Drucks 18/8486, S. 74.
115 RegE, BT-Drucks 18/8486, S. 74. Vgl. zur sog. negativen Baubeschreibung auch *Stretz*, Das neue Bauvertragsrecht, § 5 Rn 79.
116 Näher jurisPK-BGB/*Segger*, § 650j Rn 41 ff.
117 *Stretz*, Das neue Bauvertragsrecht, § 5 Rn 140.
118 *Stretz*, Das neue Bauvertragsrecht, § 5 Rn 142: fehlender Verbindlichkeitscharakter.

55 Dadurch soll dem Besteller eine **verlässliche Planung** ermöglicht werden – weil der Besteller gerade bei größeren Baumaßnahmen (z.B. bei Verträgen über den Bau neuer Gebäude bzw. bei Verträgen über wesentliche Umbaumaßnahmen an bestehenden Gebäuden) hinsichtlich des **Zeitpunkts der Fertigstellung** besonders schutzwürdig und bspw. auch im Hinblick auf die Finanzierung des Bauprojekts, die Kündigung eines bestehenden Mietvertrags oder die Planung des anstehenden Umzugs auf eine möglichst frühzeitige und verlässliche Information über die Beendigung der Baumaßnahme angewiesen ist.[119] Zudem soll der Verbraucher die Möglichkeit haben, die vom Unternehmer angebotene Leistung ggf. auch von einem sachverständigen Dritten überprüfen zu lassen.[120] Die Angabe über die Dauer der Baumaßnahme verschafft dem Besteller in diesem Stadium bereits hinreichende Informationen für seine eigenen zeitlichen Planungen – „zumal häufig der Baubeginn auch von dem Besteller selbst abhängt, etwa wenn er das Baugrundstück bereitzustellen oder Genehmigungen einzuholen hat".[121]

III. Rechtsfolgen einer Pflichtverletzung

56 Verstößt der Unternehmer gegen § 650j BGB i.V.m. Art. 249 §§ 1 bis 2 EGBGB, führt dies nicht zur Unwirksamkeit des später abgeschlossenen Verbraucherbauvertrags:[122] Allerdings kann sich der Unternehmer gegenüber dem Verbraucher wegen Verletzung der vorvertraglichen Informationspflichten schadensersatzpflichtig machen (vgl. § 311 Abs. 2 i.V.m. §§ 280 Abs. 1 und 3, 282, 241a BGB) – u.U. kann der Verbraucher auch gemäß § 324 BGB vom Vertrag zurücktreten bzw. den Verbraucherbauvertrag nach § 648a BGB kündigen.

57 *Exkurs – Zusammenfassung Informationspflichten:*

Nach *Stretz*[123] ist wegen des unterschiedlichen Verbraucherschutzniveaus wie folgt zu differenzieren:

- In Bezug auf Verbraucherbauverträge und einer der AGB-Kontrolle unterliegenden Baubeschreibung: Der Unternehmer muss den Verbraucher in „klarer und verständlicher Weise" über den Inhalt der Baubeschreibung informieren (§ 650j BGB i.V.m. Art. 249 §§ 1 und 2 EGBGB, § 307 Abs. 1 S. 2 und Abs. 3 S. 2 BGB).

- In Bezug auf Verbraucherbauverträge und keiner der AGB-Kontrolle unterliegenden Baubeschreibung – weil diese zwischen den Parteien individuell aus-

---

119 RegE, BT-Drucks 18/8486, S. 63 und S. 75.
120 RegE, BT-Drucks 18/8486, S. 62.
121 RegE, BT-Drucks 18/8486, S. 75.
122 Palandt/*Sprau*, § 650j BGB Rn 4.
123 *Stretz*, Das neue Bauvertragsrecht, § 5 Rn 91.

gehandelt worden ist: „klare Beschreibung" der in der Baubeschreibung enthaltenen Werkeigenschaften (§ 650j BGB i.V.m. Art. 249 § 2 Abs. 1 S. 1 BGB als Generalklausel).

- In Bezug auf Bauverträge über kleinere Baumaßnahmen (d.h. kein Neubau eines Gebäudes und auch keine erhebliche Umbaumaßnahme): Der Unternehmer muss dem Verbraucher die Informationen in „klarer und verständlicher Weise" zur Verfügung stellen (§ 312a Abs. 2 BGB i.V.m. Art. 246 Abs. 1 EGBGB).[124]

D. Der Inhalt des Verbraucherbauvertrags

§ 650k Inhalt des Vertrags

(1) Die Angaben der vorvertraglich zur Verfügung gestellten Baubeschreibung in Bezug auf die Bauausführung werden Inhalt des Vertrags, es sei denn, die Vertragsparteien haben ausdrücklich etwas anderes vereinbart.

(2) Soweit die Baubeschreibung unvollständig oder unklar ist, ist der Vertrag unter Berücksichtigung sämtlicher vertragsbegleitender Umstände, insbesondere des Komfort- und Qualitätsstandards nach der übrigen Leistungsbeschreibung, auszulegen. Zweifel bei der Auslegung des Vertrags bezüglich der vom Unternehmer geschuldeten Leistung gehen zu dessen Lasten.

(3) Der Bauvertrag muss verbindliche Angaben zum Zeitpunkt der Fertigstellung des Werks oder, wenn dieser Zeitpunkt zum Zeitpunkt des Abschlusses des Bauvertrags nicht angegeben werden kann, zur Dauer der Bauausführung enthalten. Enthält der Vertrag diese Angaben nicht, werden die vorvertraglich in der Baubeschreibung übermittelten Angaben zum Zeitpunkt der Fertigstellung des Werks oder zur Dauer der Bauausführung Inhalt des Vertrags.

Da sich Bauverträge zwischen Unternehmern und Verbrauchern im Regelfall durch eine **asymmetrische Informationslage** auszeichnen, kann der mit § 650j BGB intendierte Verbraucherschutz (Baubeschreibungspflicht) nach Ansicht des Gesetzgebers nur dadurch erreicht werden, dass die Angaben zur Bauausführung in der vorvertraglich dem Bauherrn übergebenen Baubeschreibung (vorstehende Rdn 36 ff.) – vorbehaltlich einer ausdrücklichen anderweitigen Vereinbarung zwischen den Vertragsparteien – auch **Vertragsinhalt** werden[125] (vgl. auch das Konzept von Art. 6 Abs. 5 VerbrRRL und in dessen Umsetzung § 312d Abs. 1 S. 2 BGB bezüglich vorvertraglicher Informationspflichten bei Fernabsatz- und außerhalb von Geschäftsräumen geschlossenen Verträgen).

Dies regelt im Einzelnen § 650k BGB, eingefügt durch Art. 1 Nr. 25 BauVertrRRG, für nach dem 31.12.2017 abgeschlossene Verbraucherbauverträge (vgl. Art. 229 § 39

---

124 *Stretz*, Das neue Bauvertragsrecht, § 5 Rn 91.
125 RegE, BT-Drucks 18/8486, S. 63.

EGBGB). Die Norm ist **nicht abdingbar** zum Nachteil des Verbrauchers (§ 650o S. 1 BGB – zudem statuiert § 650a S. 2 BGB ein Umgehungsverbot).

61 § 650k BGB soll sicherstellen, „dass zum Schutz des Verbrauchers der konkrete Vertragsinhalt möglichst eindeutig ermittelt werden kann und, soweit der Vertragsinhalt aus dem Vertrag nicht klar erkennbar ist, nicht von den durch den Unternehmer vor Vertragsschluss geweckten Erwartungen abweicht".[126]

I. Baubeschreibung (Angaben zur Bauausführung) als Vertragsinhalt

62 Die (in Textform erfolgten, vgl. § 126b BGB) Angaben[127] der vorvertraglich zur Verfügung gestellten **Baubeschreibung in Bezug auf die Bauausführung** – worunter „der gesamte baubezogene Inhalt der Baubeschreibung"[128] (i.S.v. Art. 249 § 2 Abs. 1 EGBGB, vorstehende Rdn 48 ff.) zu zählen ist – werden nach **§ 650k Abs. 1 BGB** (in Anlehnung an den Regelungsgehalt der Vergleichsregelung des § 312d Abs. 1 S. 2 BGB [Rdn 59]) grundsätzlich Inhalt des Vertrags (**Baubeschreibung wird Vertragsinhalt**).[129]

63 Dies gilt nur dann nicht, wenn die Vertragsparteien ausnahmsweise ausdrücklich etwas anderes vereinbart haben (**ausdrückliche abweichende Vereinbarung** i.S. einer Vereinbarung, aus der eindeutig hervorgeht, dass beide Vertragspartner – nach Erfüllung der vorvertraglichen Informationspflichten durch den Unternehmer – vom Inhalt der vorvertraglichen Baubeschreibung abweichen wollen, diese also gerade nicht Vertragsinhalt werden soll).[130] Jedoch sollen von der Baubeschreibung nur inhaltlich abweichende Vereinbarungen nicht als eine entsprechende „ausdrückliche Vereinbarung" zu werten sein.[131]

64 *Beachte:*
Eine nicht formgerechte Baubeschreibung (Art. 249 § 2 Abs. 1 EGBGB und § 126b BGB) kann nach § 650i Abs. 2 BGB nicht Vertragsinhalt werden – „ist aber als vertragsbegleitender Umstand (bei Auslegung des Verbraucherbauvertrags) zu berücksichtigen".[132]

---

126 Palandt/*Sprau*, § 650k BGB Rn 2 unter Bezugnahme auf RegE, BT-Drucks 18/8486, S. 62.
127 „Angaben in AGB nur, wenn der Verbraucher den AGB ausdrücklich zugestimmt hat": so Palandt/*Sprau*, § 650j BGB Rn 3 und Palandt/*Grüneberg*, § 312d BGB Rn 2.
128 Palandt/*Sprau*, § 650j BGB Rn 3.
129 Näher jurisPK-BGB/*Segger*, § 650k Rn 5 ff.
130 Was – so *Stretz* (Das neue Bauvertragsrecht, § 5 Rn 104) – formfrei (d.h. auch mündlich) geschehen kann, wohingegen aber schlüssiges Verhalten oder ein Schweigen auf die Willenserklärung der anderen Partei nicht als „ausdrückliche abweichende Vereinbarung" zu qualifizieren sein soll (*Stretz*, Das neue Bauvertragsrecht, § 5 Rn 105).
131 So *Stretz*, Das neue Bauvertragsrecht, § 5 Rn 108.
132 Palandt/*Sprau*, § 650j BGB Rn 3.

D. Der Inhalt des Verbraucherbauvertrags § 3

Beachte zudem: 65

Stehen sich eine individuell ausgehandelte Baubeschreibung und eine ausdrücklich abweichende Vereinbarung in Gestalt vom Unternehmer gestellter AGB (d.h. eine formularmäßige Ausschlussklausel) gegenüber, gebührt der Individualvereinbarung nach § 305b BGB ein Vorrang.[133] Bei einem Gegenüber einer vorvertraglichen AGB-Baubeschreibung und einer gleichermaßen vertraglichen AGB-Baubeschreibung kann Letzterer, sofern sie nur ausdrücklich erfolgt (ausreichend soll ein deutlicher, den Anforderungen des § 305c Abs. 1 BGB genügender Hinweis sein), ein Vorrang gebühren.[134]

Damit bestimmt die vorvertraglich übermittelte Information den Inhalt der vertraglich vereinbarten Leistungspflichten des Bauunternehmers.[135] § 650k Abs. 1 BGB normiert im Verbraucherschutzinteresse und in Stärkung der Stellung des Verbrauchers eine **widerlegbare Vermutung zum Bauvertragsinhalt** und im Übrigen auch eine **gesetzliche Beweislastumkehr** in Bezug auf von einer Baubeschreibung abweichende vertragliche Vereinbarungen zwischen den Parteien.[136] 66

II. Rechtsfolgen einer unzulänglichen (weil den Anforderungen nicht genügenden) Baubeschreibung (ergänzende Vertragsauslegung und Unklarheitenregel)

Grundsätzlich gelten auch für den Verbraucherbauvertrag die **allgemeinen Auslegungsgrundsätze** nach den §§ 133, 157 BGB. Gemäß § 133 BGB ist bei der Auslegung einer Willenserklärung der wirkliche Wille zu erforschen und nicht an dem buchstäblichen Sinne des Ausdrucks zu haften. Nach § 157 BGB sind Verträge so auszulegen, wie Treu und Glauben mit Rücksicht auf die Verkehrssitte es erfordern. 67

§ 650k Abs. 2 BGB regelt hingegen spezifisch für den Verbraucherbauvertrag die Rechtsfolgen einer den Anforderungen nicht genügenden (unzulänglichen) Baubeschreibung in Bezug auf die Feststellung des den Leistungsgegenstand betreffenden Vertragsinhalts:[137] 68

- Auslegung durch Berücksichtigung der Gesamtumstände (S. 1) sowie
- Unklarheitenregel (S. 2).

---

133 So *Stretz*, Das neue Bauvertragsrecht, § 5 Rn 109: Die Abweichung muss gleichermaßen ausgehandelt werden.
134 *Stretz*, Das neue Bauvertragsrecht, § 5 Rn 110.
135 *Stretz*, Das neue Bauvertragsrecht, § 5 Rn 98.
136 *Stretz*, Das neue Bauvertragsrecht, § 5 Rn 101.
137 Näher jurisPK-BGB/*Segger*, § 650k Rn 21 ff.

§ 3 Der Verbraucherbauvertrag (§§ 650i bis 650n BGB)

1. Berücksichtigung der Gesamtumstände

69 Soweit die Baubeschreibung **unvollständig** oder **unklar** ist,[138] ist der Vertrag gemäß § 650k Abs. 2 S. 1 BGB unter Berücksichtigung sämtlicher vertragsbegleitender Umstände – insbesondere des Komfort- und Qualitätsstandards nach der übrigen Leistungsbeschreibung – auszulegen (**ergänzende Vertragsauslegung**).[139]

70 Der Gesetzgeber verfolgt mit dieser Regelung das Ziel, den Vertrag bei Mängeln der Baubeschreibung möglichst aufrechtzuerhalten: „Unklarheiten sollen so bereinigt und Lücken so gefüllt werden, wie es dem Leistungsniveau der Baubeschreibung im Übrigen entspricht".[140] Der Verbraucher muss sich also nicht mit einer geringeren Qualität begnügen. Er muss auch nicht zu einer Kündigung schreiten, nur weil der Unternehmer dem übrigen Niveau des Bauprojekts entsprechende Leistungen verweigert.[141] Maßgeblich soll dabei die **verbraucherfreundlichste Auslegung** sein.[142]

71 „Sonstige vertragsbegleitende Umstände", die bei der Auslegung der Baubeschreibung zu berücksichtigen sind, sind bspw.[143] auch

---

138 Auch nach Anwendung der gängigen Auslegungsmethoden: *Stretz*, Das neue Bauvertragsrecht, § 5 Rn 113 – mithin im Falle von AGB (auch bei Einmalbedingungen i.S.v. § 310 Abs. 3 Nr. 2 BGB) nach dem Grundsatz der objektiven Auslegung (so *Stretz*, a.a.O., § 5 Rn 115) – zur objektiven Auslegung näher *Ring*, AGB-Recht in der anwaltlichen Praxis, 4. Aufl. 2017, § 4 Rn 163) und im Falle einer individualvertraglich ausgestalteten Baubeschreibung nach den Grundsätzen der §§ 133, 157 BGB (*Stretz*, a.a.O., § 5 Rn 116: objektiver Empfängerhorizont aus dem Blickwinkel eines verständigen und durchschnittlichen Empfängers).
139 Näher jurisPK-BGB/*Segger*, § 650k Rn 22 ff.
140 RegE, BT-Drucks 18/8486, S. 63.
141 RegE, BT-Drucks 18/8486, S. 63.
142 *Glöckner*, VuR 2016, 163, 165: „Mit dieser Kodifizierung einer in der Rechtsprechung bisher nur selten so klar ausgesprochenen Auslegungsdirektive handelt es sich dabei wohl um den deutlichsten und wichtigsten Beitrag zur Verbesserung des Verbraucherschutzes bei Bauverträgen". *Glöckner* (a.a.O.) rekurriert auf BGH BauR 2007, 1570 Rn 25 (zur Auslegung eines Vertrages über den geschuldeten Schallschutz); BGH BauR 2014, 547 (zur Auslegung eines Vertrags über eine geschuldete Herstellung eines Gefälles); und OLG Brandenburg (BauR 2014, 1005), wonach die bloße Einhaltung der Regeln der Technik (beim Schrittmaß einer Treppe) nicht reicht, sich aus den Gesamtumständen des Vertrags eine über das durch die Einhaltung der Regeln der Technik abgesicherte Mindestmaß der Leistungen hinausgehende Qualität ableiten lässt.
143 Beispiele nach RegE, BT-Drucks 18/8486, S. 63 unter Bezugnahme auf die BGH-Judikatur zum vormals geltenden Recht – z.B. BGHZ 172, 346 = NJW 2007, 2983 – Leitsatz 1: „Welcher Schallschutz für die Errichtung von Doppelhäusern geschuldet ist, ist durch Auslegung des Vertrags zu ermitteln. Wird ein üblicher Qualitäts- und Komfortstandard geschuldet, muss sich das einzuhaltende Schalldämm-Maß an dieser Vereinbarung orientieren …". Vgl. auch BGH NJW 2014, 620 – Leitsatz: „Ob eine Hof- und Zugangsfläche einer Wohnanlage ein Gefälle zum leichteren Abfluss von Oberflächenwasser haben muss, kann nicht allein danach beurteilt werden, dass es in der Baubeschreibung nicht vorgesehen und auch nicht zwingend erforderlich ist. Es kommt vielmehr darauf an, ob der Besteller ein solches Gefälle nach den dem Vertrag zugrunde liegenden Umständen, insbesondere dem vereinbarten Qualitäts- und Komfortstandard, erwarten kann". Viele Details der Ausführung seien im Vertrag nicht erwähnt oder genauer beschrieben. Daraus, dass ein bestimmtes Ausführungsdetail nicht erwähnt ist, könne aber nicht ohne Weiteres geschlossen werden, dass es nicht geschuldet ist. Vielmehr müsse unter Berücksichtigung der gesamten Umstände des Vertrags geprüft werden, ob eine bestimmte Qualität der Ausführung stillschweigend vereinbart ist. Entsprechende Qualitätsanforde-

- erläuternde oder konkretisierende Erklärungen der Vertragsparteien (einschließlich Exposés oder Angaben in Prospekten bzw. Erklärungen von Firmenvertretern),[144]
- die konkreten Verhältnisse des Bauwerks und seines Umfeldes,
- der qualitative (Gesamt-)Zuschnitt,
- der architektonische Anspruch bzw.
- die Zweckbestimmung des Bauwerks.

Die Regelung des § 650k Abs. 2 S. 1 BGB macht deutlich, dass zur Ausfüllung etwaiger Vertragslücken oder Unklarheiten – vor allem wenn es um die **Qualitäts- bzw. Komfortstandards der Leistung** geht – sich „das geschuldete Maß in erster Linie nach dem durch die vorhandene Baubeschreibung vorgegebenen allgemeinen Leistungsniveau richtet, sodass die bloße Einhaltung der allgemeinen technischen Regeln oder der Verkehrssitte bzw. des allgemein üblichen Standards nicht ohne weiteres genügt".[145]   72

> *Beachte:*   73
> Unverständliche AGB-Baubeschreibungen (bzw. Einmalbedingungen, vgl. § 310 Abs. 2 Nr. 2 BGB) sind hingegen nach Maßgabe der Grundsätze der **ergänzenden Vertragsauslegung** nach § 157 BGB und der dazu ergangenen Judikatur auszulegen.[146]

2. Unklarheitenregelung (§ 650k Abs. 2 S. 2 BGB)

Zweifel bei der Auslegung des Vertrags bezüglich der vom Unternehmer geschuldeten Leistung (d.h. bspw. in Bezug auf den Leistungsinhalt charakterisierende Angaben in der Baubeschreibung bzw. Zweifel im Hinblick auf den übrigen Qualitäts- und Komfortstandard)[147] gehen – anknüpfend an den Rechtsgedanken von § 305c Abs. 2 BGB[148] und diesen auf die Auslegung eines Verbraucherbauvertrages mit einer unvollständigen oder unklaren Baubeschreibung übertragend[149] in AGB-Form[150] oder individuell ausgehandelt – zulasten   74

---

rungen könnten sich nicht nur aus dem Vertragstext, sondern auch aus den sonstigen vertragsbegleitenden Umständen, den konkreten Verhältnissen des Bauwerks und seines Umfeldes, dem qualitativen Zuschnitt, dem architektonischen Anspruch und der Zweckbestimmung des Gebäudes ergeben – so BGH NJW 2014, 620, zitiert nach juris Rn 11 unter Bezugnahme auf BGHZ 181, 225 – Rn 12 und BGHZ 172, 346 – Rn 25.

144 Palandt/*Sprau*, § 650k BGB Rn 5.
145 Palandt/*Sprau*, § 650k BGB Rn 5.
146 *Stretz*, Das neue Bauvertragsrecht, § 5 Rn 118.
147 *Stretz*, Das neue Bauvertragsrecht, § 5 Rn 123.
148 Wonach Zweifel bei der Auslegung von AGB zulasten des Verwenders gehen.
149 RegE, BT-Drucks 18/8486, S. 63.
150 Wobei im Falle von AGB-Baubeschreibungen (bzw. Einmalbedingungen, vgl. § 310 Abs. 2 Nr. 2 BGB) auch nach Einführung von § 650k Abs. 2 S. 2 BGB weiterhin § 305c Abs. 2 BGB (der außer unvollständigen bzw. unklaren auch unverständige Baubeschreibungen erfasst) anwendbar bleibt: so *Stretz*, Das neue Bauvertragsrecht, § 5 Rn 121. Nach § 305c Abs. 2 BGB gehen Zweifel bei der Auslegung von AGB zulasten des Verwenders.

des Unternehmers (so die Beweiserleichterung des § 650k Abs. 2 S. 2 BGB als gesetzlich normierte Ausprägung der Unklarheitenregelung zugunsten des Verbrauchers).[151] Wenn also nach Ausschöpfung der in Betracht kommenden Auslegungsmethoden unter Berücksichtigung von § 650k Abs. 2 S. 1 BGB mindestens zwei Auslegungsmöglichkeiten bestehen, ist von jenem Ergebnis auszugehen, das für den Verbraucher am günstigsten ist.[152]

III. Vereinbarte Leistungszeit als Mindestinhalt (notwendiger Bestandteil) des Verbraucherbauvertrags

75 Der (Verbraucher-)Bauvertrag[153] muss **nach § 650k Abs. 3 S. 1 BGB verbindliche Angaben**

- **zum Zeitpunkt der Fertigstellung des Werks (Leistungszeitbestimmung** im Vertrag i.S.d. Angabe des kalendermäßig bestimmten Zeitpunktes, „zu dem nach verbindlicher Zusage des Unternehmers die im Vertrag vorgesehenen Leistungen abgearbeitet oder erbracht sein werden")[154] *oder*, wenn dieser Zeitpunkt zum Zeitpunkt des Abschlusses des Bauvertrags nicht angegeben werden kann (nicht feststeht [vgl. Art. 249 § 2 Abs. 2 S. 2 EGBGB], bspw. wegen einer vom Verbraucher noch einzuholenden Genehmigung),[155]

- zur **Dauer der Bauausführung (Fertigstellungszeitpunkt** – mithin „die vom Unternehmer verbindlich zugesagte Zeitspanne zwischen Beginn der Baumaßnahme … und der Fertigstellung des Bauwerks")[156]

enthalten.[157] „Spätestens zu diesem Zeitpunkt benötigt der Besteller (nämlich) ein verbindliches Datum für die Beendigung der Baumaßnahme für seine weiteren Planungen"[158] (vgl. auch die vorvertragliche Verpflichtung nach § 650j BGB i.V.m. Art. 249 § 2 Abs. 2 EGBGB).

76 Enthält der Vertrag diese Angaben nicht (enthält er also weder Angaben zur Fertigstellung noch zur Dauer der Bauausführung – womit den Angaben im Verbraucherbauvertrag zum Fertigstellungszeitpunkt ein Vorrang gebührt gegenüber entsprechenden Angaben in

---

151 Näher jurisPK-BGB/*Segger*, § 650k Rn 25 ff.
152 Palandt/*Sprau*, § 650k BGB Rn 5.
153 *Stretz* (Das neue Bauvertragsrecht, § 5 Rn 144) qualifiziert den Verweis auf den „Bauvertrag" (§ 650a BGB) statt richtigerweise auf den „Verbraucherbauvertrag" (§ 650i Abs. 1 BGB) als „redaktionelles Versehen" des Gesetzgebers.
154 Palandt/*Sprau*, § 650k BGB Rn 4 unter Bezugnahme auf RegE, BT-Drucks 18/8486, S. 48.
155 RegE, BT-Drucks 18/8486, S. 64.
156 Palandt/*Sprau*, § 650k BGB Rn 4.
157 Näher jurisPK-BGB/*Segger*, § 650k Rn 29 ff.
158 RegE, BT-Drucks 18/8486, S. 64. Dazu näher auch die Ausführungen vorstehende Rdn 52 ff. zu § 650j BGB.

D. Der Inhalt des Verbraucherbauvertrags § 3

der Baubeschreibung[159]) oder sind diese Angaben (wie bspw. „ca.-Angaben") nicht verbindlich bzw. mehrdeutig, bleibt der Vertrag wirksam. Der Verbraucherbauvertrag wird dadurch nicht unwirksam. Vielmehr werden die vorvertraglich in der Baubeschreibung (vgl. Art. 249 § 2 Abs. 2 EGBGB, Rdn 52 ff.) zu übermittelnden entsprechenden Angaben gemäß **§ 650k Abs. 3 S. 2 BGB** zum Zeitpunkt der Fertigstellung des Werks oder zur Dauer der Bauausführung Inhalt des Vertrags (**verbindlicher Vertragsinhalt**).

IV. Rechtsfolgen eines Verstoßes gegen die Baubeschreibungspflicht

Der Gesetzgeber sah keine Notwendigkeit für eine spezielle Regelung des Falles eines **vollständigen Fehlens der Baubeschreibung** als vorvertraglicher (i.s. einer nichtleistungsbezogenen) Nebenpflicht i.S.v. § 241 Abs. 2 BGB:[160] Sollte in einem solchen Fall überhaupt ein Verbraucherbauvertrag zwischen den Parteien zustande gekommen sein, reichten – so der Gesetzgeber – die allgemeinen Regelungen des Schadensersatzrechts (mithin Sekundäransprüche) als Rechtsfolge aus.[161] So könne dem Verbraucher bei einer Verletzung der Baubeschreibungspflicht (als vorvertraglicher Verpflichtung) ein **Schadensersatzanspruch** nach allgemeinen Regelungen[162] zustehen: Nach den

77

- §§ 311 Abs. 2, 280 Abs. 1 und 3, 282 i.V.m. § 241 Abs. 2 BGB, „da die Baubeschreibungspflicht eine vorvertragliche Pflicht darstellt"[163] (wenn kein Vertrag zustande gekommen ist – *culpa in contrahendo*, **Verschulden bei Vertragsschluss**) bzw. nach den
- §§ 311 Abs. 1, 280 Abs. 1 i.V.m. § 241 Abs. 2 BGB (sofern ein Vertrag zustande gekommen sein sollte).[164]

Beachte:

78

Zum Problem, ob es im Falle einer Pflichtverletzung nach § 650j BGB durch den Unternehmer beim Nichtabschluss eines Verbraucherbauvertrags überhaupt zu einem „**Schaden**" (und damit zu einem korrespondierenden Schadensersatzanspruch) kommen kann, näher *Stretz*[165] – weswegen Schadensersatzansprüche in der Praxis nur in folgenden Fällen auftreten können:

---

159 Dazu kritisch *Stretz*, Das neue Bauvertragsrecht, § 5 Rn 146 ff. (Wertungswiderspruch (Rn 247): § 650k Abs. 3 S. 2 BGB erklärt die Angaben im Verbraucherbauvertrag für maßgeblich, § 650k Abs. 1 BGB erklärt allein die Angaben in der Baubeschreibung für maßgeblich. *Stretz* (a.a.O., § 5 Rn 149) plädiert für § 650k Abs. 2 BGB als abschließender Sonderregelung (*lex specialis*) zu Vereinbarungen über den Fertigstellungszeitpunkt des Bauwerks.
160 *Stretz*, Das neue Bauvertragsrecht, § 5 Rn 124.
161 RegE, BT-Drucks 18/8486, S. 63.
162 Näher jurisPK-BGB/*Segger*, § 650k Rn 38 f.
163 RegE, BT-Drucks 18/8486, S. 64.
164 Näher jurisPK-BGB/*Segger*, § 650k Rn 34 ff.
165 *Stretz*, Das neue Bauvertragsrecht, § 5 Rn 127.

§ 3 Der Verbraucherbauvertrag (§§ 650i bis 650n BGB)

- Eine ordnungsgemäße Baubeschreibung wurde dem Verbraucher nicht rechtzeitig vor Vertragsschluss übermittelt oder
- die Baubeschreibung lag dem Verbraucher zwar rechtzeitig vor, informierte diesen aber nicht über sämtliche wesentlichen Eigenschaften des Werks.[166]

79 Zugleich besteht die Möglichkeit, dass der Verbraucher nach den §§ 324, 241 Abs. 2 BGB vom Verbraucherbauvertrag zurücktritt (**Rücktritt**),[167] sofern ihm ein Festhalten am Vertrag „unzumutbar" ist.[168]

80 *Beachte:*

In Bezug auf die Rechtsfolgen
- einer nicht eingehaltenen Vereinbarung zum Fertigstellungszeitpunkt bzw. zur
- Dauer der Bauausführung

gelten nach Ansicht des Gesetzgebers[169] grundsätzlich die **allgemeinen Regelungen zum Schuldnerverzug** (vgl. die §§ 286 ff. BGB).

Der Verbraucher kann nach § 280 Abs. 2 i.V.m. § 286 BGB Schadensersatz wegen schuldhafter Verzögerung der Leistung (**Schadensersatz neben der Leistung**) verlangen.

Nach § 280 Abs. 1 und 3 i.V.m. § 281 BGB kommt im Falle einer schuldhaften Verzögerung der Leistung ggf. auch ein Schadensersatzanspruch statt der Leistung des Verbrauchers gegen den Unternehmer in Betracht.

81 *Beachte zudem:*

Eine nach dem Kalender bestimmte bzw. bestimmbare Angabe in Bezug auf den Fertigstellungszeitraum (ggf. auch bloße Angaben über die Dauer der Baumaßnahme)[170] führt nach § 286 Abs. 2 S. 2 Nr. 1 bzw. Nr. 2 BGB im Falle einer Terminüberschreitung ggf. auch ohne Mahnung zum Verzug[171] – nicht jedoch bloße „ca.-Angaben".[172]

Im Übrigen kann der Verbraucher auch nach § 323 BGB vom Vertrag zurücktreten (**Rücktrittsrecht**), wenn der Unternehmer sich mit der Leistung im (Schuldner-)Verzug befindet.

---

166 *Stretz*, Das neue Bauvertragsrecht, § 5 Rn 129.
167 Näher jurisPK-BGB/*Segger*, § 650k Rn 46.
168 Wobei die bloße Verletzung der vorvertraglichen Informationspflicht allein nicht zur Unzumutbarkeit führen dürfte: so *Glöckner*, BauR 2014, 411, 427; *Stretz*, Das neue Bauvertragsrecht, § 5 Rn 136.
169 RegE, BT-Drucks 18/8486, S. 64.
170 *Stretz*, Das neue Bauvertragsrecht, § 5 Rn 155.
171 *Stretz*, Das neue Bauvertragsrecht, § 5 Rn 154.
172 *Stretz*, Das neue Bauvertragsrecht, § 5 Rn 156.

Sofern bereits eine **Teilleistung** erbracht worden ist – das Fertigstellungsdatum offensichtlich aber nicht eingehalten werden wird –, bietet das Rücktrittsrecht nach § 323 Abs. 5 BGB[173] hingegen keine für den Bauvertrag geeignete Lösung[174] (arg.: Beide Parteien sind in diesem Fall i.d.r. nicht mehr an einer Rückabwicklung des Vertrags interessiert).

Ggf. steht dem Besteller zusätzlich auch ein **Kündigungsrecht aus „wichtigem Grund"** nach § 648a Abs. 1 BGB zur Verfügung.[175]

E. Widerrufsrecht (§ 650l BGB)

§ 650l Widerrufsrecht 82
Dem Verbraucher steht ein Widerrufsrecht gemäß § 355 zu, es sei denn, der Vertrag wurde notariell beurkundet. Der Unternehmer ist verpflichtet, den Verbraucher nach Maßgabe des Artikels 249 § 3 des Einführungsgesetzes zum Bürgerlichen Gesetzbuche über sein Widerrufsrecht zu belehren.

Die Regelung des infolge Art. 1 Nr. 25 BauVertrRRG neu in das Werkvertragsrecht eingefügten § 650l BGB[176] räumt (i.V.m. § 356e und § 356d BGB) dem Verbraucher im Rahmen eines (auch nichtigen)[177] Verbraucherbauvertrags i.S.v. § 650i Abs. 1 BGB (nicht jedoch auch beim Bauträgervertrag, vgl. § 650u Abs. 2 BGB) für alle nach dem 31.12.2017 abgeschlossenen Verträge (vgl. Art. 229 § 39 EGBGB) mit dem Zweck eines **Übereilungsschutzes** („kurze Bedenkzeit", vgl. auch die analoge Norm des § 312g Abs. 1 S. 1 BGB – Widerrufsrecht des Verbrauchers bei außerhalb von Geschäftsräumen abgeschlossenen Verträgen und bei Fernabsatzverträgen) ein **gesetzliches Widerrufsrecht**.[178] Die Neuregelung schließt damit für den Verbraucherbauvertrag eine Schutz- 83

---

173 Wonach, wenn der Schuldner eine Teilleistung bewirkt hat, der Gläubiger vom ganzen Vertrag nur dann zurücktreten kann, wenn er an der Teilleistung kein Interesse mehr hat (und wenn der Schuldner die Leistung nicht vertragsgemäß bewirkt hat, der Gläubiger vom Vertrag nicht zurücktreten kann, wenn die Pflichtverletzung „unerheblich" ist).
174 RegE, BT-Drucks 18/8486, S. 64.
175 RegE, BT-Drucks 18/8486, S. 64.
176 Nachdem vor der Bauvertragsrechtsreform der Verbraucher nur ein Widerrufsrecht nach § 312g Abs. 1 BGB (Widerrufsrecht in Fällen kleinerer Bauverträge in besonderen Vertriebsformen) hatte, wenn der Vertrag
– nicht den Neubau eines Gebäudes bzw. erhebliche Umbaumaßnahmen zum Gegenstand hatte (§ 312 Abs. 2 Nr. 3 BGB) und er
– entweder außerhalb der Geschäftsräume des Unternehmers oder im Fernabsatz geschlossen worden war.
177 Palandt/*Sprau*, § 650l BGB Rn 2.
178 Näher *Lenkeit*, BauR 2017, 454 und 615.

lücke[179] (i.S. eines **von der Vertriebsform unabhängigen Widerrufsrechts für den Verbraucherbauvertrag**).[180] Die Norm weitet das auf der VerbrRRL beruhende Widerrufsrecht des § 355 BGB (über den Anwendungsbereich der Richtlinie hinaus) auf den Verbraucherbauvertrag aus („**überschießende Umsetzung**").[181]

84 *Beachte:*
§ 650l BGB ist nach § 650o S. 1 BGB zum Nachteil des Verbrauchers **nicht abdingbar** – zudem besteht ein Umgehungsverbot (§ 650o S. 2 BGB).

85 *Beachte zudem:*
Auch ein **einseitiger Verzicht** auf das Widerrufsrecht soll unzulässig sein.[182]

86 Das Widerrufsrecht erfasst nur Verbraucherbauverträge – und ist damit nach § 650i Abs. 1 BGB beschränkt auf Bauverträge zwischen einem Unternehmer (§ 14 BGB) und einem Verbraucher (§ 13 BGB)
- über den Bau neuer Gebäude bzw. solche
- über erhebliche Umbaumaßnahmen an bestehenden Gebäuden.

87 Dies erschien dem Gesetzgeber unter Abwägung der Risiken für den Verbraucher und der Interessen des Geschäftsverkehrs als „angemessen"[183] (arg.: Bauverträge dieser Größenordnung werden von Verbrauchern nämlich meist nur einmal im Leben abgeschlossen und sind für diese regelmäßig auch mit hohen finanziellen Verpflichtungen – sog. Klumpenrisiko[184] – verbunden).[185]

88 *Beachte:*
Der **Vertrieb von schlüsselfertigen Häusern**, bei dem der Verbraucher mit zeitlich begrenzten Rabattangeboten oftmals zu schnellen Vertragsabschlüssen verleitet wird, ist damit jetzt ein Anwendungsfall des Widerrufsrechts nach § 650l BGB.[186]

89 Dem Verbraucher steht nach **§ 650l S. 1 BGB** grundsätzlich ein **Widerrufsrecht** gemäß § 355 BGB (und ergänzend gemäß § 356e und § 357d BGB) zu[187] (**1. Halbs.**), es sei denn,

---

179 RegE, BT-Drucks 18/8486, S. 64.
180 *Stretz*, Das neue Bauvertragsrecht, § 5 Rn 165.
181 So Palandt/*Sprau*, § 650l BGB Rn 1.
182 Palandt/*Sprau*, § 650l BGB Rn 1 unter Bezugnahme auf *Lenkeit*, BauR 2017, 615, 625.
183 RegE, BT-Drucks 18/8486, S. 64.
184 *Glöckner*, VuR 2016, 163, 166.
185 RegE, BT-Drucks 18/8486, S. 64: „Vielfach wird ein Verbraucher seine gesamten Ersparnisse zur Finanzierung des Bauprojekts einsetzen und sich zusätzlich durch Immobiliendarlehen über viele Jahre finanziell binden".
186 RegE, BT-Drucks 18/8486, S. 64.
187 Umfassend *Lenkeit*, BauR 2017, 454 und 615.

der Vertrag wurde (ausnahmsweise, wie bspw. nach dem sog. Generalübernehmermodell – weil gesetzlich vorgeschrieben oder gewillkürt[188] – **notariell beurkundet** i.S.v. § 128 BGB nach Maßgabe des BeurkG (**2. Halbs.**).

Beachte: 90
Das Widerrufsrecht besteht selbstständig neben anderen Vertragslösungsrechten (bspw. dem Kündigungsrecht nach den §§ 648, 648a BGB).[189]

Im Hinblick auf den **Anwendungsausschluss für notariell beurkundete Bauverträge** 91 (§ 650l 2. Halbs. BGB) bedarf es nach Ansicht des Gesetzgebers in Bezug auf

- die Belehrungspflichten des Notars und
- die in § 17 Abs. 2 Buchst. a Nr. 2 BeurkG vorgesehene Zeit für die Prüfung des Vertragsentwurfs durch den Verbraucher[190] – im Regelfall zwei Wochen –

nicht der mit der Einführung des Widerrufsrechts wegen Übereilungsschutzes angestrebten Bedenkzeit.[191] Deshalb werden notariell beurkundete Verbraucherbauverträge (vgl. § 128 BGB) vom Anwendungsbereich des Widerrufsrechts ausgenommen.

Für die Ausgestaltung des Widerrufsrechts verweist § 650l S. 1 BGB auf **§ 355 BGB** (Widerrufsrecht bei Verbraucherverträgen) – sowie ergänzend auf § 356e (in Bezug auf den **Lauf der Widerrufsfrist bei Verbraucherbauverträgen**) und § 357d BGB (im Hinblick auf die **Rechtsfolgen des Widerrufs bei Verbraucherbauverträgen**). 92

I. Das Widerrufsrecht nach § 355 BGB

Wird einem Verbraucher durch Gesetz – mithin durch § 650l S. 1 BGB – ein Widerrufsrecht nach dieser Vorschrift eingeräumt,[192] so sind der Verbraucher (§ 13 BGB) und der Unternehmer (§ 14 BGB) nach § 355 Abs. 1 S. 1 BGB an ihre auf den Abschluss des Vertrags gerichteten Willenserklärungen nicht mehr gebunden, wenn der Verbraucher seine Willenserklärung fristgerecht widerrufen hat. Der Widerruf erfolgt gemäß § 355 Abs. 1 S. 2 BGB durch (formlos wirksame) Erklärung gegenüber dem Unternehmer (i.S. einer 93

---

188 Palandt/*Sprau*, § 650l BGB Rn 1.
189 Palandt/*Sprau*, § 650l BGB Rn 2.
190 Bei Verbraucherverträgen soll der Notar darauf hinwirken, dass der Verbraucher ausreichend Gelegenheit erhält, sich vorab mit dem Gegenstand der Beurkundung auseinanderzusetzen. Bei Verbraucherverträgen, die der Beurkundungspflicht nach § 311b Abs. 1 S. 1 und Abs. 3 BGB unterliegen, soll dem Verbraucher der beabsichtigte Text des Rechtsgeschäfts vom beurkundenden Notar oder einem Notar, mit dem sich der beurkundende Notar zur gemeinsamen Berufsausübung verbunden hat, zur Verfügung gestellt werden. Dies soll im Regelfall zwei Wochen vor der Beurkundung erfolgen. Wird diese Frist unterschritten, sollen die Gründe hierfür in der Niederschrift angegeben werden.
191 RegE, BT-Drucks 18/8486, S. 64.
192 Näher jurisPK-BGB/*Segger*, § 650l Rn 10.

einseitig empfangsbedürftigen Willenserklärung, die damit des Zugangs [§ 130 Abs. 1 S. 1 BGB] beim Unternehmer bedarf). Aus der Erklärung muss der Entschluss des Verbrauchers zum Widerruf des Vertrags eindeutig hervorgehen (so § 355 Abs. 1 S. 3 BGB – Notwendigkeit, den zu widerrufenden Vertrag sowie den Widerrufenden identifizierbar zu machen). Der Widerruf muss nach § 355 Abs. 1 S. 4 BGB keine Begründung enthalten. Zur Fristwahrung genügt gemäß § 355 Abs. 1 S. 5 BGB die rechtzeitige Absendung des Widerrufs.

II. Widerrufsfrist

94 Die Widerrufsfrist beträgt nach § 650l S. 1 i.V.m. § 355 Abs. 2 S. 1 BGB **14 Tage**. Sie beginnt gemäß § 355 Abs. 2 S. 2 BGB mit Vertragsschluss, soweit nichts anderes bestimmt ist.

95 Für die **Fristberechnung** gelten die allgemeinen Grundsätze des BGB, mithin die §§ 187 Abs. 1, 188 Abs. 2 1. Alt. und 193 BGB.[193]

96 Nach Ansicht des Gesetzgebers reicht eine Widerrufsfrist von 14 Tagen aus, „um den mit der Einführung des Widerrufsrechts angestrebten Zweck zu erreichen, einem Verbraucher, der sich vorschnell zum Abschluss eines Bauvertrags entschlossen hat, während einer kurzen Bedenkzeit eine unkomplizierte Lösung vom Vertrag zu ermöglichen".[194]

97 Im Falle des Widerrufs sind nach § 355 Abs. 3 S. 1 BGB die empfangenen Leistungen unverzüglich zurückzugewähren. Bestimmt das Gesetz eine Höchstfrist für die Rückgewähr, so beginnt diese gemäß § 355 Abs. 3 S. 2 BGB für den Unternehmer mit dem Zugang und für den Verbraucher mit der Abgabe der Widerrufserklärung. Ein Verbraucher wahrt diese Frist nach § 355 Abs. 3 S. 3 BGB durch die rechtzeitige Absendung der Waren. Der Unternehmer trägt beim Widerruf gemäß § 355 Abs. 3 S. 4 BGB die Gefahr der Rücksendung der Waren.

98 *Beachte: Besonderheiten beim Verbraucherbauvertrag in Bezug auf den Lauf der Widerrufsfrist*

Bei einem Verbraucherbauvertrag (§ 650i Abs. 1 BGB) beginnt nach § 356e S. 1 BGB die Widerrufsfrist allerdings nicht, bevor der Unternehmer den Verbraucher gemäß Art. 249 § 3 EGBGB über sein Widerrufsrecht belehrt hat (dazu nachstehende Rdn 103 ff.).

Das Widerrufsrecht erlischt gemäß § 356e S. 2 BGB (**Erlöschen des Widerrufsrechts**)[195] spätestens **zwölf Monate und 14 Tage** nach dem in § 355 Abs. 2 S. 2

---

193 *Stretz*, Das neue Bauvertragsrecht, § 5 Rn 201.
194 RegE, BT-Drucks 18/8486, S. 64.
195 Näher jurisPK-BGB/*Segger*, § 650l Rn 24 f.

E. Widerrufsrecht (§ 650l BGB) § 3

BGB genannten Zeitpunkt. (d.h. dem Vertragsschluss, Rdn 94). Bis zu diesem Zeitpunkt kann der Verbraucher den Vertrag einseitig widerrufen.

Vgl. auch die mit § 356e S. 2 BGB korrespondierende Norm des § 356 Abs. 3 S. 2 BGB für **nicht-privilegierte Bauverträge** in bestimmten Vertriebsformen.

Stretz[196] weist darauf hin, dass das Widerrufsrecht beim Verbraucherbauvertrag außer nach § 356e S. 2 BGB nicht auch nach allgemeinen Grundsätzen – nämlich vollständige Vertragserfüllung (§ 356 Abs. 4 BGB),[197] Verwirkung[198] bzw. Missbrauch[199] – erlöschen kann.

Beachte: Besonderheiten in Bezug auf die Rechtsfolgen des Widerrufs bei Verbraucherbauverträgen 99

Der wirksame Widerruf begründet mit ex-nunc-Wirkung ein Rückgewährschuldverhältnis nach § 355 Abs. 3 BGB: D.h. es entstehen vertragliche Ansprüche auf Rückgewähr der empfangenen Leistungen (bzw. ggf. auf Wertersatz nach § 357d BGB), nämlich ein

- Anspruch des Verbrauchers auf unverzügliche (vgl. § 121 Abs. 1 S. 1 BGB) Rückzahlung des Werklohns (§ 650l S. 1 i.V.m. § 355 Abs. 3 BGB) bzw. ein
- Anspruch des Unternehmers auf unverzügliche (vgl. § 121 Abs. 1 S. 1 BGB) Rückgewähr der empfangenen Leistungen in Natur (§ 650l S. 1 i.V.m. § 355 Abs. 3 BGB). Ist dies nicht möglich, hat der Unternehmer einen Anspruch auf Wertersatz nach § 357d BGB.

Ist die Rückgewähr der bis zum Widerruf erbrachten Leistung ihrer Natur nach ausgeschlossen (z.B. ein bereits erfolgter Aushub einer Baugrube, ein betoniertes Gebäudefundament oder eine Dachstuhlerrichtung),[200] schuldet der Verbraucher dem Unternehmer nach § 650l S. 1 i.V.m. § 357d S. 1 BGB also **Wertersatz**. Bei der Berechnung des Wertersatzes ist gemäß § 357d S. 2 BGB die vereinbarte Vergütung (d.h. die Urkalkulation – einschließlich Wagnis und Gewinn)[201] zugrunde zu legen.[202] Ist die

---

[196] *Stretz*, Das neue Bauvertragsrecht, § 5 Rn 206 ff.
[197] *Stretz*, Das neue Bauvertragsrecht, § 5 Rn 207 ff.
[198] *Stretz*, Das neue Bauvertragsrecht, § 5 Rn 210 ff.
[199] *Stretz*, Das neue Bauvertragsrecht, § 5 Rn 213.
[200] RegE, BT-Drucks 18/8486, S. 38.
[201] So *Stretz*, Das neue Bauvertragsrecht, § 5 Rn 234.
[202] Womit es gerade nicht auf den objektiven Wert der erbrachten Leistung ankommt: so *Stretz*, Das neue Bauvertragsrecht, § 5 Rn 233.

vereinbarte Vergütung „unverhältnismäßig hoch",[203] ist der Wertersatz nach § 357d S. 3 BGB (ausnahmsweise) auf der Grundlage des Marktwertes der erbrachten Leistung zu berechnen.

Die Ansprüche aus dem Rückgewährschuldverhältnis **verjähren** nach allgemeinen Grundsätzen, d.h. nach Maßgabe der §§ 195, 199 BGB.[204]

100 *Problem: Wertersatz bei nicht ordnungsgemäß erbrachter Werkleistung?*

Bei Ausübung des Widerrufsrechts stehen dem Verbraucher im Rahmen des Rückgewährschuldverhältnisses im Falle einer mangelhaft erbrachten Bauleistung keine Mängelgewährleistungsrechte zu – gleichwohl muss er ggf. nach § 357d S. 1 BGB Wertersatz für ein mangelhaftes Werk (in Höhe der vereinbarten Vergütung) zahlen. In Bezug auf einen solchen Fall plädiert *Stretz*[205] dafür, den geschuldeten Wertersatz nach § 357d S. 3 BGB auf den **objektiven Wert der tatsächlich erbrachten Leistung** (und nicht der vereinbarten Leistung) zu reduzieren (womit mangelbedingte Wertminderungen in die Berechnung mit einfließen), wenn die vereinbarte Vergütung **„unverhältnismäßig hoch"** ist. Ist die vereinbarte Vergütung hingegen **nicht unverhältnismäßig hoch**, soll zur Lösung des Problems **§ 638 BGB analog** (Minderung) zur Anwendung gelangen.[206]

101 *Beachte auch den Wertersatzanspruch nach § 357 Abs. 8 BGB beim nicht-privilegierten Bauvertrag in bestimmten Vertriebsformen:*

Widerruft der Verbraucher einen Vertrag über die Erbringung von Dienstleistungen, so schuldet er dem Unternehmer nach § 357 Abs. 8 S. 1 BGB Wertersatz für die bis zum Widerruf erbrachte Leistung, wenn der Verbraucher vom Unternehmer ausdrücklich verlangt hat, dass dieser mit der Leistung vor Ablauf der Widerrufsfrist beginnt. Dieser Anspruch besteht gemäß § 357 Abs. 8 S. 2 BGB nur, wenn der Unternehmer den Verbraucher nach Art. 246a § 1 Abs. 2 S. 1 und 3 EGBGB ordnungsgemäß informiert hat. Bei außerhalb von Geschäftsräumen geschlossenen Verträgen besteht der Anspruch auf Widerruf nur dann, wenn der Verbraucher sein Verlangen auf einem dauerhaften Datenträger übermittelt hat (so § 357 Abs. 8 S. 3 BGB). Bei der Berechnung des Wertersatzes ist nach § 357 Abs. 8 S. 4 BGB der vereinbarte Gesamtpreis zugrunde zu legen. Ist der ver-

---

[203] Wobei eine bloße Überhöhung der vereinbarten Vergütung im Verhältnis zum Marktwert nicht ausreicht – Notwendigkeit eines „erheblichen Missverhältnisses" zwischen den vereinbarten Vertragsleistungen: RegE, BT-Drucks 18/8486, S. 38. Wenn „ein vernünftiger Durchschnittsverbraucher bei Kenntnis des Missverhältnisses von vornherein vom Vertragsabschluss Abstand genommen hätte": so *Stretz*, Das neue Bauvertragsrecht, § 5 Rn 238.
[204] *Stretz*, Das neue Bauvertragsrecht, § 5 Rn 245.
[205] *Stretz*, Das neue Bauvertragsrecht, § 5 Rn 240.
[206] *Stretz*, Das neue Bauvertragsrecht, § 5 Rn 241 unter Bezugnahme auf BGH NJW 2011, 3085; 2009, 1068 in Bezug auf das Rücktrittsrecht.

einbarte Gesamtpreis unverhältnismäßig hoch, ist der Wertersatz gemäß § 357 Abs. 8 S. 5 BGB auf der Grundlage des Marktwerts der erbrachten Leistung zu berechnen.

Das Widerrufsrecht will den Besteller letztlich aber nicht vom Verwendungsrisiko befreien.[207]

III. Die Widerrufsbelehrungspflicht des Unternehmers

Art 249 EGBGB (Informationspflichten bei Verbraucherbauverträgen)
§ 3 Widerrufsbelehrung
(1) Steht dem Verbraucher ein Widerrufsrecht nach § 650l Satz 1 des Bürgerlichen Gesetzbuchs zu, ist der Unternehmer verpflichtet, den Verbraucher vor Abgabe von dessen Vertragserklärung in Textform über sein Widerrufsrecht zu belehren. Die Widerrufsbelehrung muss deutlich gestaltet sein und dem Verbraucher seine wesentlichen Rechte in einer an das benutzte Kommunikationsmittel angepassten Weise deutlich machen. Sie muss Folgendes enthalten:
1. einen Hinweis auf das Recht zum Widerruf,
2. einen Hinweis darauf, dass der Widerruf durch Erklärung gegenüber dem Unternehmer erfolgt und keiner Begründung bedarf,
3. den Namen, die ladungsfähige Anschrift und die Telefonnummer desjenigen, gegenüber dem der Widerruf zu erklären ist, gegebenenfalls seine Telefaxnummer und E-Mail-Adresse,
4. einen Hinweis auf die Dauer und den Beginn der Widerrufsfrist sowie darauf, dass zur Fristwahrung die rechtzeitige Absendung der Widerrufserklärung genügt, und
5. einen Hinweis darauf, dass der Verbraucher dem Unternehmer Wertersatz nach § 357d des Bürgerlichen Gesetzbuchs schuldet, wenn die Rückgewähr der bis zum Widerruf erbrachten Leistung ihrer Natur nach ausgeschlossen ist.

(2) Der Unternehmer kann seine Belehrungspflicht dadurch erfüllen, dass er dem Verbraucher das in Anlage 10 vorgesehene Muster für die Widerrufsbelehrung zutreffend ausgefüllt in Textform übermittelt.

Der Unternehmer ist nach § 650l S. 2 BGB[208] verpflichtet, den Verbraucher nach Maßgabe des Art. 249 § 3 EGBGB über sein Widerrufsrecht zu belehren (**Verpflichtung zur Belehrung über das Bestehen eines Widerrufsrechts**).[209] Die Belehrungspflicht des Unternehmers korrespondiert mit einem entsprechenden **Anspruch des Verbrauchers**. Sie ist eine besondere Ausgestaltung vorvertraglicher Pflichten i.S.v. § 311 Abs. 2 und 3 BGB.[210]

---

207 *Glöckner*, VuR 2016, 163, 166 – arg.: kurze Frist von zwei Wochen und Ausschluss des Widerrufsrechts bei notariell beurkundeten Verträgen (mit analoger Frist nach § 17 Abs. 2a Nr. 2 BeurkG).
208 Näher jurisPK-BGB/*Segger*, § 650l Rn 10 ff.
209 Vgl. zur Belehrungspflicht in Bezug auf nicht-privilegierte Bauverträge und solche in besonderen Vertriebsformen die §§ 312g Abs. 1, 312d Abs. 1, 356 Abs. 3 S. 1 BGB i.V.m. Art. 246a § 1 Abs. 2 und § 4 EGBGB.
210 Palandt/*Sprau*, § 650l BGB Rn 3.

§ 3 Der Verbraucherbauvertrag (§§ 650i bis 650n BGB)

1. Zeitliche und formelle Anforderungen an die Widerrufsbelehrung

105 Art. 249 § 3 Abs. 1 EGBGB regelt in Anlehnung an diverse bereits bestehende Regelungen[211] näher die zeitlichen und formellen Anforderungen an die Widerrufsbelehrung, die der Unternehmer einem Verbraucher, dem ein Widerrufsrecht nach § 650l S. 1 BGB zusteht, geben muss:[212] Steht dem Verbraucher ein Widerrufsrecht nach § 650l S. 1 BGB zu, ist der Unternehmer nach **Art. 249 § 3 Abs. 1 S. 1 EGBGB** verpflichtet, den Verbraucher **vor Abgabe von dessen Vertragserklärung** (mithin vor Abgabe der auf den Vertragsabschluss gerichteten Willenserklärung des Verbrauchers) in Textform (vgl. § 126b BGB, dazu vorstehend § 2 Rdn 89 – lesbare Erklärung auf dauerhaftem Datenträger) – aber ohne Vorgabe einer Mindestfrist zwischen Widerrufsbelehrung und Vertragsschluss[213] – über sein Widerrufsrecht zu belehren (**Notwendigkeit einer Widerrufsbelehrung**).

106 *Beachte:*

„Um der Gefahr eines Vertragsschlusses ohne rechtzeitige Widerrufsbelehrung zu entgehen, ist es ratsam, die Belehrung über das Widerrufsrecht mit der Übermittlung der vorvertraglichen Baubeschreibung gemäß § 650j BGB i.V.m. Art. 249 §§ 1 und 2 EGBGB ... zu verbinden."[214]

2. Deutlichkeitsgebot

107 Die Widerrufsbelehrung muss gemäß **Art. 249 § 3 Abs. 1 S. 2 EGBGB** „deutlich gestaltet" sein (**Deutlichkeitsgebot**) und dem Verbraucher seine wesentlichen Rechte in einer an das benutzte Kommunikationsmittel angepassten Weise deutlich machen. Dem Deutlichkeitsgebot (i.S. einer unmissverständlichen Information eines Durchschnittsverbrauchers über die an die Ausübung seines Widerrufsrechts zu stellenden Anforderungen)[215] genügt in **formaler Hinsicht** eine lesbare Erklärung in ausreichend großer Schrift mit Untergliederung des Textes[216] – in **inhaltlicher Hinsicht** darf die Belehrung keine den Verbraucher verwirrenden, weil sich widersprechenden Zusätze enthalten.[217]

---

211 Vgl. etwa in Bezug auf den Zeitpunkt der Belehrung Art. 246a § 4 Abs. 1 und Art. 246 § 1 Abs. 1 EGBGB – bzw. in Bezug auf deren Form und Inhalt Art. 246 Abs. 3 EGBGB.
212 Näher jurisPK-BGB/*Segger*, § 650l Rn 11 ff.
213 *Stretz*, Das neue Bauvertragsrecht, § 5 Rn 176.
214 *Stretz*, Das neue Bauvertragsrecht, § 5 Rn 177.
215 *Stretz*, Das neue Bauvertragsrecht, § 5 Rn 186.
216 *Stretz*, Das neue Bauvertragsrecht, § 5 Rn 184.
217 *Stretz*, Das neue Bauvertragsrecht, § 5 Rn 181.

E. Widerrufsrecht (§ 650l BGB) § 3

3. Notwendiger Inhalt der Widerrufsbelehrung

Die Widerrufsbelehrung muss nach **Art. 249 § 3 Abs. 1 S. 3 EGBGB** folgende **inhaltlichen Informationen** (über die wesentlichen Verbraucherrechte) als Bestandteile einer ordnungsgemäßen Widerrufsbelehrung enthalten:[218] 108
- einen Hinweis auf das Recht des Verbrauchers zum Widerruf (Nr. 1),
- einen Hinweis darauf, dass der Widerruf durch Erklärung gegenüber dem Unternehmer erfolgt und keiner Begründung bedarf (Nr. 2),
- den Namen, die ladungsfähige Anschrift und die Telefonnummer desjenigen, gegenüber dem der Widerruf zu erklären ist, ggf. seine Telefaxnummer und E-Mail-Adresse (Nr. 3),
- einen Hinweis auf die Dauer und den Beginn der Widerrufsfrist sowie darauf, dass zur Fristwahrung die rechtzeitige Absendung der Widerrufserklärung genügt (Nr. 4), und
- einen Hinweis darauf, dass der Verbraucher dem Unternehmer Wertersatz nach § 357d BGB schuldet, wenn die Rückgewähr der bis zum Widerruf erbrachten Leistung ihrer Natur nach ausgeschlossen ist (Nr. 5).

In diesem Katalog nicht enthalten ist ein Hinweis auf das Recht des Verbrauchers, im Falle des Widerrufs **Rückzahlung des Werklohns** verlangen zu können, das nach *Stretz*[219] als „wesentliches Verbraucherrecht" i.S.v. Art. 249 § 3 S. 2 EGBGB zu qualifizieren sei (und das in der Musterwiderrufsbelehrung so auch gelistet ist). 109

Beachte: 110
Beim Verbraucherbauvertrag (§ 650i Abs. 1 BGB) bedarf es – anders als bei nicht-privilegierten Bauverträgen in bestimmten Vertriebsformen – keiner Belehrung nach Art. 246a § 1 Abs. 2 Nr. 3 EGBGB (Belehrungspflicht des Unternehmers über die Rechtsfolge des § 357 Abs. 8 BGB)[220] – arg.: Der Verbraucherbauvertrag macht den Wertersatzanspruch des Unternehmers nach § 357d BGB nicht von einer Aufforderung des Verbrauchers zur Leistungserbringung vor Ablauf der Widerrufsfrist abhängig.[221]

4. Musterwiderrufsbelehrung

Der Unternehmer kann seine Belehrungspflicht auch dadurch erfüllen, dass er dem Verbraucher das in Anlage 10 zu Art. 249 § 3 EGBGB vorgesehene **Muster für die Wider-** 111

---

[218] Näher jurisPK-BGB/*Segger*, § 650l Rn 14 ff.
[219] *Stretz*, Das neue Bauvertragsrecht, § 5 Rn 189.
[220] *Stretz*, Das neue Bauvertragsrecht, § 5 Rn 190.
[221] *Stretz*, Das neue Bauvertragsrecht, § 5 Rn 190.

rufsbelehrung²²² zutreffend ausgefüllt in Textform (vgl. § 126b BGB, vorstehend § 2 Rdn 89) übermittelt (so **Art. 249 § 3 Abs. 2 EGBGB – Musterwiderrufsbelehrung**).²²³

112 Dabei darf die (Musterwiderrufs-)Belehrung nicht verändert werden – sie ist entsprechend dem **Gestaltungshinweis** auszufüllen und zu verwenden²²⁴ (arg.: „Ergänzungen oder Zusätze ... sollten wegen des Risikos einer verwirrenden oder widersprüchlichen Belehrung ... vermieden werden").²²⁵

113 Andererseits stellt die Formulierung in Art. 249 § 3 Abs. 3 EGBGB aber auch klar, dass keine (zwingende) Verpflichtung zur Nutzung der Musterwiderrufsbelehrung besteht²²⁶ (**fakultative Musterwiderrufsbelehrung**).

Anlage 10
(zu Artikel 249 § 3)
Muster für die Widerrufsbelehrung bei Verbraucherbauverträgen
Widerrufsbelehrung
Widerrufsrecht

Sie haben das Recht, binnen 14 Tagen ohne Angabe von Gründen diesen Vertrag zu widerrufen. Die Widerrufsfrist beträgt 14 Tage ab dem Tag des Vertragsabschlusses. Sie beginnt nicht zu laufen, bevor Sie diese Belehrung in Textform erhalten haben. Um Ihr Widerrufsrecht auszuüben, müssen Sie uns (*) mittels einer eindeutigen Erklärung (z.B. Brief, Telefax oder E-Mail) über Ihren Entschluss, diesen Vertrag zu widerrufen, informieren. Zur Wahrung der Widerrufsfrist reicht es aus, dass Sie die Erklärung über die Ausübung des Widerrufsrechts vor Ablauf der Widerrufsfrist absenden.

Folgen des Widerrufs

Wenn Sie diesen Vertrag widerrufen, haben wir Ihnen alle Zahlungen, die wir von Ihnen erhalten haben, unverzüglich zurückzuzahlen. Sie müssen uns im Falle des Widerrufs alle Leistungen zurückgeben, die Sie bis zum Widerruf von uns erhalten haben. Ist die Rückgewähr einer Leistung ihrer Natur nach ausgeschlossen, lassen sich etwa verwendete Baumaterialien nicht ohne Zerstörung entfernen, müssen Sie Wertersatz dafür bezahlen.

Gestaltungshinweis:

* Fügen Sie Ihren Namen oder den Namen Ihres Unternehmens, Ihre Anschrift und Ihre Telefonnummer ein. Sofern verfügbar sind zusätzlich anzugeben: Ihre Telefaxnummer und E-Mail-Adresse.

114 Das Muster für die Widerrufsbelehrung bei Verbraucherbauverträgen „soll es dem Unternehmer erleichtern, den Verbraucher ordnungsgemäß über das Widerrufsrecht zu beleh-

---

222 Näher jurisPK-BGB/*Segger*, § 650l Rn 19 ff.
223 Vgl. zur Musterwiderrufsbelehrung bei nicht-privilegierten Bauverträgen in bestimmten Vertriebsformen die Anlage 1 zu Art. 246a § 1 Abs. 2 S. 2 EGBGB i.V.m. §§ 312g Abs. 1, 312d Abs. 1, 356 Abs. 3 S. 1 BGB.
224 RegE, BT-Drucks 18/8486, S. 75.
225 *Stretz*, Das neue Bauvertragsrecht, § 5 Rn 193.
226 RegE, BT-Drucks 18/8486, S. 75.

ren".[227] Verwendet der Unternehmer das gesetzliche Muster und füllt er dieses auch zutreffend aus (und übermittelt er die Musterwiderrufsbelehrung dem Verbraucher zudem in Textform [vgl. § 126a BGB]), kann er aufgrund Art. 249 § 3 Abs. 2 EGBGB sicher sein, dass er seine Belehrungspflicht erfüllt hat und nunmehr auch die Widerrufsfrist nach § 356e S. 1 BGB (vorstehende Rdn 98) läuft[228] (**Vermutung der Einhaltung der Anforderungen nach Art. 249 § 3 Abs. 1 EGBGB bei Verwendung der Musterwiderrufsbelehrung**).

Beachte: 115

In Bezug auf den Verbraucherbauvertrag besteht grundsätzlich[229] **keine Möglichkeit der Nachholung einer** (zunächst) **nicht ordnungsgemäßen Widerrufsbelehrung**, da diese **vor** Abgabe der Vertragserklärung des Verbrauchers diesem zu erteilen ist.[230]

Beachte zudem: 116

Widerrufsrechte finden sich auch für besondere Vertriebsformen – nämlich Haustürwiderrufsgeschäfte (§ 312b BGB) bzw. Fernabsatzverträge (§ 312c BGB) –, für die jedoch (in Bezug auf Bauverträge) Bereichsausnahmen nach § 312g Abs. 2 Nr. 1 und Nr. 11 BGB gelten.[231]

IV. Folgen einer fehlerhaften Widerrufsbelehrung

Eine unvollständige, unrichtige oder gar fehlende Widerrufsbelehrung führt dazu, dass der Lauf der Widerrufsfrist nach § 356e S. 1 BGB nicht beginnt (vorstehende Rdn 98). Die Ausschlussfrist gemäß § 356e S. 2 BGB beginnt hingegen unabhängig davon mit Vertragsschluss. 117

Mängel der Widerrufsbelehrung sind im Übrigen als **Pflichtverletzung** zu qualifizieren und können infolgedessen einen Schadensersatzanspruch nach den §§ 311 Abs. 2 und 3, 280 BGB begründen.[232] 118

---

227 RegE, BT-Drucks 18/8486, S. 76.
228 RegE, BT-Drucks 18/8486, S. 76.
229 *Stretz* (Das neue Bauvertragsrecht, § 5 Rn 200) will allerdings eine Möglichkeit für den Fall zulassen, dass der Unternehmer eine zunächst inhaltlich fehlerhafte Widerrufsbelehrung noch rechtzeitig vor Abgabe der Vertragserklärung nachholt.
230 *Stretz*, Das neue Bauvertragsrecht, § 5 Rn 197: „Ein Recht zur Nachholung scheidet hier aus".
231 *Schwenker/Rodemann*, § 650l BGB Rn 4.
232 Palandt/*Sprau*, § 650l BGB Rn 3.

F. Abschlagszahlungen und Absicherung des Vergütungsanspruchs

119 § 650m Abschlagszahlungen; Absicherung des Vergütungsanspruchs

(1) Verlangt der Unternehmer Abschlagszahlungen nach § 632a, darf der Gesamtbetrag der Abschlagszahlungen 90 Prozent der vereinbarten Gesamtvergütung einschließlich der Vergütung für Nachtragsleistungen nach § 650c nicht übersteigen.

(2) Dem Verbraucher ist bei der ersten Abschlagszahlung eine Sicherheit für die rechtzeitige Herstellung des Werks ohne wesentliche Mängel in Höhe von 5 Prozent der vereinbarten Gesamtvergütung zu leisten. Erhöht sich der Vergütungsanspruch infolge einer Anordnung des Verbrauchers nach den §§ 650b und 650c oder infolge sonstiger Änderungen oder Ergänzungen des Vertrags um mehr als 10 Prozent, ist dem Verbraucher bei der nächsten Abschlagszahlung eine weitere Sicherheit in Höhe von 5 Prozent des zusätzlichen Vergütungsanspruchs zu leisten. Auf Verlangen des Unternehmers ist die Sicherheitsleistung durch Einbehalt dergestalt zu erbringen, dass der Verbraucher die Abschlagszahlungen bis zu dem Gesamtbetrag der geschuldeten Sicherheit zurückhält.

(3) Sicherheiten nach Absatz 2 können auch durch eine Garantie oder ein sonstiges Zahlungsversprechen eines im Geltungsbereich dieses Gesetzes zum Geschäftsbetrieb befugten Kreditinstituts oder Kreditversicherers geleistet werden.

(4) Verlangt der Unternehmer Abschlagszahlungen nach § 632a, ist eine Vereinbarung unwirksam, die den Verbraucher zu einer Sicherheitsleistung für die vereinbarte Vergütung verpflichtet, die die nächste Abschlagszahlung oder 20 Prozent der vereinbarten Vergütung übersteigt. Gleiches gilt, wenn die Parteien Abschlagszahlungen vereinbart haben.

120 § 650m Abs. 1 BGB – neu eingefügt durch Art. 1 Nr. 25 BauVertrRRG und anwendbar auf nach dem 31.12.2017 abgeschlossene Verbraucherbauverträge (vgl. Art. 229 § 39 EGBGB) – ist eine neue **Verbraucherschutzvorschrift** für den Fall, dass der Unternehmer vom Verbraucher **Abschlagszahlungen** (§ 632a BGB neu – nachstehende Rdn 123 ff.) verlangt. § 632a BGB gilt nach § 650i Abs. 3 BGB grundsätzlich auch im Anwendungsbereich des Verbraucherbauvertrags.

121 *Überblick:*

- § 650m Abs. 1 BGB „deckelt" die Höhe der Abschlagszahlungen.
- § 650m Abs. 2 und 3 BGB übernehmen § 632a Abs. 3 und 4 BGB alt.
- § 650m Abs. 4 BGB schränkt Vereinbarungen zu Sicherheitsleistungen des Verbrauchers ein.

122 *Beachte:*

§ 650o S. 1 BGB schließt seinem Wortlaut nach **abweichende Vereinbarungen** zum Nachteil des Verbrauchers zwar nicht aus (Abdingbarkeit) – doch soll § 650m BGB ein **gesetzliches Leitbild** statuieren mit der Folge, dass Abweichungen zulasten des

F. Abschlagszahlungen und Absicherung des Vergütungsanspruchs § 3

Verbrauchers in AGB (vgl. § 307 Abs. 2 BGB) einer sachlichen Rechtfertigung bedürfen.[233]

Exkurs: Abschlagszahlungen nach § 632a BGB

123

Der Unternehmer kann von dem Besteller nach § 632a Abs. 1 BGB eine Abschlagszahlung in Höhe des Wertes der von ihm erbrachten und nach dem Vertrag geschuldeten Leistungen (und nicht wie nach vormaliger Rechtslage in Höhe des tatsächlichen Wertzuwachses) verlangen.[234] Sind die erbrachten Leistungen nicht vertragsgemäß, kann der Besteller gemäß § 632a Abs. 1 S. 2 BGB die Zahlung eines angemessenen Teils des Abschlags verweigern. Die Beweislast für die vertragsgemäße Leistung verbleibt bis zur Abnahme des Werks beim Unternehmer (so § 632a Abs. 1 S. 3 BGB). § 641 Abs. 3 BGB gilt nach § 632a Abs. 1 S. 4 BGB entsprechend. Die Leistungen sind gemäß § 632a Abs. 1 S. 5 BGB durch eine Aufstellung nachzuweisen, die eine rasche und sichere Beurteilung der Leistungen ermöglichen muss. § 632a Abs. 1 S. 1 bis 5 BGB gelten auch für erforderliche Stoffe oder Bauteile, die angeliefert oder eigens angefertigt und bereitgestellt sind, wenn dem Besteller nach seiner Wahl Eigentum an den Stoffen oder Bauteilen übertragen oder entsprechende Sicherheit hierfür geleistet wird (so § 632a Abs. 1 S. 6 BGB). Die Sicherheit nach § 632a Abs. 1 S. 6 BGB kann gemäß § 632a Abs. 2 BGB auch durch eine Garantie oder ein sonstiges Zahlungsversprechen eines im Geltungsbereich des BGB zum Geschäftsbetrieb befugten Kreditinstituts oder Kreditversicherers geleistet werden.

Die Neuregelung des § 632a Abs. 1 BGB bringt eine **Erweiterung des Rechts des Unternehmers auf Abschlagszahlungen** – mithin eine „Reduzierung der Vorleistungspflicht des Unternehmers".[235]

124

§ 632a BGB zielt auf eine **Vereinfachung** und **Pauschalierung des Anspruchs des Unternehmers auf Abschlagszahlungen** und soll die Vorleistungspflicht des Unternehmers dadurch abmildern, dass er zeitnah Abschlagszahlungen vom Besteller (für bereits erbrachte Leistungen) verlangen kann (als korrespondierende Belastung des Bestellers)[236] – was bei Verbraucherbauverträgen jedoch die Gefahr beinhaltet, dass der Bauunternehmer durch überhöhte Abschlagsforderungen vom Verbraucher „versteckte Vorauszahlungen" erlangen kann[237] (arg.: Ein fachlich unkundiger Verbraucher kann oft nicht übersehen, ob der

125

---

233 Palandt/*Sprau*, § 650m BGB Rn 1: „Ohnehin können wesentlich höhere Abschlagszahlungen als nach I nicht vereinbart werden, ebenso wenig ein Ausschluss oder eine Herabsetzung der Sicherheitsleistung gem. II (§ 309 Nr. 15 [BGB])" unter Bezugnahme auf RegE, BT-Drucks 18/8486, S. 66.
234 Näher jurisPK-BGB/*Segger*, § 650m Rn 6.
235 *Stretz*, Das neue Bauvertragsrecht, § 5 Rn 249.
236 *Glöckner*, VuR 2016, 163, 166.
237 RegE, BT-Drucks 18/8486, S. 65.

Unternehmer die Höhe der Abschlagsforderung korrekt ermittelt hat – selbst dann nicht, wenn die Abschlagsforderung nach den vom Unternehmer erbrachten Leistungen berechnet wird).[238]

126 Berechnung der Abschlagszahlungen

Die Berechnung der Höhe der Abschlagszahlungen soll nach der neuen Rechtslage unkompliziert erfolgen: Gemäß § 632a Abs. 1 S. 1 BGB (entsprechend § 16 Abs. 1 S. 1 VOB/B)[239] kann der Unternehmer vom Besteller eine Abschlagszahlung in Höhe des Wertes der von ihm erbrachten und nach dem Vertrag geschuldeten Leistungen verlangen (**Zugrundelegung des Werts der vom Unternehmer erbrachten und nach dem Vertrag geschuldeten Leistungen**) – wodurch grundsätzlich auch dem Besteller eine einfachere Möglichkeit der Überprüfung der Berechnung eingeräumt werden soll.[240] Die Neuregelung stellt damit nicht mehr auf den Wertzuwachs ab.[241]

Dabei ist – so *Oberhauser*[242] – beim

- **Einheitspreisvertrag** der Wert der erbrachten Leistung auf der Grundlage einer Multiplikation der ausgeführten Menge mit dem vereinbarten Einheitspreis und beim
- **Pauschalpreisvertrag** der Wert der erbrachten Leistung ausgehend von der vereinbarten Pauschale, d.h. welcher Anteil der Pauschale der erbrachten Leistung entspricht,[243]

zu berechnen.

127 Nicht vertragsgemäße Leistungen

Sind die erbrachten Leistungen nicht vertragsgemäß (d.h. beim Bestehen wesentlicher oder unwesentlicher Mängel),[244] kann der Besteller gemäß § 632a Abs. 1 S. 2 BGB die Zahlung eines „angemessenen Teils" des Abschlags verweigern – wobei nach der **Beweislastregelung** des § 632a Abs. 2 S. 3 BGB die Beweislast für die vertragsgemäße Leistung bis zur Abnahme beim Unternehmer verbleibt.[245]

---

238 RegE, BT-Drucks 18/8486, S. 65.
239 Wobei der Gesetzgeber einen weitgehenden Gleichlauf der BGB-Regelung mit jener der VOB/B herstellen wollte: RegE, BT-Drucks 18/8486, S. 47.
240 RegE, BT-Drucks 18/8486, S. 47.
241 *Oberhauser*, Das neue Bauvertragsrecht, § 3 Rn 4.
242 *Oberhauser*, Das neue Bauvertragsrecht, § 3 Rn 4.
243 „Da dies bei nicht hinreichender Aufschlüsselung der Pauschale in Einheitspreise Schwierigkeiten bereiten kann, werden in der Praxis häufig Zahlungspläne vereinbart, in denen bestimmte Leistungsstände mit entsprechenden Prozentsätzen oder Beträgen aus der Pauschale bewertet werden": *Oberhauser*, Das neue Bauvertragsrecht, § 3 Rn 4, unter Bezugnahme auf Ingenstau/Korbion/*Locher*, VOB B, § 16 Abs. 1 Rn 16.
244 *Oberhauser*, Das neue Bauvertragsrecht, § 3 Rn 5.
245 Klarstellung – so RegE, BT-Drucks 18/8486, S. 47 –, dass das Leisten von Abschlagszahlungen nicht zu einer Beweislaständerung in Bezug auf die Vertragsmäßigkeit der Leistung führt – die bis zur Abnahme beim Unternehmer verbleibt.

F. Abschlagszahlungen und Absicherung des Vergütungsanspruchs § 3

Gemäß § 632a Abs. 1 S. 4 BGB bleibt die Regelung des § 641 Abs. 3 BGB unberührt mit der Folge, dass, wenn der Besteller die Beseitigung eines Mangels verlangen kann, er nach der Fälligkeit die Zahlung eines „angemessenen Teils" der Vergütung verweigern kann (1. Halbs. – **Leistungsverweigerungsrecht**). „Angemessen" ist i.d.R. das Doppelte der für die Beseitigung des Mangels erforderlichen Kosten (2. Halbs.).

Der Unternehmer hat damit – „wie beim Bauvertrag auf der Grundlage der VOB/B"[246] – auch beim Vorliegen „wesentlicher Mängel" einen Anspruch auf Abschlagszahlungen, den der Besteller jedoch in Höhe eines „angemessenen Teils" verweigern kann (**Einbehalt**).

Diese Neuregelung in § 632a BGB ist vor dem Hintergrund erfolgt, dass der Gesetzgeber es als widersprüchlich erachtet hat, dass die Mängelrechte nach den §§ 634 ff. BGB einerseits an die im Werkvertragsrecht als zentral erachtete Abnahme geknüpft sind und der Unternehmer dem Besteller bis dato aber erst zu diesem Zeitpunkt ein mangelfreies Werk übergeben muss – andererseits der Besteller aber berechtigt war, bei „wesentlichen Mängeln" die Abschlagszahlung in Gänze zu verweigern.[247]

I. Begrenzung des Gesamtbetrags der Abschlagszahlungen

§ 632a BGB gilt auch für den Verbraucherbauvertrag i.S.v. § 650i Abs. 1 BGB, weshalb der Unternehmer vom Verbraucher nach § 632a Abs. 1 BGB Abschlagszahlungen grundsätzlich bis zur **Höhe der erbrachten Leistung** verlangen kann. 128

Vor dem Hintergrund – **Reduzierung der Vorleistungspflicht des Unternehmers** (vorstehende Rdn 124), der seinen Vergütungsanspruch ja eigentlich erst mit der Abnahme des Bauwerks erlangt (vgl. § 641 Abs. 1 S. 1 BGB) – soll die Verbraucherschutzvorschrift des **§ 650m Abs. 1 BGB** beim Verbraucherbauvertrag dem **Risiko versteckter Vorleistungen (Überzahlungen) in Form von überhöhten vorzeitigen Abschlagszahlungen** begegnen.[248] Dem Verbraucher soll sein Zurückbehaltungsrecht nach § 641 Abs. 3 BGB gesichert werden.[249] Insoweit begrenzt § 650m Abs. 1 BGB die Höhe der Gesamtzahlung – nicht jedoch der einzelnen Abschlagszahlungen – auf 90 % der Gesamtvergütung (einschließlich Nachträgen).[250] 129

Verlangt der Unternehmer Abschlagszahlungen nach § 632a BGB, darf der Gesamtbetrag der Abschlagszahlungen („maßgebend ist die im Zeitpunkt des Zahlungsverlangens ge- 130

---

246 *Oberhauser*, Das neue Bauvertragsrecht, § 3 Rn 4.
247 RegE, BT-Drucks 18/8486, S. 47.
248 RegE, BT-Drucks 18/8486, S. 65.
249 RegE, BT- Drucks 18/8486, S. 64.
250 Näher jurisPK-BGB/*Segger*, § 650m Rn 5 ff.

schuldete Gesamtvergütung")[251] gemäß § 650m Abs. 1 BGB **90 % (Begrenzung des Gesamtbetrags der Abschlagszahlungen)**[252]
- der vereinbarten Gesamtvergütung (einschließlich Umsatzsteuer)[253]
- einschließlich der Vergütung für Nachtragsleistungen nach § 650c BGB[254]

(**Obergrenze von 90 %**)[255] nicht übersteigen, wofür der Unternehmer die **Darlegungs- und Beweislast** trägt.[256]

131 D.h., die vom Unternehmer verlangten Abschlagszahlungen dürfen **insgesamt 90 % der vereinbarten Vergütung** (einschließlich der Vergütung für Nachschlagsleistungen) nicht überschreiten.[257] Hintergrund der Regelung ist, dass der Verbraucher aus eigener Fachkenntnis heraus regelmäßig nicht in der Lage ist, den Baufortschritt (mithin die Berechtigung einer Abschlagszahlung) zu beurteilen.[258]

132 Der **Restbetrag** (pauschaler Einbehalt des Verbrauchers in Höhe von 10 %) wird gemäß § 641 Abs. 1 BGB mit der Abnahme (Fälligkeit der Gesamtvergütung)[259] fällig.[260]

133 *Beachte:*

„Nach ihrem Wortlaut schließt die Vorschrift nicht aus, dass der Unternehmer seine ersten Abschlagszahlungen in Höhe von 100 % geltend macht, wenn seine Abschlagszahlungen in der Gesamtsumme (d.h. im Zeitpunkt der Beendigung des Bauvorhabens) 90 % nicht überschreiten. Dem Gesetzeszweck würde es eher entsprechen, wenn der Unternehmer jede Abschlagszahlung nur in Höhe von 90 % des Wertes der erbrachten Leistungen verlangen könnte."[261]

134 Damit steht nicht zu erwarten, dass der Verbraucher durch Abschlagszahlungen faktisch in erheblichem Umfang vorleisten muss, „ohne durch korrespondierende Sicherungsrechte hinreichend abgesichert zu sein."[262]

---

[251] Palandt/*Sprau*, § 650m BGB Rn 2: D.h. die nach dem ursprünglichen Vertrag geschuldete Vergütung einschließlich Umsatzsteuer – wie sie sich im Regelfall aus dem in Textform (§ 126b BGB) übermittelten Vertragsinhalt ergibt – zuzüglich einer Vergütung für Nachtragsleistungen (Nachträge) gemäß § 650c BGB.
[252] Näher jurisPK-BGB/*Segger*, § 650m Rn 7 ff.
[253] *Stretz*, Das neue Bauvertragsrecht, § 5 Rn 257.
[254] Nach *Stretz* (Das neue Bauvertragsrecht, § 5 Rn 258) soll auch die Vergütungsanpassung nach § 650b Abs. 1 S. 1 BGB darunter fallen.
[255] Zur Besonderheit des Einheitspreisvertrags (im Unterschied zum Pauschalpreisvertrag): *Stretz*, Das neue Bauvertragsrecht, § 5 Rn 259.
[256] *Stretz*, Das neue Bauvertragsrecht, § 5 Rn 260.
[257] *Schwenker/Rodemann*, § 650m BGB Rn 1.
[258] *Stretz*, Das neue Bauvertragsrecht, § 5 Rn 247.
[259] Näher jurisPK-BGB/*Segger*, § 650m Rn 10.
[260] RegE, BT-Drucks 18/8486, S. 65.
[261] So *Schwenker/Rodemann*, § 650m BGB Rn 1.
[262] *Glöckner*, VuR 2016, 163, 166.

F. Abschlagszahlungen und Absicherung des Vergütungsanspruchs § 3

Der Gesetzgeber[263] ist der Auffassung, dass der Verbraucher mit § 650m Abs. 1 BGB jetzt effektiver von der Möglichkeit des **§ 641 Abs. 3 BGB** Gebrauch machen kann, wonach – wenn der Besteller Mangelbeseitigung (i.S.v. § 634 BGB) verlangen kann – er nach der Fälligkeit die Zahlung eines „angemessenen Teils" der Vergütung verweigern kann (wobei „angemessen" i.d.R. das Doppelte der für die Beseitigung des Mangels erforderlichen Kosten ist).

135

II. Verpflichtung des Unternehmers zur Sicherheitsleistung für die rechtzeitige und mängelfreie Herstellung des Werks

§ 650m Abs. 2 und 3 BGB[264] entsprechen weitgehend § 632a Abs. 3 und 4 BGB alt, wobei seit dem 1.1.2018 eine Anpassung an den Begriff des „Verbraucherbauvertrags" (vgl. § 650i Abs. 1 BGB) erfolgt ist.[265]

136

1. Erste Abschlagszahlung

§ 650m Abs. 2 BGB begrenzt das für den Verbraucher als Besteller mit Abschlagszahlungen verbundene Risiko – „und zwar selbstständig neben und ... kumulativ zu § 650m Abs. 1 BGB, auch die Verbindung einer solchen Zahlung mit einer Sicherheitsleistung zugunsten des Bestellers".[266]

137

Dem Verbraucher ist – und zwar auch ohne ein entsprechendes Verlangen (Aufforderung) des Verbrauchers[267] – bei der **ersten Abschlagszahlung** (auch im Falle einer vertraglich vereinbarten Abschlagszahlung)[268] nach **§ 650m Abs. 2 S. 1 BGB** eine Sicherheit (**Vertragserfüllungssicherheit**) für die „rechtzeitige Herstellung des Werks[269] ohne wesentliche Mängel" (d.h. zum Schutz vor Verlust zu Unrecht geleisteter Abschlagszahlungen und zur Absicherung seines Erfüllungsanspruchs)[270] in Höhe von **5 %** der vereinbarten Gesamtvergütung (Höhe der Sicherheit als feste Größe – maßgeblich ist die im Zeitpunkt

138

---

263 RegE, BT-Drucks 18/8486, S. 65.
264 Zur Vertragserfüllungssicherung näher jurisPK-BGB/*Segger*, § 650m Rn 12 ff.
265 RegE, BT-Drucks 18/8486, S. 65: Vormals fand die Vorschrift Anwendung auf Verträge eines Verbrauchers über die „Errichtung oder den Umbau eines Hauses oder eines vergleichbaren Bauwerks" – wodurch nach Ansicht des Gesetzgebers sich jetzt in der Praxis durch die Neuregelung in § 650m Abs. 2 und 3 BGB keine wesentlichen Veränderungen ergeben.
266 Palandt/*Sprau*, § 650m BGB Rn 3.
267 Palandt/*Sprau*, § 650m BGB Rn 3.
268 Palandt/*Sprau*, § 650m BGB Rn 3.
269 „Herstellungsansprüche bis zum Zeitpunkt der Abnahme": *Stretz*, Das neue Bauvertragsrecht, § 5 Rn 268.
270 *Stretz*, Das neue Bauvertragsrecht, § 5 Rn 263.

des Zahlungsverlangens geschuldete Gesamtvergütung)[271] zu leisten (vormals § 632a Abs. 3 S. 1 BGB alt – **Sicherheit für die rechtzeitige Herstellung ohne wesentliche Mängel**). Gesichert sein soll das **Erfüllungsinteresse des Verbrauchers**, mithin sein Anspruch, dass der Unternehmer das Werk rechtzeitig (vgl. § 650k Abs. 3 BGB) und/oder in einem abnahmereifen Zustand herstellt.[272]

139 Der gesetzliche **Anspruch auf Stellung einer Leistungserfüllungssicherheit** nach § 650m Abs. 1 BGB kann vom Verbraucher nicht eingeklagt werden[273] – vielmehr hat er (nur) ein **Leistungsverweigerungsrecht**[274] (in dessen Rahmen er vom Unternehmer geforderte Abschlagszahlungen bis zur Stellung der Vertragserfüllungssicherheit verweigern kann):[275] **Einrede des Verbrauchers gegen den Anspruch des Unternehmers auf Leistung einer Abschlagszahlung** – Leistung Zug um Zug gegen Stellung einer Vertragssicherheit.[276] D.h., stellt der Unternehmer keine entsprechende Sicherheit, kann der Verbraucher die von ihm geforderte Abschlagszahlung nach § 273 BGB verweigern[277] – und zwar bis zur Höhe der geschuldeten Sicherheit (mithin regelmäßig in Höhe von 5 % der Gesamtvergütung). Er kann aber auch die Abschlagszahlungen erbringen und seinen Anspruch später (im Zusammenhang mit einer späteren Abschlagszahlung) geltend machen.[278]

140 Der Besteller kann die Sicherheit durch einen **Einbehalt** (mithin einen **Abzug**) von der ersten Abschlagszahlung leisten.[279] Im Unterschied zu § 17 Abs. 6 VOB/B „wird die Sicherheit also nicht durch sukzessive Einbehalte von den Abschlagszahlungen ‚aufgebaut'".[280] Auch eine Einzahlung auf ein Sperrkonto sieht die Regelung nicht vor.[281]

2. Weitere Abschlagszahlungen

141 Erhöht sich der Vergütungsanspruch infolge einer Anordnung des Verbrauchers (Vergütungsänderung bzw. Vergütungsanpassung) nach den §§ 650b und 650c BGB oder infolge sonstiger Änderungen oder Ergänzungen des Vertrags um mehr als 10 %, ist dem Verbraucher gemäß **§ 650m Abs. 2 S. 2 BGB** bei der nächsten Abschlagszahlung eine

---

271 Palandt/*Sprau*, § 650m BGB Rn 4: „unabhängig von der Höhe der Abschlagszahlung und vom Wert der bis zur Abnahmereife noch ausstehenden Restleistungen".
272 Palandt/*Sprau*, § 650m BGB Rn 3.
273 Umstritten, Palandt/*Sprau*, § 650m BGB Rn 3 – offen gelassen von BGH NJW 2013, 219 Rn 22.
274 Näher jurisPK-BGB/*Segger*, § 650m BGB Rn 23 ff.
275 *Stretz*, Das neue Bauvertragsrecht, § 5 Rn 270.
276 *Stretz*, Das neue Bauvertragsrecht, § 5 Rn 270.
277 BT-Drucks 16/511, S. 15.
278 Palandt/*Sprau*, § 650m BGB Rn 3.
279 *Schwenker/Rodemann*, § 650m BGB Rn 2.
280 *Schwenker/Rodemann*, § 650m BGB Rn 2.
281 *Schwenker/Rodemann*, § 650m BGB Rn 2.

F. Abschlagszahlungen und Absicherung des Vergütungsanspruchs § 3

weitere **Sicherheit** in Höhe von **5 %** des zusätzlichen Vergütungsanspruchs zu leisten (**Anspruch auf Erhöhung der Vertragserfüllungssicherheit** in Gestalt eines entsprechenden Leistungsverweigerungsrechts – **pauschalierter Einbehalt**): „Geschuldet sind 5 % der Mehrvergütung."[282]

Nach der Abnahme ist die Sicherheit zurückzugeben – bzw. „erledigt sich ein Einbehalt, der sich nur auf die Abschlagszahlungen bezieht".[283]

142

3. Einbehalt durch den Besteller

Auf Verlangen des Unternehmers ist die Sicherheitsleistung durch Einbehalt dergestalt zu erbringen, dass der Verbraucher die Abschlagszahlungen bis zu dem Gesamtbetrag der geschuldeten Sicherheit zurückhält (so § **650m Abs. 2 S. 3 BGB** – **Einbehalt durch den Besteller**). In diesem Fall muss der Verbraucher den Abschlag nach § 632a BGB nur vermindert um den Betrag des Einbehalts auszahlen. „Entfällt die Berechtigung für den Einbehalt, ist an sich der Restbetrag an den Unternehmer auszuzahlen, jedoch wird dazu in der Regel Schlussrechnungsreife gegeben sein, sodass die Zahlungspflicht nach allgemeinen Grundsätzen entfällt."[284]

143

4. Zusammenfassung: Verpflichtung zur Sicherheitsleistung nach § 650m Abs. 2 BGB

Beachte:

Die beiden Schutzvorschriften (Sicherungsinstrumente) des Verbrauchers

- § 650m Abs. 1 BGB (Begrenzung der Abschlagszahlung auf 90 % der vereinbarten Gesamtvergütung) und
- § 650m Abs. 2 BGB (Vertragserfüllungssicherheit in Höhe von 5 % der vereinbarten Gesamtvergütung)

gelten **nebeneinander**: „Wird die in Absatz 1 vorgeschriebene Sicherheit durch Einbehalt erbracht (Satz 3), erhält der Unternehmer zunächst lediglich 90 Prozent der Vergütung abzüglich der als Sicherheit einbehaltenen 5 Prozent."[285] Die beiden Regelungen schließen sich nicht aus. Der Verbraucher erlangt damit Sicherheiten in Höhe von **insgesamt 15 % der vereinbarten Gesamtvergütung** (Möglichkeit eines pauschalen Bareinbehalts in Höhe von 15 % nach § 650m Abs. 2 S. 3 BGB, vorstehende Rdn 143).

144

---

282 Palandt/*Sprau*, § 650m BGB Rn 5.
283 *Schwenker/Rodemann*, § 650m BGB Rn 2.
284 Palandt/*Sprau*, § 650m BGB Rn 7.
285 RegE, BT-Drucks 18/8486, S. 65.

§ 3 Der Verbraucherbauvertrag (§§ 650i bis 650n BGB)

145 *Beachte zudem:*

§ 650m BGB ist nach § 650o BGB (nachstehende Rdn 178 ff.) nicht unabdingbar, mithin durch Individualvereinbarung abdingbar (**Abdingbarkeit**). Damit die zum Schutz des Bestellers dienenden Vorschriften des § 650m Abs. 1 und 2 BGB gleichwohl nicht durch **AGB** zum Nachteil des Verbrauchers abbedungen werden können, normiert die Neuregelung des **§ 309 Nr. 15 BGB** ergänzend ein korrespondierendes **Klauselverbot ohne Wertungsmöglichkeit**:

Nach § 309 Nr. 15 BGB (**Abschlagszahlungen und Sicherheitsleistung**) ist – auch soweit eine Abweichung von den gesetzlichen Vorschriften zulässig ist – in AGB unwirksam eine Bestimmung, nach der der Verwender (Unternehmer) bei einem Werkvertrag

- für Teilleistungen Abschlagszahlungen vom anderen Vertragsteil (Verbraucher) verlangen kann, die „wesentlich höher" sind als die nach § 632a Abs. 1 und § 650m Abs. 1 BGB zu leistenden Abschlagszahlungen (Buchst. a), oder
- die Sicherheitsleistung nach § 650m Abs. 2 BGB nicht oder nur in geringerer Höhe leisten muss (Buchst. b).

146 *Beachte weiterhin:*

Bei **nicht vertragsgemäßer Leistung** kann der Verbraucher aber auch nach § 632a Abs. 1 S. 2 und S. 4 i.V.m. § 641 Abs. 3 BGB von der Abschlagsforderung des Unternehmers das Doppelte der für die Mangelbeseitigung anfallenden Kosten zurückbehalten (ohne sich auf die Vertragserfüllungssicherheit verweisen lassen zu müssen).[286]

5. Arten der Sicherheit

147 § 650m Abs. 3 BGB erweitert (in wörtlicher Übereinstimmung mit § 632a Abs. 2 und § 650f Abs. 2 S. 1 BGB [dazu vorstehend § 2 Rdn 199]) in Bezug auf § 650m Abs. 2 BGB (Rdn 137 ff.) den Kreis der in den §§ 232 ff. zugelassenen Sicherheiten.[287]

148 **Sicherheiten** nach § 650m Abs. 2 BGB – d.h. die in den §§ 232 bis 240 BGB geregelten Sicherheiten – können gemäß **§ 650m Abs. 3 BGB** (als *lex specialis*)[288] auch durch eine **Garantie** oder ein „**sonstiges Zahlungsversprechen**" (d.h. durch eine selbstschuldnerische, unwiderrufliche und unbefristete Bankbürgschaft)[289] eines im Geltungsbereich des BGB zum Geschäftsbetrieb befugten Kreditinstituts oder Kreditversicherers geleistet werden.

---

286 *Stretz*, Das neue Bauvertragsrecht, § 5 Rn 276.
287 Palandt/*Sprau*, § 650m BGB Rn 7; näher jurisPK-BGB/*Segger*, § 650m Rn 25 ff.
288 *Stretz*, Das neue Bauvertragsrecht, § 5 Rn 265.
289 *Stretz*, Das neue Bauvertragsrecht, § 5 Rn 266.

F. Abschlagszahlungen und Absicherung des Vergütungsanspruchs § 3

Beachte: 149
Der unbestimmte Rechtsbegriff „wesentlich höher" widerspricht eigentlich der Konzeption eines Klauselverbots ohne Wertungsmöglichkeit.[290]

III. Nur eingeschränkte Sicherung des Vergütungsanspruchs bei Verbraucherbauverträgen (Verbraucherprivileg)

§ 650m Abs. 4 BGB[291] regelt mit dem Ziel, den Verbraucher vor übermäßigen Belastungen zu schützen, das Verhältnis von Abschlagszahlungen zu anderen Sicherheiten und schränkt deshalb bei Verbraucherbauverträgen i.S.v. § 650i Abs. 1 BGB die Möglichkeiten zur Vereinbarung einer Absicherung des Vergütungsanspruchs (Bauhandwerkersicherung) für den Fall ein, dass der Verbraucher Abschlagszahlungen auf den Vergütungsanspruch zu leisten hat[292] (Beschränkung der Höhe von Sicherheitsleistungen, die vereinbart werden können, auf das Vorleistungsrisiko des Unternehmers):[293] 150

- Verlangt der Unternehmer keine Abschlagszahlungen, kann die gesamte vereinbarte Vergütung abgesichert werden.[294]
- Verlangt der Unternehmer eine Abschlagszahlung nach § 632a BGB, vermindert sich sein Risiko um diese Zahlung.[295]

Bei 151
- Verbraucherbauverträgen (i.S.v. § 650i Abs. 1 BGB) und
- von Verbrauchern geschlossenen Bauträgerverträgen (i.S.v. § 650u Abs. 1 BGB)

besteht nach § 650f Abs. 6 Nr. 2 BGB kein gesetzlicher Anspruch des Unternehmers auf Bauhandwerkersicherung (**Verbraucherprivileg**, vorstehend § 2 Rdn 214 ff. – arg.: von Verbrauchern geschlossene Bauverträge werden i.d.R. von der finanzierenden Bank ausreichend geprüft – was allerdings nur für „große Bauverträge" i.S.v. § 650i BGB gilt, wohingegen bei Wiederherstellungsmaßnahmen oder kleineren Umbaumaßnahmen es an einer vorherigen Sicherstellung der Finanzierung durch die Bank fehlt).[296]

Der Anspruch auf Sicherheitsleistung bleibt hingegen bestehen, „wenn der Verbraucher- 152 Besteller beim Bau seines nicht zu beruflichen oder gewerblichen Zwecken genutzten Hauses in traditioneller Form unter Einsatz eines Architekten Einzelverträge über den Rohbau, die elektrische Ausstattung etc. schließt, obwohl gerade in solchen Konstellatio-

---

290 So auch die Stellungnahme des Bundesrats, BT-Drucks 18/8486, S. 58.
291 Näher jurisPK-BGB/*Segger*, § 650m Rn 34 ff.
292 RegE, BT-Drucks 18/8486, S. 65.
293 RegE, BT-Drucks 18/8486, S. 65.
294 Palandt/*Sprau*, § 650m BGB Rn 8.
295 Palandt/*Sprau*, § 650m BGB Rn 8.
296 So Begründung RegE, S. 66.

nen angesichts der schwierigen Kostenkontrolle eine besonders aufwendige Prüfung der Finanzierung erfolgen wird".[297]

153 Vor diesem Hintergrund regelt § **650m Abs. 4 S. 1 BGB**, dass wenn der Unternehmer Abschlagszahlungen nach § 632a BGB verlangt, eine **Vereinbarung unwirksam** ist, die den Verbraucher zu einer Sicherheitsleistung für die vereinbarte Vergütung verpflichtet, die die

- nächste Abschlagszahlung[298] oder die
- (pauschal) 20 % der vereinbarten Vergütung[299]

übersteigt (**Verknüpfung von Abschlagszahlungen und Bauhandwerkersicherung**).[300]

154 Gleiches gilt, wenn die Parteien Abschlagszahlungen vereinbart haben (so § **650m Abs. 4 S. 2 BGB**).

155 *Glöckner*[301] moniert, dass die Regelung die Möglichkeit vernachlässigt, „dass der Verbraucher fällige Abschlagszahlungen nicht bezahlt hat".

156 *Beachte:*

Der Verbraucher ist im Unterschied zu anderen Bestellern gesetzlich nicht verpflichtet, dem Bauunternehmer auf dessen Anforderung hin eine Bauhandwerkersicherung (§ 650f Abs. 1 bis 5 BGB)[302] zu stellen (**Beibehaltung des Verbraucherprivilegs bei der Absicherungspflicht**).

Da jedoch in der Baupraxis Unternehmer in Verträgen mit privaten Bauherren zunehmend doch individualvertraglich vereinbaren, dass der Verbraucher eine Sicherheit stellen muss und auch eine entsprechende AGB-Klausel nach Ansicht des BGH[303] nicht wegen Verstoßes gegen § 307 Abs. 2 Nr. 1 BGB unwirksam ist,[304] besteht

---

297 *Glöckner*, VuR 2016, 163, 167.
298 Näher jurisPK-BGB/*Segger*, § 650m Rn 38 f.
299 Näher jurisPK-BGB/*Segger*, § 650m Rn 40 ff.
300 *Stretz*, Das neue Bauvertragsrecht, § 5 Rn 290.
301 *Glöckner*, VuR 2016, 163, 167: In entsprechenden Fällen sollte es dem Unternehmer möglich bleiben, als Minus zum fälligen Abschlagszahlungsanspruch einen Anspruch auf eine um den Betrag des fälligen Zahlungsanspruchs erhöhte Sicherheitsleistung zu vereinbaren, selbst wenn dieser Betrag 20 % der vereinbarten Vergütung übersteigt.
302 § 648a Abs. 1 bis 5 BGB alt.
303 Urt. v. 27.5.2010 – VII ZR 165/09 = NJW 2010, 2272 = MDR 2010, 859 = WM 2010, 1215.
304 Die Klausel in den AGB eines Einfamilienfertighausanbieters in Verträgen mit privaten Bauherren – „Der Bauherr ist verpflichtet, spätestens acht Wochen vor dem vorgesehenen Baubeginn dem Unternehmen eine unbefristete, selbstschuldnerische Bürgschaft eines in Deutschland zugelassenen Kreditinstituts in Höhe der nach dem vorliegenden Vertrag geschuldeten Gesamtvergütung (unter Berücksichtigung von aus Sonderwünschen resultierenden Mehr- oder Minderkosten) zur Absicherung aller sich aus dem vorliegenden Vertrag ergebenden Zahlungsverpflichtungen des Bauherrn vorzulegen" – ist nicht gemäß § 307 BGB unwirksam. Dazu näher auch *Joussen*, BauR 2010, 1655; *Pauly*, BauR 2011, 910.

nach Ansicht des Gesetzgebers ein Bedürfnis, zum Schutz des Verbrauchers gesetzliche Rahmenbedingungen für solche Vereinbarungen festzulegen.[305]

Vor diesem Hintergrund kann eine Sicherheitsleistung des Verbrauchers **maximal bis zur Höhe des jeweils bestehenden Vorleistungsrisikos des Unternehmers** vereinbart werden – was in der Praxis Folgendes bedeutet:[306]

- Bei einem Vertrag, nach dem der Unternehmer in vollem Umfang vorleistungspflichtig (**vollumfängliche Vorleistungspflicht des Unternehmers**) ist, kann auch eine **Absicherung bis zur Höhe der gesamten Auftragssumme** vereinbart werden.
- Für den Fall, dass der Besteller hingegen **Abschlagszahlungen** leistet, beschränkt sich das Risiko des Unternehmers – und damit auch sein Absicherungsbedürfnis – (nur) auf den Betrag der nächsten Abschlagszahlung mit der Folge, dass auch nur eine **Absicherung in Höhe der nächsten Abschlagszahlung** vereinbart werden kann.[307]
- Aus Praktikabilitätsgründen besteht nach § 650m Abs. 4 BGB alternativ die Möglichkeit der Vereinbarung einer Absicherungspflicht des Verbrauchers von **pauschal 20 % der Auftragssumme**.[308]

Der Gesetzgeber hat letztlich aber von der Überlegung Abstand genommen, ob zum Schutz der Verbraucher die Einführung einer generellen Obergrenze (bspw. von 60 % der Auftragssumme) für die Vereinbarung von Sicherheiten bei Verbraucherbauverträgen notwendig und sinnvoll ist (**keine generelle Obergrenze**), „da eine generelle Aussage über die Höhe des Absicherungsbedürfnisses des Unternehmers mit Blick auf die unterschiedliche Ausgestaltung der Verträge nicht möglich ist".[309]

157

G. Pflicht des Unternehmers zur Erstellung und Herausgabe von Unterlagen

§ 650n Erstellung und Herausgabe von Unterlagen

158

(1) Rechtzeitig vor Beginn der Ausführung einer geschuldeten Leistung hat der Unternehmer diejenigen Planungsunterlagen zu erstellen und dem Verbraucher herauszugeben, die dieser benötigt, um gegenüber Behörden den Nachweis führen zu können, dass die Leistung unter Einhaltung der einschlägigen öffentlichrechtlichen Vorschriften ausgeführt werden wird. Die

---

305 RegE, BT-Drucks 18/8486, S. 65.
306 RegE, BT-Drucks 18/8486, S. 65.
307 RegE, BT-Drucks 18/8486, S. 66.
308 RegE, BT-Drucks 18/8486, S. 66.
309 RegE, BT-Drucks 18/8486, S. 66.

Pflicht besteht nicht, soweit der Verbraucher oder ein von ihm Beauftragter die wesentlichen Planungsvorgaben erstellt.

(2) Spätestens mit der Fertigstellung des Werks hat der Unternehmer diejenigen Unterlagen zu erstellen und dem Verbraucher herauszugeben, die dieser benötigt, um gegenüber Behörden den Nachweis führen zu können, dass die Leistung unter Einhaltung der einschlägigen öffentlich-rechtlichen Vorschriften ausgeführt worden ist.

(3) Die Absätze 1 und 2 gelten entsprechend, wenn ein Dritter, etwa ein Darlehensgeber, Nachweise für die Einhaltung bestimmter Bedingungen verlangt und wenn der Unternehmer die berechtigte Erwartung des Verbrauchers geweckt hat, diese Bedingungen einzuhalten.

159 Die Neuregelung des § 650n BGB (**Dokumentation**) über die **Erstellung und Herausgabe von Unterlagen und Dokumenten** über das Bauwerk – eingefügt durch Art. 1 Nr. 25 BauVertrRRG – klärt diese bislang konfliktträchtige und von der Judikatur noch nicht abschließend (und wenn überhaupt nur meist zurückhaltend) beantwortete Frage[310] (nämlich ob eine Verpflichtung des Unternehmers zur Herausgabe bauwerkbezogener Unterlagen besteht), um (über die Ergebnisse des Abschlussberichts hinaus) – angesichts der immer komplexer und anspruchsvoller werdenden Bauvorhaben – dem Bauherrn genaue Kenntnisse über die der Konstruktion zugrundeliegende Planung und die Art und Weise, in der diese ausgeführt wurde, zu verschaffen, auf die der Bauherr (d.h. der Verbraucher) zum Nachweis der Einhaltung öffentlich-rechtlicher Vorschriften gegenüber Behörden angewiesen ist.[311] Eine selbstständige Dokumentationspflicht (wie vom Deutschen Baugerichtstag gefordert) wird damit jedoch nicht begründet.[312]

160 § 650n BGB normiert allgemein und verbindlich eine Verpflichtung des Unternehmers zur Erstellung und Herausgabe von Unterlagen und verschafft dem Verbraucher insoweit einen **klagbaren Anspruch**.[313]

161 Die Regelung erfasst alle nach dem 31.12.2017 abgeschlossenen Verbraucherbauverträge (vgl. Art. 229 § 39 EGBGB). § 650n BGB ist gemäß § 650o S. 1 BGB zum Nachteil des Verbrauchers **nicht abdingbar** – § 650o S. 2 BGB stellt ein **Umgehungsverbot** auf.

---

310 RegE, BT-Drucks 18/8486, S. 66: Hintergrund ist bspw. der Umstand, dass in der Praxis in Verbraucherverträgen, wenn die Planung nicht durch den Besteller (oder einen von diesem Beauftragten, z.B. einen Architekten) erfolgt – vor allem im sog „Schlüsselfertigbau" – keine vertragliche Regelung über die Herausgabe der relevanten Unterlagen an den Besteller getroffen wird. Infolgedessen bejahen die Gerichte (in entsprechenden Konstellationen) nur sehr zurückhaltend eine Herausgabepflicht des Bestellers (arg.: Planunterlagen, Berechnungen und Zeichnungen in Bezug auf das zu erstellende Bauwerk als Mittel zur Herstellung eines mangelfreien Werks, die vom Unternehmer nicht herauszugeben seien). „Oft wird das Fehlen von Unterlagen von der Rechtsprechung daher nicht als Verletzung einer Hauptpflicht angesehen, sodass der Verbraucher darauf grundsätzlich keine Abnahmeverweigerung stützen kann" (RegE, a.a.O.).
311 RegE, BT-Drucks 18/8486, S. 66.
312 *Glöckner*, VuR 2016, 163, 167.
313 Palandt/*Sprau*, § 650n BGB Rn 1.

G. Pflicht des Unternehmers zur Erstellung und Herausgabe von Unterlagen § 3

Den Parteien steht es jedoch frei, zusätzliche Dokumentationspflichten des Unternehmers zu vereinbaren.[314]

Letztlich statuieren § 650n Abs. 1 und 2 BGB lediglich die schon bestehende gesetzliche Verpflichtung des Unternehmers gegenüber dem Verbraucher zu einer rechts- und sachmangelfreien Erfüllung des Bauwerks[315] (vgl. § 633 Abs. 1 BGB).[316]

Problem:
Keine Regelung hat die Frage erfahren, ob der Verbraucher als Besteller die Abnahme von der Übergabe der Unterlagen abhängig machen darf – was *Schwenker/Rodemann*[317] bejahen, „weil die vertragsgemäße Herstellung des Werks ohne die Unterlagen u.U. nicht beurteilt werden kann (z.b. Standsicherheit)". Nach erfolgter Abnahme soll sich der Besteller wegen fehlender Unterlagen auch auf ein **Zurückbehaltungsrecht nach § 273 BGB** berufen können.[318]

I. Pflicht zur Herausgabe von Planungsunterlagen vor Beginn der Ausführung

(Zeitlich) **rechtzeitig vor Beginn der Ausführung** einer geschuldeten Leistung hat der Unternehmer nach § **650n Abs. 1 S. 1 BGB**[319] – wobei die Regelung eine **Hauptpflicht**[320] statuiert – diejenigen **Planungsunterlagen** (gegenständlich: Unterlagen und Dokumente – andere Unterlagen als Planungsunterlagen [bauwerkbezogene Unterlagen] sind ggf. nach § 650n Abs. 2 BGB [nachstehende Rdn 169 ff.] herauszugeben)

- zu erstellen (**Herstellungspflicht** – i.Ü. aber auch zu beschaffen [**Beschaffungspflicht**]) *und*[321] (kumulativ)
- dem Verbraucher herauszugeben (**Herausgabepflicht** – d.h. Übergabe der Unterlagen an den Verbraucher in einer für den Nachweis geeigneten Form),[322]

die dieser benötigt, um gegenüber Behörden den Nachweis führen zu können, dass die Leistung unter **Einhaltung der einschlägigen öffentlich-rechtlichen Vorschriften**[323]

---

314 Palandt/*Sprau*, § 650n BGB Rn 1.
315 *Glöckner*, VuR 2016, 163, 167: „Selbstverständlich gehören zur Eignung zur gewöhnlichen Verwendung auch öffentlich-rechtliche Zulassungs- oder Betriebserlaubnisse bzw. deren Nachweis".
316 „Der Unternehmer hat dem Besteller das Werk frei von Sach- und Rechtsmängeln zu verschaffen".
317 *Schwenker/Rodemann*, § 650n BGB Rn 5.
318 *Schwenker/Rodemann*, § 650n BGB Rn 5.
319 Näher jurisPK-BGB/*Segger*, § 650n Rn 6 ff.
320 Palandt/*Sprau*, § 650n BGB Rn 3.
321 Zur Erstellungs- und Herausgabepflicht näher jurisPK-BGB/*Segger*, § 650n Rn 15 f.
322 Palandt/*Sprau*, § 650n BGB Rn 3.
323 Zum Energienachweis gemäß §§ 3 und 5 EnEV i.V.m. § 5 AVEn näher *Stretz*, Das neue Bauvertragsrecht, § 5 Rn 315 ff.

(genehmigungsrechtlich relevante Planungsunterlagen)[324] ausgeführt werden wird[325] (**Baudokumentation**): Anspruch des Verbrauchers gegen den Unternehmer auf Herausgabe der Genehmigungsplanung.[326]

165 Dadurch soll es dem Besteller auch ermöglicht werden, zur Verhinderung von Schäden (die nicht zuletzt aus volkswirtschaftlicher Perspektive beachtlich sind) die Einhaltung der öffentlich-rechtlichen Vorschriften durch einen sachverständigen Dritten schon während der Bauphase überprüfen zu lassen[327] und ggf. erforderliche Genehmigungen einzuholen.

166 **Planungsunterlagen** sind alle auf die Planung des konkreten Bauvorhabens bezogenen Unterlagen.[328]

167 § 650n Abs. 1 S. 1 BGB hat zur Voraussetzung, dass der Unternehmer vertraglich die Planung übernommen hat. Deshalb besteht die Verpflichtung zur Herausgabe der entsprechenden Planungsunterlagen dann nicht (**Anwendungsausschluss**), soweit der Verbraucher (d.h. der Besteller selbst) oder ein von ihm Beauftragter (z.B. ein Architekt) die wesentlichen Planungsvorgaben (selbst) erstellt hat (so **§ 650n Abs. 1 S. 2 BGB**). § 650n Abs. 1 S. 2 BGB kehrt die Beweislast zugunsten des Verbrauchers um (**Beweislastumkehr**): Dann muss u.U. der „Unternehmer darlegen und beweisen, dass die Herstellung und Beschaffung der benötigten Unterlagen dem Verbraucher obliegt".[329]

168 *Beachte:*

Ein Verstoß gegen § 650n Abs. 1 BGB (Pflichtverletzung) wird wie eine „mangelhafte Leistung" (Verletzung einer bauvertraglichen Hauptpflicht) qualifiziert[330] – arg.: Erstellung und Herausgabe der Unterlagen seien Bestandteil des geschuldeten Werks. In der Folge kann der Verbraucher seinen Anspruch nach § 650n Abs. 1 BGB gerichtlich geltend machen – aber auch (sofern die Pflichtverletzung „wesentlich" ist) die Ab-

---

324 *Stretz*, Das neue Bauvertragsrecht, § 5 Rn 304 und 307.
325 Bspw. (nach Palandt/*Sprau*, § 650n BGB Rn 3) Genehmigungspläne, Statik- und Brandschutz- bzw. Energienachweise gemäß § 5 AVEn i.V.m. § 5 EnEV.
326 *Stretz*, Das neue Bauvertragsrecht, § 5 Rn 308 und 310: Welche Planungsunterlagen im Rahmen von Genehmigungsverfahren konkret betroffen sind, ist eine objektbezogene Frage und richtet sich nach dem einschlägigen Landesrecht.
327 RegE, BT-Drucks 18/8486, S. 66.
328 Palandt/*Sprau*, § 650n BGB Rn 2: bspw. Zeichnungen (wie Lageplan und Bauzeichnungen), Berechnungen (bspw. zur Statik), Bescheinigungen und sonstige technische Angaben, Dokumente (z.B. zum Brandschutz) sowie Unterlagen nach Art. 249 § 2 Abs. 1 Nr. 2 bis 5 EGBGB. Konkret zu den davon „erfassten Unterlagen" jurisPK-BGB/*Segger*, § 650n Rn 7 ff. - bzw. den „nicht erfassten Unterlagen" jurisPK-BGB/*Segger*, § 650n Rn 12 ff.
329 Palandt/*Sprau*, § 650n BGB Rn 4.
330 So Palandt/*Sprau*, § 650n BGB Rn 3; *Glöckner*, VuR 2016, 163, 167; *Orlowski*, ZfBR 2016, 419, 433; a.A. hingegen *Pause*, BauR 2017, 430, 439, der hierin lediglich eine Nebenpflichtverletzung sieht.

nahme des Werks nach § 640 Abs. 1 BGB verweigern.[331] Im Übrigen stehen ihm alle Mängelrechte (Gewährleistungsrechte) nach § 634 BGB zu.[332]

II. Pflicht zur Herausgabe von Bauunterlagen nach Fertigstellung des Werks (Ausführungsunterlagen)

Spätestens mit der **Fertigstellung** des Werks[333] (d.h. nachgelagert im weiteren Verlauf des Bauvorhabens – mithin nach Abarbeitung und Erbringung der vertraglich vereinbarten Leistungen) hat der Unternehmer gemäß **§ 650n Abs. 2 BGB**[334] diejenigen Unterlagen[335] zu erstellen[336] und dem Verbraucher herauszugeben[337] **(weitere Herausgabepflicht)**, die dieser benötigt,[338] um gegenüber Behörden den Nachweis führen zu können, dass die Leistung unter **Einhaltung der einschlägigen öffentlich-rechtlichen Vorschriften** ausgeführt worden ist). Hiervon erfasst werden sämtliche objektbezogenen Bauunterlagen[339] (**Ausführungsunterlagen**). Es ist Nachweis über die ordnungsgemäße Ausführung der Bauleistungen in Bezug auf die Einhaltung öffentlich-rechtlicher Vorschriften zu führen, bspw. in Bezug auf Prüfungspflichten der zuständigen Behörden nach dem Erneuerbare-Energien-Wärmegesetz,[340] denen der Verbraucher im Rahmen der Eingriffsbefugnisse der Baubehörden durch Vorlage von Nachweisen nachkommen muss, und bei denen das Nichtvorhandensein der Nachweise sogar eine Ordnungswidrigkeit darstellt (**Verpflichtung zur Baudokumentation**).[341]

169

Ausführungsunterlagen „sind alle auf das Bauwerk bezogene Unterlagen von öffentlich-rechtlicher Relevanz, die für den Nachweis einer vorzeitigen Ausführung des Werks gegenüber den Baubehörden (aber auch gegenüber anderen Behörden) erforderlich sind, z.b. im Rahmen der Bauüberwachung zur Vermeidung bauaufsichtlicher Maßnahmen".[342]

170

---

331 Palandt/*Sprau*, § 650n BGB Rn 3.
332 Palandt/*Sprau*, § 650n BGB Rn 3.
333 Zum Zeitpunkt näher jurisPK-BGB/*Segger*, § 650n Rn 28.
334 Näher jurisPK-BGB/*Segger*, § 650n Rn 19 ff.
335 Zu den erfassten Unterlagen jurisPK-BGB/*Segger*, § 650n Rn 21 ff. – zu den nicht erfassten Unterlagen jurisPK-BGB/*Segger*, § 650n Rn 25 ff.
336 Nur diejenigen Unterlagen, „die der Unternehmer im Rahmen seiner werkvertraglichen Verpflichtung zu erstellen verpflichtet ist": so *Stretz*, Das neue Bauvertragsrecht, § 5 Rn 320.
337 Zur Erstellungs- und Herausgabepflicht näher jurisPK-BGB/*Segger*, § 650n Rn 26 f.
338 „Benötigt" – woraus *Stretz* (Das neue Bauvertragsrecht, § 5 Rn 321) einschränkend (nicht: „benötigen könnte") schließt, dass ein Herausgabeanspruch ohne konkrete Aufforderung der Behörde zur Vorlage der Unterlagen ausscheidet.
339 *Stretz*, Das neue Bauvertragsrecht, § 5 Rn 319.
340 Näher *Stretz*, Das neue Bauvertragsrecht, § 5 Rn 330 f.
341 RegE, BT-Drucks 18/8486, S. 66.
342 Palandt/*Sprau*, § 650n BGB Rn 5.

171 *Beachte:*
§ 650n Abs. 2 BGB soll nur solche Unterlagen erfassen, „die vom Unternehmer zu erstellen sind. Zur Beschaffung „weiterer" Unterlagen soll dieser nicht verpflichtet sein.[343]

172 Die genannten Unterlagen braucht der Besteller im Übrigen auch für die spätere **Unterhaltung** und **Instandsetzung** des Bauwerks bzw. ggf. für einen späteren **Umbau**.[344] Der Verbraucher soll bei seiner Abnahmeentscheidung auf die entsprechenden Errichtungsunterlagen zurückgreifen können.[345]

III. Nachweisverlangen eines Dritten, dass bestimmte Bedingungen eingehalten worden sind (Unterlagen für Dritte)

173 § 650n Abs. 1 und 2 BGB gelten nach § **650n Abs. 3 BGB (Erfüllung von Ansprüchen Dritter – Privater)**[346] entsprechend[347] **(Erstellungs- und Herausgabepflicht),**[348] wenn
- ein Dritter, etwa ein Darlehensgeber (oder ein Fördermittelgeber), Nachweise für die Einhaltung bestimmter Bedingungen verlangt (Ausschüttung von Subventionen oder Gewährung zinsgünstiger Darlehen) *und (kumulativ)*
- wenn der Unternehmer die berechtigte Erwartung des Verbrauchers geweckt hat (bspw. durch eine Bewerbung des konkreten Bauprojekts),[349] diese Bedingungen einzuhalten.[350]

174 Insoweit erlangt die Regelung (weil es um nicht mit der Verwendung des Werks zusammenhängende Anforderungen geht) eine selbstständige Bedeutung.[351]

175 „**Berechtigte Erwartungen**" werden etwa dann geweckt, wenn der Unternehmer unter Hinweis auf die Fördermöglichkeiten durch die Kreditanstalt für Wiederaufbau (KfW)

---

343 So Palandt/*Sprau*, § 650n BGB Rn 5 (Energieausweise nach § 16 EnEV bzw. § 10 EEWärmeG, Zulässigkeitsnachweise für verwendete Bauprodukte, eventuell ein Nachweis nach § 14 EEG) unter Bezugnahme auf *Pause*, BauR 2017, 430, 438 f.
344 RegE, BT-Drucks 18/8486, S. 66.
345 RegE, BT-Drucks 18/8486, S. 66.
346 Näher jurisPK-BGB/*Segger*, § 650n Rn 31 ff.
347 Zu den erfassten Unterlagen näher jurisPK-BGB/*Segger*, § 650n Rn 32 f.
348 Näher jurisPK-BGB/*Segger*, § 650n Rn 35.
349 *Stretz*, Das neue Bauvertragsrecht, § 5 Rn 337.
350 RegE, BT-Drucks 18/8486, S. 66 – so verlangt bspw. die Teilfinanzierung eines Bauprojekts eines privaten Bauherrn über die Förderbank KfW den Nachweis und die Sicherstellung, „dass die entsprechenden Förderbedingungen am Bau tatsächlich eingehalten werden, um die Finanzierung zu erhalten".
351 *Glöckner*, VuR 2016, 163, 167.

H. Unabdingbarkeit und abweichende Vereinbarungen § 3

für das Bauprojekt geworben hat[352] (z.B. in Gestalt von möglichen Subventionen oder zinslosen Darlehen).

Da der Verbraucher (dessen Bauvorhaben bspw. durch die KfW gefördert wird) auch noch nach Ausführung der Bauleistungen darauf angewiesen ist, um den Nachweis zu führen, dass bei der Ausführung die Förderbedingungen eingehalten worden sind, erfolgt in § 650n Abs. 3 BGB eine **Bezugnahme** auf die Regelungen in § 650n Abs. 1 und 2 BGB.[353]

176

Beachte:

§ 650n BGB statuiert **leistungsbezogene Nebenpflichten** i.S.v. § 241 Abs. 2 BGB[354] (bzw. – nach a.A.[355] – wird ein Verstoß gegen § 650n BGB als Verletzung einer bauvertraglichen Hauptpflicht qualifiziert, vorstehende Rdn 168). Nach beiden Auffassungen normiert § 650n BGB damit einen **klagbaren Erfüllungsanspruch**[356] des Verbrauchers gegen den Unternehmer. Ein Verstoß gegen die Herausgabepflicht führt damit zu Mängel-(Gewährleistungs-)rechten des Verbrauchers nach § 634 BGB:[357]

177

- Vorrang der Nacherfüllung nach den §§ 634 Nr. 1, 635 BGB.
- Recht auf Ersatzvornahme (nach angemessener Fristsetzung – mit einem Anspruch auf Kostenvorschuss) gemäß §§ 634 Nr. 2, 637 BGB.
- Ggf. Schadens- oder Aufwendungsersatzansprüche nach den §§ 634 Nr. 4, 280, 281, 283 bzw. 284 BGB.
- Der Verbraucher hat im Übrigen ein Leistungsverweigerungsrecht gemäß § 273 BGB[358] und ggf. ein Rücktrittsrecht nach § 324 BGB.[359]

H. Unabdingbarkeit und abweichende Vereinbarungen

§ 650o Abweichende Vereinbarungen

178

Von § 640 Absatz 2 Satz 2, den §§ 650i bis 650l und 650n kann nicht zum Nachteil des Verbrauchers abgewichen werden. Diese Vorschriften finden auch Anwendung, wenn sie durch anderweitige Gestaltungen umgangen werden.

---

352 RegE, BT-Drucks 18/8486, S. 67.
353 RegE, BT-Drucks 18/8486, S. 67.
354 *Stretz*, Das neue Bauvertragsrecht, § 5 Rn 338.
355 Palandt/*Sprau*, § 650n BGB Rn 3; *Glöckner*, VuR 2016, 163, 167; *Orlowski*, ZfBR 2016, 419, 433; a.A. hingegen *Pause*, BauR 2017, 430, 439, der hierin lediglich eine Nebenpflichtverletzung sieht.
356 *Stretz*, Das neue Bauvertragsrecht, § 5 Rn 339.
357 *Stretz*, Das neue Bauvertragsrecht, § 5 Rn 340 ff.
358 *Stretz*, Das neue Bauvertragsrecht, § 5 Rn 344 f.
359 *Stretz*, Das neue Bauvertragsrecht, § 5 Rn 346.

179 Kapitel 4 (§ 650o BGB – Unabdingbarkeit) regelt in Bezug auf abweichende Vereinbarungen, dass von den dem Verbraucherschutz dienenden Vorschriften, nämlich
- § 640 Abs. 2 S. 2 BGB,
- §§ 650i bis 650l BGB[360] und
- § 650n BGB

(sowohl durch **Individualvereinbarung** als auch durch **AGB**), **nicht zum Nachteil (zulasten) des Verbrauchers**[361] (was nach rechtlichen Gesichtspunkten im Hinblick auf die Einzelnorm und nicht im Rahmen einer Gesamtabwägung zu beurteilen ist) abgewichen werden kann (S. 1).

180 Die enumerativ gelisteten Vorschriften sind nämlich – wie allgemein verbraucherschützende Vorschriften – **halbzwingendes Recht zugunsten des Verbrauchers**.[362] Gleiches gilt für die § 650j und § 650l BGB ausfüllende Norm des Art. 249 EGBGB.[363] „Für andere, insbesondere in § 650i III (BGB) mittelbar in Bezug genommene allgemeine Vorschriften gilt § 650o (BGB hingegen) nicht, auch nicht in Verbraucherbauverträgen."[364]

181 Etwas anderes gilt für die (dispositiven) Regelungen in
- § 632a BGB (Abschlagszahlungen) und
- § 650m BGB (Abschlagszahlungen und Absicherung des Vergütungsanspruchs),

von denen durch Individualvereinbarung abgewichen werden können soll.[365]

182 § 640 Abs. 2 S. 2 und die §§ 650i bis 650l sowie § 650n finden nach § 650o S. 2 BGB auch dann Anwendung, wenn sie durch anderweitige Gestaltungen umgangen werden (**Umgehungsverbot**).[366] Für eine „Umgehung" ist der Schutzzweck der umgangenen Vorschrift maßgeblich, wohingegen eine Umgehungsabsicht nicht erforderlich ist.[367]

183 Es handelt sich bei den in § 650o S. 1 BGB genannten Regelungen (§§ 640 Abs. 2 S. 2, 650i bis 650l und § 650n BGB) somit um **halbzwingende Vorschriften**.[368] Ein Verstoß[369]

---

360 Womit für den Verbraucher nachteilige Abweichungen zur
- Definition und Textform des Verbraucherbauvertrags (§ 650i Abs. 1 und 2 BGB),
- Baubeschreibungspflicht und zum Feststellungszeitpunkt, die Inhalt des Verbraucherbauvertrags werden (§ 650j und § 650k BGB), zum
- Widerrufsrecht (§ 650l BGB) sowie zur
- Erstellung und Herausgabe von Unterlagen (§ 650n BGB)

unwirksam sind: so *Stretz*, Das neue Bauvertragsrecht, § 5 Rn 356.
361 Näher jurisPK-BGB/*Segger*, § 650o Rn 6 f.
362 Näher jurisPK-BGB/*Segger*, § 650o Rn 4 ff.; Palandt/*Sprau*, § 650o BGB Rn 1.
363 Palandt/*Sprau*, § 650o BGB Rn 1.
364 Palandt/*Sprau*, § 650o BGB Rn 1.
365 RegE, BT-Drucks 18/8486, S. 67.
366 Näher jurisPK-BGB/*Segger*, § 650o Rn 8 ff.
367 Palandt/*Sprau*, § 650o BGB Rn 2.
368 RegE, BT-Drucks 18/8486, S. 67.
369 Zu den Rechtsfolgen jurisPK-BGB/*Segger*, § 650o Rn 17 f.

führt zur Unwirksamkeit nach § 134 BGB entsprechender Vereinbarungen. § 139 BGB beantwortet dann die Frage, ob der gesamte Vertrag nichtig ist: Ist ein Teil eines Rechtsgeschäfts nichtig, so ist (im Zweifel) das ganze Rechtsgeschäft nichtig, wenn nicht anzunehmen ist, dass es auch ohne den nichtigen Teil vorgenommen sein würde.

Abweichungen zugunsten des Verbrauchers sind hingegen zulässig.[370]   **184**

---

370 Palandt/*Sprau*, § 650o BGB Rn 1.

§ 4 Architektenvertrag und Ingenieurvertrag

A. Einleitung

Der Untertitel 2 regelt in den §§ 650p bis 650t BGB infolge Art. 1 Nr. 25 BauVertrRRG neu in das BGB aufgenommene Spezialvorschriften zum Architekten- und Ingenieurvertrag[1] für nach dem 31.12.2017 abgeschlossene Verträge (vgl. Art. 229 § 39 EGBGB). Damit ist der Architekten- und Ingenieurvertrag als **eigener Vertragstyp** erstmals im BGB eigenständig geregelt worden. Abweichende Vereinbarungen sind – insbesondere in Bezug auf die konkreten Unternehmerpflichten bzw. das (Sonder-)Kündigungsrecht (§ 650r BGB) – grundsätzlich zulässig.[2]

Die **rechtliche Einordnung** des Architekten- und Ingenieurvertrags ist aufgrund der Vielgestaltigkeit der Aufgabenbereiche des Architekten und Ingenieurs nicht einfach. In Betracht kommen könnte in Bezug auf einige Aufgaben auch eine Qualifikation als Dienstvertrag (§ 611 BGB). Gleichwohl hat sich der BGH durchweg für eine Unterstellung sowohl des Architekten-[3] als auch des Ingenieurvertrags unter das **Werkvertragsrecht** (§§ 631 ff. BGB) entschieden[4] – und zwar mit der Begründung, dass

- die Tätigkeit des Architekten oder Ingenieurs der Herbeiführung eines „Erfolges" i.S.v. § 631 BGB diene („Herstellung eines Bauwerks"), und dass
- die Anwendung des Werkvertragsrechts auf der Rechtsfolgenseite (im Vergleich zum Dienstvertragsrecht) zu sachgerechteren Ergebnissen führe.[5]

Die Rechtsprechung hat eine Qualifikation als „gemischter Vertrag" mit der Begründung abgelehnt, dass dies zu einer „nicht mehr beherrschbaren Anwendung unterschiedlicher Regelungen der einzelnen Vertragstypen" führen würde und damit in letzter Konsequenz in der Rechtsanwendung zu erheblicher Rechtsunsicherheit.[6]

Die (bloße) Anwendung des Werkvertragsrechts führt jedoch zu „erhebliche(n), teilweise unverhältnismäßig belastende(n) Konsequenzen"[7] („insbesondere mit Blick auf den ge-

---

1 Zu diesem näher *Dammert*, BauR 2017, 431; *Deckers*, ZfBR 2017, 523; *Fuchs*, NZBau 2015, 675; *Kniffka*, BauR 20171846; *Motzke*, NZBau 2017, 251.
2 Palandt/*Sprau*, § 650p BGB Rn 1.
3 BGH NJW 1960, 431: Zumindest jene Verträge, die alle Architektenleistungen von der Planung bis zur örtlichen Bauaufsicht umfassen, sind Werkverträge i.S.v. § 631 BGB. Im Nachgang hat der BGH (NJW 1982, 438) entschieden, dass auch solche Architektenverträge als Werkverträge zu qualifizieren sind, nach denen der Architekt nur die örtliche Bauaufsicht übernimmt, an der Planung aber nicht selbst beteiligt ist.
4 RegE, BT-Drucks 18/8486, S. 67.
5 RegE, BT-Drucks 18/8486, S. 67.
6 RegE, BT-Drucks 18/8486, S. 67.
7 RegE, BT-Drucks 18/8486, S. 67.

samtschuldnerischen Haftungsverband zwischen Architekten und Bauunternehmern")[8] – weswegen der Gesetzgeber sich nunmehr im Rahmen der Reform des Bauvertragsrechts dafür entschieden hat, die Regelungen der §§ 631 ff. BGB nicht uneingeschränkt auf Architekten- und Ingenieurverträge zur Anwendung gelangen zu lassen, „sondern den Besonderheiten dieses Vertragstyps (auch) durch spezielle Regelungen Rechnung" zu tragen.[9]

5   Dem besonderen Charakter des „werkvertragsähnlichen"[10] Vertragstyps „Architekten- und Ingenieurvertrag" Rechnung tragend, werden die **Sonderregelungen** in einem **eigenständigen Untertitel** 2 (Architekten- und Ingenieurvertrag) des Titels 9 (Werkvertrag und ähnliche Verträge) zusammengefasst.[11]

B. Vertragstypische Pflichten aus Architekten- und Ingenieurverträgen

6   § 650p Vertragstypische Pflichten aus Architekten- und Ingenieurverträgen

(1) Durch einen Architekten- oder Ingenieurvertrag wird der Unternehmer verpflichtet, die Leistungen zu erbringen, die nach dem jeweiligen Stand der Planung und Ausführung des Bauwerks oder der Außenanlage erforderlich sind, um die zwischen den Parteien vereinbarten Planungs- und Überwachungsziele zu erreichen.

(2) Soweit wesentliche Planungs- und Überwachungsziele noch nicht vereinbart sind, hat der Unternehmer zunächst eine Planungsgrundlage zur Ermittlung dieser Ziele zu erstellen. Er legt dem Besteller die Planungsgrundlage zusammen mit einer Kostenschätzung für das Vorhaben zur Zustimmung vor.

7   § 650p BGB normiert und definiert die aus einem Architekten- und Ingenieurvertrag herrührenden **vertragstypischen Leistungen** und damit entsprechend auch die **Hauptpflichten** (wobei diese nur für die Pflichten des Unternehmers gelten, wohingegen die Hauptpflicht des Bestellers [nämlich die Vergütungspflicht] sich aus einem Verweis nach § 650q Abs. 1 BGB auf § 631 Abs. 1 2. Halbs. BGB ergibt) – und zwar präziser als nach dem bislang einschlägigen § 631 Abs. 1 BGB, nach dem der Unternehmer die „Herstellung des versprochenen Werks" schuldet.[12] In Bezug auf die **Vergütungshöhe** (d.h. das Honorar) „gilt die auf MRVerbG 10 §§ 1, 2 beruhende EU-rechtlich umstrittene HOAI".[13]

8   Die Definition der „vertragstypischen Pflichten" soll dazu beitragen, „die im Laufe der Planentwicklung notwendige Konkretisierung des Erfolgs von der eine Mehr- oder Min-

---

8 *Dammert* (Das neue Bauvertragsrecht, § 4 Rn 4) unter Bezugnahme auf *Dammert*, in FS für Ganten, S. 3 ff.
9 RegE, BT-Drucks 18/8486, S. 67.
10 Näher jurisPK-BGB/*Stelzner*, § 650p Rn 12 ff.
11 RegE, BT-Drucks 18/8486, S. 67.
12 Zum Verhältnis zu § 631 BGB näher jurisPK-BGB/*Stelzner*, § 650p Rn 36 ff.
13 Palandt/*Sprau*, § 650p BGB Rn 20.

B. Vertragstypische Pflichten aus Architekten- und Ingenieurverträgen §4

dervergütung auslösenden Änderungsanordnung (§ 650b BGB) abzugrenzen".[14] In der Folge setzen Änderungswünsche des Bestellers, die bereits getroffene Festlegungen berühren, entweder

- eine **vertragliche Änderungsvereinbarung** (vgl. § 311 Abs. 1 BGB) oder
- die **Ausübung des Anordnungsrechts** (nach § 650c BGB) durch den Besteller

voraus.[15]

Voraussetzung ist ein „Vorhaben" des Bestellers, das sich nach § 650p Abs. 1 BGB auf ein Bauwerk bzw. eine Außenanlage bezieht und in bestimmten Arbeiten (z.B. Herstellung oder Umbau) in diesem Zusammenhang besteht (**Mitwirkung des Unternehmers an der Verwirklichung des Vorhabens durch hierauf bezogene Planungs- und Ausführungsleistungen**).[16]   **9**

§ 650p BGB differenziert in Bezug auf die Hauptleistungspflichten des Architekten- und Ingenieurvertrags (die typischerweise eine Reihe verschiedener Pflichten umfassen, wobei zwischen dem Planungserfolg und den Planungs- und Leistungsschritten zu unterscheiden ist)[17] zwischen der   **10**

- **eigentlichen Leistungs- und Umsetzungsphase**, geregelt in **§ 650p Abs. 1 BGB** (sobald die wesentlichen Planungs- und Überwachungsziele vertraglich vereinbart sind) und der
- (der ersten Phase [Leistungs- und Umsetzungsphase] zeitlich vorgelagerten) **Zielfindungsphase** (in der die wesentlichen Planungs- und Überwachungsziele noch einer Vereinbarung harren), geregelt in **§ 650p Abs. 2 BGB**.[18]

„Die Vorschrift differenziert damit nicht zwischen verschiedenen Verträgen, sondern danach, inwieweit der mit dem Vertrag verfolgte Zweck bereits konkretisiert ist"[19] – womit sich die Unternehmerpflichten nach dem Konkretisierungsgrad richten.   **11**

§ 650p BGB normiert – ohne allerdings eine eindeutige Definition des Architekten- und Ingenieurvertrags vorzugeben – die Vertragspflichten des Architekten und Ingenieurs (als Unternehmer) in seiner Funktion als **Auftragnehmer** – nicht jedoch die Verpflichtungen aufseiten des Auftraggebers.[20]   **12**

---

14 RegE, BT-Drucks 18/8486, S. 68.
15 RegE, BT-Drucks 18/8486, S. 68.
16 Palandt/*Sprau*, § 650p BGB Rn 2.
17 *Erman/Schwenker/Rodemann*, § 650p BGB Rn 3.
18 *Dammert*, Das neue Bauvertragsrecht, § 4 Rn 1.
19 *Dammert*, Das neue Bauvertragsrecht, § 4 Rn 1.
20 *Dammert*, Das neue Bauvertragsrecht, § 4 Rn 9: „Dessen Hauptpflicht – die Zahlung der vereinbarten Vergütung – ergibt sich vielmehr aus der in § 650q BGB vorgenommenen Verweisung auf die Vorschriften des allgemeinen Werkvertragsrechts, hier auf § 631 Abs. 2 2. Hs BGB."

13 *Beachte:*

§ 631 BGB wird von § 650p BGB nicht verdrängt – beide Regelungen bestehen nebeneinander, wobei § 650p BGB allerdings die allgemeine Regelung des 631 BGB konkretisiert.[21] „Der vom Unternehmer geschuldete Erfolg (§ 631 II i.V.m. § 650p I) liegt im Erreichen der so vereinbarten Ziele"[22] (vorstehende Rdn 7).

14 *Beachte zudem:*

Der Architekten- oder Ingenieurvertrag kommt durch einen **formfreien Vertragsabschluss** (womit auch die Möglichkeit eines konkludenten Vertragsabschlusses besteht) zustande.[23]

I. Vertragstypische Leistungspflichten des Unternehmers in der Leistungsphase (§ 650p Abs. 1 BGB)

15 Durch einen Architekten-[24] oder Ingenieurvertrag wird der Unternehmer nach (der abstrakt gehaltenen Regelung des) **§ 650p Abs. 1 BGB** verpflichtet, die (Einzel-)Leistungen zu erbringen, die nach dem **jeweiligen Stand der Planung und Ausführung** (womit eine dynamische Betrachtung[25] zum Tragen kommt, die dem über einen längeren Zeitraum angelegten Architekten- oder Ingenieurvertrag Rechnung trägt – abgestellt wird auf das jeweilige Ausführungsstadium)

- des **Bauwerks** (vgl. zum Begriff vorstehend § 2 Rdn 11 ff.) oder
- der **Außenanlage** (§ 2 Rdn 16 f.)[26]

erforderlich sind, um die zwischen den Parteien vereinbarten (oder zumindest durch Auslegung zu ermittelnden)[27]

- **Planungsziele** (Planungserfolg, der der vereinbarten Beschaffenheit nach § 633 Abs. 2 BGB entspricht – Leistungssoll – in Gestalt einer fach- und sachgerechten Planung)[28] *und*
- **Überwachungsziele** (Bauüberwachung)

---

21 *Dammert*, Das neue Bauvertragsrecht, § 4 Rn 9.
22 Palandt/*Sprau*, § 650p BGB Rn 2.
23 *Dammert*, Das neue Bauvertragsrecht, § 4 Rn 16.
24 Vgl. auch BGH MDR 2004, 1293 – wonach der Architekt nicht nur eine mangelfreie Entstehung des Bauwerks, sondern auch weitere Teilerfolge, wie z.B. eine Kostenmitteilung oder Bauüberwachung schuldet – die für den Besteller eine eigenständige Bedeutung haben, so *Erman/Schwenker/Rodemann*, § 650p BGB Rn 3.
25 So *Fuchs*, NZBau 2015, 675, 677.
26 Zu den Leistungen an einem Bauwerk oder einer Außenanlage näher jurisPK-BGB/*Stelzner*, § 650p Rn 49 ff.
27 *Dammert*, Das neue Bauvertragsrecht, § 4 Rn 19.
28 *Dammert*, Das neue Bauvertragsrecht, § 4 Rn 19.

B. Vertragstypische Pflichten aus Architekten- und Ingenieurverträgen § 4

zu erreichen (Vereinbarung von „wesentlichen" Planungs- und Überwachungszielen[29] i.S. einer funktionalen Bezogenheit auf den Leistungserfolg). Nach *Kniffka*[30] beginnt die „eigentliche Planung" mit der gestalterischen Umsetzung der Anforderungen für das Objekt. Geschuldet ist eine mangelfreie und funktionstaugliche Planung.[31]

Dabei ist zwischen dem geschuldeten **Leistungserfolg** (d.h. den Planungs- und Überwachungszielen) und dem **Leistungsumfang** (d.h. den einzelnen Planungs- und Leistungsschritten) zu unterscheiden.[32] 16

Der **Planungserfolg** ist – so *Dammert*[33] – die Summe der hierfür erforderlichen und vertraglich geschuldeten Planungs- und Überwachungsleistungen – die vertragsmäßige Erbringung der geschuldeten Einzelleistungen ist daher zugleich die Herbeiführung des vereinbarten Planungserfolgs.[34] 17

„Die Gesamtheit dieser Leistungspflichten ist ... der vom Architekten (oder Ingenieur) gemäß § 650p Abs. 1 i.V.m. § 631 BGB geschuldete **Gesamterfolg**"[35] – wobei „der werkvertragliche Leistungserfolg (des Architekten bzw. Ingenieurs) nicht in der Mangelfreiheit des Bauwerks, sondern ‚lediglich' in der mangelfreien Planung und Überwachung besteht".[36] 18

Der **Umfang der geschuldeten Einzelleistungen**[37] bestimmt sich primär nach den (möglichst detailliert getroffenen) Vereinbarungen im Vertrag selbst bzw. durch deren **Auslegung** (§§ 133, 157 BGB) – ist (wie regelmäßig in der Praxis) ein vertraglicher Bezug auf Leistungsbilder oder die (damit korrespondierenden einzelnen) Leistungsphasen der HOAI erfolgt, können auch diese (aufgrund der vertraglichen Bezugnahme) als **Auslegungshilfe** berücksichtigt werden.[38] 19

Beachte: 20

Auf Verträge,
- deren Zweck nicht auf die Planung oder Ausführung von Bauwerken oder Außenanlagen gerichtet ist, oder
- die in Bezug auf ein Bauwerk oder eine Außenanlage keine Planungs- oder Überwachungsleistungen normieren,

---

29 Näher jurisPK-BGB/*Stelzner*, § 650p Rn 60 ff.
30 BauR 2017, 1846, 1856.
31 Palandt/*Sprau*, § 650p BGB Rn 15.
32 So RegE, BT-Drucks 18/8486, S. 66.
33 *Dammert*, Das neue Bauvertragsrecht, § 4 Rn 19.
34 So *Dammert*, Das neue Bauvertragsrecht, § 4 Rn 19.
35 *Dammert*, Das neue Bauvertragsrecht, § 4 Rn 18.
36 *Dammert*, Das neue Bauvertragsrecht, § 4 Rn 18.
37 Näher zu den Leistungen, die nach dem jeweiligen Stand der Planung und Ausführung erforderlich sind, um die vereinbarten Planungs- und Überwachungsziele zu erreichen jurisPK-BGB/*Stelzner*, § 650p Rn 68 ff.
38 So *Dammert*, Das neue Bauvertragsrecht, § 4 Rn 22: obgleich die HOAI Preis- und gerade kein Vertragsrecht darstellt.

sind damit die Regelungen des Architekten- und Ingenieurvertrags nicht anwendbar – für Letztere gilt allein das **allgemeine Werkvertragsrecht** (nach Maßgabe der §§ 631 ff. BGB).[39]

21 *Beachte zudem:*

Nach Ansicht von *Dammert*[40] ist es in Bezug auf die in § 650p BGB genannten Unternehmer (Vorliegen eines Architekten- oder Ingenieurvertrag) nicht erforderlich, dass es sich beim Auftragnehmer um einen „Architekten" oder einen „Ingenieur" handelt, der die entsprechende Qualifikation besitzt bzw. gar die berufsrechtlichen Anforderungen erfüllt[41] (**rein leistungsbezogene Einordnung des Architekten- oder Ingenieurvertrags**).[42]

22 Die Regelung des § 650p BGB macht deutlich, dass entsprechende Verträge typischerweise eine ganze Reihe verschiedener Pflichten umfassen, wobei zwischen

- dem Planungserfolg und
- den Planungs- und Leistungsschritten

zu unterscheiden ist.[43] Geschuldet werden umfangreiche und komplexe Tätigkeiten, „auf die die Regelungen dieses Untertitels zugeschnitten sind".[44]

23 § 650p Abs. 1 BGB umfasst sowohl Architekten- und Ingenieurleistungen zur

- Herstellung von **Bauwerken** (d.h. – ohne sachenrechtliche Einordnung [womit eine feste Verbindung des Bauwerks mit dem Erdboden i.S.v. § 94 BGB nicht erforderlich ist – ausreichend ist eine enge und dauerhafte Verbindung, eine feste Verbindung ist jedoch „zuverlässiges Indiz" eines „Bauwerks"][45] – „eine unbewegliche, durch Verwendung von Arbeit und Material in Verbindung mit dem Erdboden hergestellte Sache")[46] als auch zur
- Herstellung von **Außenanlagen**.[47]

---

39 *Dammert*, Das neue Bauvertragsrecht, § 4 Rn 11 und 14.
40 *Dammert*, Das neue Bauvertragsrecht, § 4 Rn 15.
41 Zu diesen näher *Ring*, Das Berufsbezeichnungs- und Werberecht der Architekten, Ingenieure und Beratenden Ingenieure, in Freiberger Handbuch zum Baurecht (hrsg. von Jacob/Ring/Wolf), 2. Aufl. 2003, § 17 (S. 1181 ff.).
42 *Dammert*, Das neue Bauvertragsrecht, § 4 Rn 15.
43 RegE, BT-Drucks 18/8486, S. 67.
44 RegE, BT-Drucks 18/8486, S. 68.
45 *Dammert*, Das neue Bauvertragsrecht, § 4 Rn 12.
46 *Dammert*, Das neue Bauvertragsrecht, § 4 Rn 12 unter Bezugnahme auf BGH NZBau 2003, 559.
47 RegE, BT-Drucks 18/8486, S. 67.

B. Vertragstypische Pflichten aus Architekten- und Ingenieurverträgen § 4

Der Begriff der „**Außenanlage**" entspricht jenem in § 648a BGB.[48] Unter „**Arbeiten an einer Außenanlage**" sind nach Ansicht des BGH[49] (und entsprechend der Verwendung des Begriffs „Außenanlage" in § 650a BGB[50] [dazu vorstehend § 2 Rdn 16 f.]) solche gemeint, die mit Arbeiten an einem Bauwerk im weitesten Sinne vergleichbar sind – und zwar nicht sämtliche Arbeiten an einem Grundstück, sondern solche **gestalterischer Art**, die der Errichtung der Anlage oder ihrem Bestand dienen.[51]

24

Beachte:

25

Folglich ist nicht jede Vereinbarung über Leistungen in Bezug auf Arbeiten an einem Grundstück als „Architekten- oder Ingenieurvertrag" zu qualifizieren, sondern nur unter der Voraussetzung, dass es sich um Leistungen handelt, „die **auf gestalterische Arbeiten gerichtet** sind"[52] – bspw. die Planung für die Einrichtung oder Umgestaltung eines Gartens, eines Parks, eines Deichs oder eines Dammes, und zwar ohne Rücksicht darauf, ob die Anlage in einem Zusammenhang mit einem Bauwerk steht oder nicht.[53]

Beachte zudem:

26

„Planungs- und Überwachungsleistungen zur Einrichtung oder Umgestaltung von ‚Freianlagen' im Sinne des § 39 HOAI dürften daher regelmäßig als Architekten- oder Ingenieurverträge anzusehen sein", so der Regierungsentwurf.[54]

II. Zielfindungsphase (Erstellung einer Planungsgrundlage bei noch nicht vereinbarten Planungs- und Überwachungszielen – § 650p Abs. 2 BGB)

Soweit wesentliche Planungs- und Überwachungsziele[55] noch nicht vereinbart sind (die Vertragsparteien sich also noch in der **Zielfindungsphase** befinden),[56] hat der Unternehmer gemäß **§ 650p Abs. 2 S. 1 BGB** zunächst (entsprechend den Umständen des konkret in Rede stehenden Einzelfalles und abhängig von den Zielvorstellungen des Bestellers)[57]

27

---

48 RegE, BT-Drucks 18/8486, S. 67.
49 BGH NJW-RR 2005, 750.
50 I.S. nicht jeder Vereinbarung über Arbeiten an einem Grundstück – sondern „nur die Herstellung, die Wiederherstellung, die Beseitigung oder der Umbau einer Anlage", so RegE, BT-Drucks 18/8486, S. 67.
51 RegE, BT-Drucks 18/8486, S. 67.
52 RegE, BT-Drucks 18/8486, S. 68.
53 RegE, BT-Drucks 18/8486, S. 68.
54 RegE, BT-Drucks 18/8486, S. 68.
55 Zum Begriff *Kniffka*, BauR 2017, 1846, 1860.
56 Näher jurisPK-BGB/*Stelzner*, § 650p Rn 81 ff.
57 *Dammert*, Das neue Bauvertragsrecht, § 4 Rn 43 – Notwendigkeit, die Vorstellungen des Bestellers zu erfragen, so RegE, BT-Drucks 18/8486, S. 67.

eine **Planungsgrundlage** zur Ermittlung dieser Ziele (d.h. der wesentlichen Planungs- und Überwachungsziele) zu erstellen (Ermittlung dieser Ziele als Vorbereitung der eigentlichen Planung). Der Unternehmer hat dem Besteller die Planungsgrundlage (zusammen mit einer **Kosteneinschätzung**,[58] vgl. § 650p Abs. 2 S. 2 BGB [nachstehende Rdn 32]) für das Vorhaben zur „Zustimmung"[59] vorzulegen.[60]

28 Dabei geht es um die „**Planung der Planung**"[61] (Grundlagenermittlung und Vorplanung)[62] als Hauptpflicht des Unternehmers in der Zielfindungsphase. Geschuldet werden Zielfindungsleistungen.[63] Planungsleistungen schuldet der Unternehmer in diesem Vertragsstadium hingegen noch nicht[64] (sondern erst in der Leistungsphase, § 650p Abs. 1 BGB).

29 *Beachte:*
Sind im Ausgangsvertrag allerdings bereits schon alle wesentlichen Ziele[65] enthalten, fällt diese Phase weg.[66]

30 § 650p Abs. 2 BGB trägt Fällen Rechnung, in denen sich ein Besteller an einen Architekten oder Ingenieur wendet, aber wegen noch vager Vorstellungen des zu planenden Bauvorhabens oder der Außenanlage seinerseits im Zeitpunkt des Vertragsabschlusses noch keine Einigung über alle wesentlichen Planungs- und Überwachungsziele (bspw. Lage und Größe, äußere Gestalt, grundlegende Konstruktion oder Größenordnung der Kosten)[67] vorliegt (z.B. weil der **Zweck** des zu planenden Gebäudes zwar feststeht, aber noch nicht die Geschosszahl, die Art des Daches bzw. vergleichbare – für die Planung bedeutsame – andere Fragen beantwortet sind).[68] In entsprechenden Konstellationen soll der Architekt oder Ingenieur die Vorstellungen des Bestellers **erfragen** (d.h. dessen Wünsche, Vorstellungen oder Anforderungen eruieren) – und unter Berücksichtigung

---

58 Zur Erstellung einer Planungsgrundlage und Kosteneinschätzung näher jurisPK-BGB/*Stelzner*, § 650p Rn 92 ff.
59 „Zustimmung meint die empfangsbedürftige Willenserklärung des Bestellers, dass er mit der Fortführung der Arbeit auf der Basis der vom Unternehmer erarbeiteten Planungsgrundlage und der Kosteneinschätzung einverstanden ist und der Vertrag damit in die Leistungsphase (§ 650p I) übergeht": Palandt/*Sprau*, § 650p BGB Rn 14.
60 Erman/Schwenker/Rodemann, § 650p BGB Rn 4. „Vorlegen bedeutet, sie in geeigneter Form zur Kenntnis des Bestellers zu bringen": so Palandt/*Sprau*, § 650p BGB Rn 14.
61 *Dammert*, Das neue Bauvertragsrecht, § 4 Rn 41.
62 *Dammert*, Das neue Bauvertragsrecht, § 4 Rn 42.
63 *Dammert*, Das neue Bauvertragsrecht, § 4 Rn 42.
64 *Dammert*, Das neue Bauvertragsrecht, § 4 Rn 28.
65 „Ziele" bedeuten die Vorgaben und Festlegungen, aus denen sich die vom Besteller gewünschte Beschaffenheit des Vorhabens (Bauwerk, Außenanlage, etc.) und die aus seiner Verwirklichung einzuhaltenden Bedingungen ergeben": so Palandt/*Sprau*, § 650p BGB Rn 14 – „wesentlich sind" (die Ziele) „wenn sie objektiv für die Anfertigung einer detaillierten Planung erforderlich sind" (Palandt/*Sprau*, a.a.O.).
66 Palandt/*Sprau*, § 650p BGB Rn 14.
67 RegE, BT-Drucks 18/8486, S. 67.
68 RegE, BT-Drucks 18/8486, S. 68.

B. Vertragstypische Pflichten aus Architekten- und Ingenieurverträgen § 4

dieser Vorstellungen eine „Planungsgrundlage" (als vom Gesetzgeber bewusst gewählte Begrifflichkeit zur Verdeutlichung, „dass es noch nicht um die eigentliche Planung geht")[69] der noch offenen Planungs- und Überwachungsziele erstellen[70] – nach Maßgabe der konkreten Umstände (und der zur Verfügung stehenden Finanzierungsmittel).[71] Geschuldet ist in dieser ersten Phase also die **„Grundlage"**, bspw. eine erste Skizze oder Beschreibung des noch zu planenden Vorhabens (i.S. eines Vorschlags oder mehrerer Vorschläge),[72] auf der dann später die eigentliche Planung aufgebaut werden kann.[73]

Kritik an § 650p Abs. 2 BGB äußern *Schwenker/Rodemann*:[74] Die der Regelung zugrundeliegenden gesetzgeberischen Vorstellungen entsprächen nicht der Wirklichkeit, da der Fall, dass ein künftiger Bauherr gar keine Vorstellungen zu den Anforderungen des zu planenden Bauwerks (d.h. den Leistungszielen) habe, kaum vorstellbar sei – selbst wenn diese (d.h. die Vorstellungen des Bauherrn im Augenblick noch) eher bedarfs- und weniger bauwerksbezogen seien: „Eines Vertrages nach § 650p II bedarf es somit nicht."[75]

Zugleich muss der Unternehmer (als weiterer Bestandteil seiner Leistungspflichten in der Zielfindungsphase) dem Besteller die Planungsgrundlage **zusammen mit einer Kosteneinschätzung** für das Vorhaben zur **Zustimmung**[76] vorlegen (so **§ 650p Abs. 2 S. 2 BGB – Erstellen einer Kostenschätzung**). Diese (gesetzlich nicht definierte) „Kostenschätzung" soll dem Besteller eine grobe Einschätzung der zu erwartenden Kosten für seine Finanzierungsplanung ermöglichen[77] – weshalb es sich nicht um eine Kostenschätzung nach DIN 276 handelt.[78]

> *Beachte:*
>
> Da es sich bei der **Kosteneinschätzung** in der Zielfindungsphase um eine **Hauptpflicht des Unternehmers** handelt, begründet ihre mangelhafte Erstellung eine Pflichtverletzung (**pflichtwidrige Fehleinschätzung**) – wobei umstritten ist, ob als Rechtsfolge ein **Schadensersatzanspruch des Bestellers** aus den
> - allgemeinen Vorgaben der §§ 280 ff. BGB oder
> - über die Verweisvorschrift des § 650q Abs. 1 BGB nach Mängelgewährleistungsrecht (§ 634 BGB)

---

69 RegE, BT-Drucks 18/8486, S. 68.
70 RegE, BT-Drucks 18/8486, S. 68.
71 Palandt/*Sprau*, § 650p BGB Rn 14.
72 Palandt/*Sprau*, § 650p BGB Rn 14.
73 RegE, BT-Drucks 18/8486, S. 68.
74 *Erman/Schwenker/Rodemann*, § 650p BGB Rn 6.
75 *Erman/Schwenker/Rodemann*, § 650p BGB Rn 6.
76 Näher jurisPK-BGB/*Stelzner*, § 650p Rn 102 ff.
77 RegE, BT-Drucks 18/8486, S. 68.
78 *Dammert*, Das neue Bauvertragsrecht, § 4 Rn 45 – „welche im Rahmen der Leistungsphase 2 zu erstellen ist".

herleitbar ist.[79] *Dammert*[80] plädiert – unter Bezugnahme auf eine aktuelle Entscheidung des BGH[81] – dafür, darauf abzustellen, ob es bereits zu einer Abnahme des Werks gekommen ist, was dann die Anwendbarkeit der §§ 634 ff. BGB begründen würde.

34 *Beachte zudem:*
Stellt sich die Mangelhaftigkeit der Kosteneinschätzung[82] schon vor der Zustimmung des Bestellers heraus, muss die Streitfrage (vorstehende Rdn 33) nicht beantwortet werden. Da es an einer Abnahme fehlt, gelangt hier das allgemeine Leistungsstörungsrecht (mithin die §§ 280 ff. BGB) zur Anwendung:[83] D.h.

- entweder angemessene Fristsetzung zur Mangelbeseitigung und – nach fruchtlosem Verstreichenlassen – Rücktritt vom Vertrag gemäß § 323 BGB, und alsdann **Schadensersatz statt der Leistung** nach den §§ 280 Abs. 1 und 3, 281 BGB,[84] oder
- (Leistungs-)Anspruch des Bestellers auf Erstellung einer mangelfreien Kosteneinschätzung.[85]

35 Im Übrigen hat der Besteller – losgelöst von der Frage einer eventuellen Mangelhaftigkeit – ein **Kündigungsrecht** nach § 650r Abs. 1 BGB (nachstehende Rdn 57 ff.).

36 „Planungsgrundlage" und „Kosteneinschätzung" sollen es dem Besteller ermöglichen, eine **fundierte Entscheidung** zu treffen:[86] Will er das konkret in Rede stehende Bauprojekt oder die Außenanlage mit dem ins Auge gefassten Planer verwirklichen – oder aber von dem ihm eingeräumten Kündigungsrecht nach § 650r BGB Gebrauch machen?

37 *Beachte:*
Die Erstellung der Planungsgrundlage während der Zielfindungsphase ist Bestandteil der Leistungspflichten des Unternehmers und vom Besteller als solche nicht zu vergüten.[87]

38 Die **Zielfindungsphase** (§ 650p Abs. 2 BGB) endet – vorbehaltlich einer anderweitigen abweichenden einzelvertraglichen Vereinbarung (nicht jedoch im Rahmen einer entspre-

---

79 *Dammert*, Das neue Bauvertragsrecht, § 4 Rn 47.
80 *Dammert*, Das neue Bauvertragsrecht, § 4 Rn 47.
81 BGH NZBau 2017, 216.
82 Näher jurisPK-BGB/*Stelzner*, § 650p Rn 105.
83 *Dammert*, Das neue Bauvertragsrecht, § 4 Rn 48.
84 *Dammert*, Das neue Bauvertragsrecht, § 4 Rn 48.
85 *Dammert*, Das neue Bauvertragsrecht, § 4 Rn 48.
86 RegE, BT-Drucks 18/8486, S. 68.
87 *Dammert*, Das neue Bauvertragsrecht, § 4 Rn 32.

chenden AGB-Vertragsklausel, arg. § 307 Abs. 2 Nr. 2 BGB)[88] zwischen den Parteien[89] – zu dem Zeitpunkt, zu dem die „wesentlichen" Planungs- und Überwachungsziele[90] zwischen den Parteien vereinbart sind. Dann beginnt die **Leistungsphase** (§ 650p Abs. 1 BGB).[91] Regelmäßig werden Planungs- und Überwachungsziele dann als „**wesentlich**" zu qualifizieren sein, „wenn sie solche Bestandteile betreffen, ohne die das Planungsobjekt nach der allgemeinen Verkehrsanschauung als unvollständig oder nicht umsetzungsfähig angesehen wird".[92]

Beachte: 39

§ 650p BGB soll nach Ansicht des Gesetzgebers der Tendenz einer **zu weitgehenden Ausdehnung der unentgeltlichen Akquise zulasten der Architekten** (und Ingenieure) entgegenwirken:[93] Mit der Einführung einer vertraglichen Verpflichtung des Architekten oder Ingenieurs, an der Ermittlung von „Planungs- und Überwachungszielen" mitzuwirken, ist klargestellt, dass bereits in der Konzeptphase eines Projekts ein Vertrag zwischen dem Besteller und dem Architekten oder Ingenieur zustande gekommen sein kann.

„Soweit dies der Fall ist, folgt hieraus ein **Vergütungsanspruch des Unternehmers** gemäß §§ 650q Abs. 1, 631 Abs. 1, 632 Abs. 1, 2 BGB i.V.m. den einschlägigen Regelungen der HOAI, soweit es sich um darin aufgeführte Leistungen handelt. Ist dies nicht der Fall, so gilt gemäß § 632 Abs. 2 Alt. 2 BGB die übliche Vergütung als vereinbart."[94]

Der Gesetzgeber hat allerdings von der alternativ angedachten Möglichkeit Abstand genommen, eine verpflichtende Schrift- oder Textform für den Architekten- oder Ingenieurvertrag vorzugeben, „um die bestehenden Probleme beim Übergang von der (nicht zu vergütenden) Akquise zum (honorarpflichtigen) Vertrag zu lösen"[95] – da eine Formvorgabe dieses Problem auch letztlich nicht zu lösen vermag (und stattdessen neue Probleme aufwerfen würde, wie bspw. jenes der Folgen einer Nichtbeachtung der Form durch die Parteien).[96]

---

88 Weshalb – so *Dammert* (Das neue Bauvertragsrecht, § 4 Rn 40) – die von *Motzke* (NZBau 2017, 251, 253 f.) geäußerte Sorge einer „Entmündigung mündiger Bürger" unbegründet sei.
89 *Dammert*, Das neue Bauvertragsrecht, § 4 Rn 40.
90 Wie bspw. die Art des Daches oder die Geschosszahl als für die Planung grundlegende Fragen, so RegE, BT-Drucks 18/8486, S. 67. Wohl auch die Frage einer Unterkellerung: so *Dammert*, Das neue Bauvertragsrecht, § 4 Rn 38.
91 *Dammert*, Das neue Bauvertragsrecht, § 4 Rn 35.
92 *Dammert*, Das neue Bauvertragsrecht, § 4 Rn 37 – versus (bloßen) Detailfragen, „welche für das Planungsobjekt nur eine untergeordnete Rolle spielen".
93 RegE, BT-Drucks 18/8486, S. 68.
94 *Dammert*, Das neue Bauvertragsrecht, § 4 Rn 31.
95 RegE, BT-Drucks 18/8486, S. 68.
96 RegE, BT-Drucks 18/8486, S. 68.

§ 4 Architektenvertrag und Ingenieurvertrag

40 *Beachte zudem:*
Der Gesetzgeber hat im Übrigen bei der Formulierung der vertragstypischen Pflichten aus rechtssystematischen Gründen (arg.: Die HOAI als Gebührenordnung) von einer **Bezugnahme auf die HOAI** abgesehen, obgleich diese die beim Architekten- und Ingenieurvertrag zu erbringenden Leistungsbilder und Leistungsphasen definiert: Die HOAI müsse auch nicht zwingend alle Leistungen abdecken, die ein Architekt oder Ingenieur im Einzelfall vertraglich schuldet.[97]

41 Der Anspruch des Architekten oder Ingenieurs gegen den Besteller zur **Entrichtung der vereinbarten Vergütung** folgt aus dem allgemeinen Werkvertragsrecht: **§ 650q Abs. 1 i.V.m. §§ 631 Abs. 1, 632 Abs. 1 BGB**. In Bezug auf die **Vergütungshöhe** sind im Übrigen die Vorgaben der HOAI zu beachten, „wenn das geschuldete Werk durch die dort beschriebenen Leistungsbilder geprägt ist".[98]

42 Mit **Zustimmung des Bestellers** (als einseitig empfangsbedürftiger Willenserklärung)[99] zu der/den vom Unternehmer vorgeschlagenen Planung/Planungsvarianten einschließlich der vorläufigen Kostenschätzung endet die Zielfindungsphase nach § 650p Abs. 2 BGB – und es beginnt die Leistungsphase mit ihren korrespondieren Leistungspflichten gemäß der §§ 650p Abs. 1, 631 BGB.[100]

43 Im Falle einer (unberechtigten) **Verweigerung der Zustimmung durch den Besteller** kann der Unternehmer beim Vorliegen der Voraussetzungen des § 650r Abs. 2 BGB (nachstehende Rdn 57 ff.) den Vertrag kündigen (**Kündigungsrecht**) und nach § 650r Abs. 3 BGB Vergütung für die erbrachten Leistungen verlangen (**Vergütungsanspruch für erbrachte Leistungen**).

44 *Beachte:*
Da die Zustimmung als bloße **Obliegenheit** des Bestellers zu qualifizieren ist, kann dieser sie auch grundlos verweigern, „ohne dass hierin eine Pflichtverletzung zu erblicken wäre"[101] – d.h., ohne dass der Unternehmer deshalb Schadensersatz für sich reklamieren könnte.

---

97 RegE, BT-Drucks 18/8486, S. 68.
98 RegE, BT-Drucks 18/8486, S. 69.
99 *Dammert*, Das neue Bauvertragsrecht, § 4 Rn 51 – wobei die Zustimmung als einseitige empfangsbedürftige Willenserklärung entgegen *Motzke* (NZBau 2017, 251, 252 f.) und nicht als aufschiebende Bedingung i.S.v. § 158 BGB zu qualifizieren ist, so zutreffend *Dammert* (a.a.O.).
100 *Dammert*, Das neue Bauvertragsrecht, § 4 Rn 50.
101 *Dammert*, Das neue Bauvertragsrecht, § 4 Rn 54.

In der Literatur[102] ist der Vorwurf erhoben worden, dass die Vorgaben in § 650p Abs. 1 und 2 BGB nicht den **Bestimmtheitserfordernissen** des BGH[103] an den Architektenvertrag genügten: § 650p Abs. 2 BGB stelle nämlich nicht sicher, „dass ein Architekten-/Ingenieurvertrag ohne vereinbarte wesentliche Planungs- und Überwachungsziele überhaupt als wirksam deshalb qualifiziert werden darf, weil sich der Pflichtenkreis entsprechend § 650p Abs. 2 reduziert, und die Zustimmung zu der erstellten Planungsgrundlage als Leistungsbestimmung die Erfüllung der Bestimmtheitsanforderungen hinsichtlich der weiteren Leistungspflichten gewährleistet".[104]

45

C. Auf den Architekten- und Ingenieurvertrag anwendbare Vorschriften

§ 650q Anwendbare Vorschriften

46

(1) Für Architekten- und Ingenieurverträge gelten die Vorschriften des Kapitels 1 des Untertitels 1 sowie die §§ 650b, 650e bis 650h entsprechend, soweit sich aus diesem Untertitel nichts anderes ergibt.

(2) Für die Vergütungsanpassung im Fall von Anordnungen nach § 650b Absatz 2 gelten die Entgeltberechnungsregeln der Honorarordnung für Architekten und Ingenieure in der jeweils geltenden Fassung, soweit infolge der Anordnung zu erbringende oder entfallende Leistungen vom Anwendungsbereich der Honorarordnung erfasst werden. Im Übrigen ist die Vergütungsanpassung für den vermehrten oder verminderten Aufwand auf Grund der angeordneten Leistung frei vereinbar. Soweit die Vertragsparteien keine Vereinbarung treffen, gilt § 650c entsprechend.

I. Anwendbare Vorschriften

Für den Architekten- und Ingenieurvertrag – als Unterfall des Werkvertrags („werkvertragsähnlich")[105] – gelten nach **§ 650q Abs. 1 BGB** die Vorschriften

47

- des Kapitels 1 des Untertitels 1 (§§ 631 bis 651 BGB – **allgemeine Vorschriften des Werkvertragsrechts**)[106] sowie **zusätzlich**
- **einzelne Vorschriften** des Kapitels 2 des Untertitels 1 (**Bauvertragsrecht**),[107] die **entsprechend** anwendbar sind,[108] nämlich

---

102 *Motzke*, NZBau 2017, 254; *Erman/Schwenker/Rodemann*, § 650p BGB Rn 7.
103 BGH MDR 2015, 643.
104 *Motzke*, NZBau 2017, 254.
105 Palandt/*Sprau*, § 650q BGB Rn 2 und Ders., § 650p Rn 2.
106 Näher jurisPK-BGB/*Stelzner*, § 650q Rn 8 ff.
107 Näher jurisPK-BGB/*Stelzner*, § 650q Rn 20 ff.
108 „Die Vorschriften gelten insgesamt (a.A. offenbar *Motzke*, NZBau 17, 251) nicht unmittelbar, sondern nur entsprechend und soweit sich aus §§ 650p-t auch aus ihrem Sinn und Zweck nichts anderes ergibt": so Palandt/*Sprau*, § 650q BGB Rn 2.

- § 650b BGB entsprechend[109] (**Vertragsänderung und Anordnungsrecht des Bestellers** – da gerade im Rahmen von Architekten- und Ingenieurverträgen oft ein praktisches Bedürfnis für nachträgliche Änderungen besteht). **Beachte jedoch:** § 650q Abs. 2 BGB (nachstehende Rdn 49 ff.) trifft für die sich an eine solche Anpassung anschließende **Vergütungsanpassung** eine Spezialregelung für den Architekten- und Ingenieurvertrag.[110]
- § 650e BGB entsprechend[111] (Regelung zur **Sicherungshypothek des Bauunternehmers** – vgl. § 648 BGB alt, der auch schon nach früherer Rechtsprechung auch auf die Sicherung des Honoraranspruchs des Architekten oder Ingenieurs anwendbar war).
- § 650f BGB entsprechend[112] (Regelung der **Bauhandwerkersicherung** – vgl. § 648a BGB alt, der auch schon nach früherer Rechtsprechung auch auf die Sicherung des Honoraranspruchs des Architekten oder Ingenieurs anwendbar war).
- § 650g BGB entsprechend[113] (Regelungen zur **Zustandsfeststellung bei Verweigerung der Abnahme**). Und
- 650h BGB entsprechend[114] (**Schriftformerfordernis bei Kündigungen** im Interesse der Beweissicherung und der Rechtssicherheit sowie zwecks Abhalten der Vertragsparteien von einer übereilten Kündigungserklärung).

48 Die grundsätzlich **entsprechende Anwendbarkeit der vorgenannten Regelungen** gilt, soweit sich aus dem Untertitel 2 nichts anderes ergibt. Aus Untertitel 2 resultierende Abweichungen sind:[115]

- § 631 BGB (vertragstypische Pflichten des Werkvertrags) erfährt durch § 650p BGB in Bezug auf die Hauptpflichten des Architekten- und Ingenieurvertrags eine **Konkretisierung der Vertragspflichten**.
- In Bezug auf den Schadensersatzanspruch gegen einen Architekten oder Ingenieur gemäß § 634 Nr. 4 BGB ist – bei Vorliegen der gesetzlichen Voraussetzungen – das **Leistungsverweigerungsrecht** nach § 650t BGB (nachstehende Rdn 101 ff.) zu berücksichtigen.[116]
- Der Architekt oder Ingenieur hat gegen den Besteller – außer dessen Verpflichtung auf Abnahme nach § 640 BGB – gemäß § 650s BGB (nachstehende Rdn 88 ff.) auch einen **Anspruch auf Teilabnahme**.[117]

---

109 Näher jurisPK-BGB/*Stelzner*, § 650q Rn 22 ff.
110 RegE, BT-Drucks 18/8486, S. 69.
111 Näher jurisPK-BGB/*Stelzner*, § 650q Rn 32 ff.
112 Näher jurisPK-BGB/*Stelzner*, § 650q Rn 35 ff.
113 Näher jurisPK-BGB/*Stelzner*, § 650q Rn 39 ff.
114 Näher jurisPK-BGB/*Stelzner*, § 650q Rn 42 f.
115 Näher jurisPK-BGB/*Stelzner*, § 650q Rn 12 ff.
116 Näher jurisPK-BGB/*Stelzner*, § 650q Rn 18 f.
117 Näher jurisPK-BGB/*Stelzner*, § 650q Rn 15 ff.

II. Vergütungsanpassung im Fall von Anordnungen

49 Für die Vergütungsanpassung im Fall von Anordnungen[118] nach § 650q Abs. 1 i.V.m. § 650b Abs. 2 BGB gilt nach § 650q Abs. 2 BGB[119] ein **dreistufiges Feststellungsprocedere**:[120]
- Unterfallen die Leistungen der HOAI, gilt diese (so § **650q Abs. 2 S. 1 BGB**).[121]
- Ist dies nicht der Fall (unterfallen die Leistungen also nicht der HOAI), ist die Vergütungsanpassung frei vereinbar (§ **650q Abs. 2 S. 2 BGB**).[122]
- Treffen (oder können) die Parteien keine Vereinbarung (treffen), gelten die Vergütungsanpassungsregelungen des § 650c BGB entsprechend (als Auffangtatbestand – so § **650q Abs. 2 S. 3 BGB**).[123]

50 Zunächst gelten für die Vergütungsanpassung im Fall von Anordnungen gemäß § 650q Abs. 2 S. 1 BGB also die Entgeltberechnungsregeln der Honorarordnung für Architekten und Ingenieure (**HOAI**) in der jeweils geltenden Fassung, soweit die infolge der Anordnung zu erbringenden oder entfallenden Leistungen vom Anwendungsbereich der Honorarordnung erfasst werden. „Dies wird insbesondere dann der Fall sein, wenn es sich bei den infolge der Anordnung zu erbringenden oder entfallenden Leistungen um ‚Grundleistungen' im Sinne der HOAI handelt."[124]

51 Nach *Schwenker/Rodemann*[125] bleibt offen, ob dabei Mindest-, Mittel- oder Höchstsätze maßgeblich sind.

---

118 Näher *Digel/Jacobsen*, BauR 2017, 1587.
119 Näher jurisPK-BGB/*Stelzner*, § 650q Rn 44 ff.
120 Kritisch dazu *Erman/Schwenker/Rodemann* (§ 650q BGB Rn 1): Der Verweis in § 650q Abs. 2 BGB auf die HOAI für die Bewertung zusätzlicher oder entfallender Leistungen führe zu Schwierigkeiten, weil unklar bleibe, „ob Mindest-, Mittel- oder Höchstsätze maßgeblich sein sollen". Der Verweis auf § 10 HOAI – als im Übrigen missglückte und kaum handhabbare Vorschrift – stelle auch keine Anspruchsgrundlage dar, sondern sei als Preisrecht eine Honorarbemessungsregel. *Dammert* (BauR 2017, 429) moniert, dass eine Anwendung von § 10 HOAI eine Einigung der Vertragspartner voraussetze, die im Anwendungsbereich des § 650q Abs. 2 BGB ohnehin nicht in Betracht kommen dürfte.
121 Näher jurisPK-BGB/*Stelzner*, § 650q Rn 49 ff. Nach *Deckers* (ZfBR 2017, 523, 538) soll § 650q Abs. 2 S. 1 BGB insoweit einen eigenen Anspruch begründen.
122 Näher jurisPK-BGB/*Stelzner*, § 650q Rn 55 ff. Der Sinn von § 650q Abs. 2 S. 2 BGB sei „dunkel": so Palandt/*Sprau*, § 650q BGB Rn 3 unter Bezugnahme auf *Dammert*, BauR 2017, 421, 429 – da die Anordnung gerade voraussetze, dass sich die Parteien nicht geeinigt haben – im Übrigen bestehe für von der HOAI nicht erfasste Leistungen ohnehin Vertragsfreiheit, „weshalb sich die Anwendung wohl auf nachträgliche Vereinbarungen beschränkt": so Palandt/*Sprau*, § 650q BGB Rn 3.
123 Näher jurisPK-BGB/*Stelzner*, § 650q Rn 59 ff.
124 RegE, BT-Drucks 18/8486, S. 69.
125 *Erman/Schwenker/Rodemann*, § 650q BGB Rn 2.

52 *Beachte:*

Der Gesetzgeber[126] erachtet eine darüber hinausgehende Anwendung der Grundsätze des § 10 HOAI für den Fall, dass sich infolge der Anordnung der Umfang der beauftragten Leistung ändert oder Grundleistungen zu wiederholen sind, für zweifelhaft (arg: § 10 HOAI setze seinem Wortlaut nach sowohl hinsichtlich der Änderung als auch im Hinblick auf die Vergütungsanpassung eine **Parteivereinbarung** voraus).[127] § 10 HOAI regelt im Übrigen die Auswirkungen eines geänderten Leistungsumfangs auf die Vergütung nur für ihren Anwendungsbereich.[128]

§ 10 HOAI regelt die Berechnung des Honorars bei vertraglichen Änderungen des Leistungsumfangs wie folgt:

„(1) Einigen sich Auftraggeber und Auftragnehmer während der Laufzeit des Vertrags darauf, dass der Umfang der beauftragten Leistung geändert wird, und ändern sich dadurch die anrechenbaren Kosten oder Flächen, so ist die Honorarberechnungsgrundlage für die Grundleistungen, die infolge des veränderten Leistungsumfangs zu erbringen sind, durch schriftliche Vereinbarung anzupassen.

(2) Einigen sich Auftraggeber und Auftragnehmer über die Wiederholung von Grundleistungen, ohne dass sich dadurch die anrechenbaren Kosten und Flächen ändern, ist das Honorar für diese Grundleistungen entsprechend ihrem Anteil an der jeweiligen Leistungsphase schriftlich zu vereinbaren."

Letztlich will der Gesetzgeber die **Frage einer Anwendung des § 10 HOAI** der Rechtsprechung überlassen.[129]

53 Sofern § 10 HOAI nicht entsprechend zur Anwendung gelangt oder aus anderen Gründen eine nicht von der HOAI erfasste Konstellation vorliegt, gelangt § 650q Abs. 2 S. 2 oder S. 3 BGB zur Anwendung.

54 Dann ist die Vergütungsanpassung für den vermehrten oder verminderten Aufwand nach **§ 650q Abs. 2 S. 2 BGB** zunächst aufgrund der angeordneten Leistung frei vereinbar **(freie Vereinbarkeit der Vergütungsanpassung)**.

55 Soweit die Vertragsparteien aber keine Vereinbarung treffen, gilt – als **Auffangtatbestand – § 650c BGB** (Vergütungsanpassung bei Anordnungen nach § 650b Abs. 2 BGB – dazu vorstehend § 2 Rdn 98 ff.) **entsprechend** (so **§ 650q Abs. 2 S. 3 BGB**):

- **§ 650c Abs. 1 BGB:** Dann ist die Höhe des Vergütungsanspruchs für den verminderten oder vermehrten Aufwand nach den **tatsächlich erforderlichen Kosten** mit angemessenen Zuschlägen für allgemeine Geschäftskosten, Wagnis und Gewinn zu er-

---

126 RegE, BT-Drucks 18/8486, S. 69.
127 RegE, BT-Drucks 18/8486, S. 69. Ablehnend deshalb auch *Erman/Schwenker/Rodemann*, § 650q BGB Rn 2.
128 Palandt/*Sprau*, § 650q BGB Rn 3.
129 RegE, BT-Drucks 18/8486, S. 69.

mitteln. Umfasst die Leistungspflicht des Unternehmers auch die Planung des Bauwerks oder der Außenanlage, steht diesem im Fall des § 650b Abs. 1 S. 1 Nr. 2 BGB allerdings **kein Anspruch auf eine Vergütung für vermehrten Aufwand** zu.

- **§ 650c Abs. 2 BGB**: Der Unternehmer kann – alternativ – zur Berechnung der Vergütung für den Nachtrag (statt auf die tatsächlich erforderlichen Kosten) auch auf die Ansätze in einer vereinbarungsgemäß hinterlegten **Urkalkulation** zurückgreifen – wobei vermutet wird, dass die auf der Basis der Urkalkulation fortgeschriebene Vergütung der Vergütung nach § 650c Abs. 1 BGB entspricht.

Zusammenfassung: 56

Vorrangig ist somit eine Parteivereinbarung, „weil eine Berechnung des Mehr- oder Minderaufwands anhand der tatsächlichen Kosten gemäß § 650c BGB-E beim Architekten- und Ingenieurvertrag wegen fehlender Bezugspunkte Schwierigkeiten aufwerfen kann".[130] In Bezug auf eine Vergütungsanpassung außerhalb der HOAI-Tatbestände wird daher

- **primär auf eine vertragliche Vereinbarung abgestellt** und
- **sekundär**[131] (d.h. nur sofern die Parteien keine Vereinbarung treffen sollten) der Maßstab der „**tatsächlich erforderlichen Kosten**" (§ 650c BGB, vorstehende Rdn 55) zugrunde gelegt.

D. Sonderkündigungsrecht (§ 650r BGB)

§ 650r Sonderkündigungsrecht 57

(1) Nach Vorlage von Unterlagen gemäß § 650p Absatz 2 kann der Besteller den Vertrag kündigen. Das Kündigungsrecht erlischt zwei Wochen nach Vorlage der Unterlagen, bei einem Verbraucher jedoch nur dann, wenn der Unternehmer ihn bei der Vorlage der Unterlagen in Textform über das Kündigungsrecht, die Frist, in der es ausgeübt werden kann, und die Rechtsfolgen der Kündigung unterrichtet hat.

(2) Der Unternehmer kann dem Besteller eine angemessene Frist für die Zustimmung nach § 650p Absatz 2 Satz 2 setzen. Er kann den Vertrag kündigen, wenn der Besteller die Zustimmung verweigert oder innerhalb der Frist nach Satz 1 keine Erklärung zu den Unterlagen abgibt.

---

130 RegE, BT-Drucks 18/8486, S. 69. „So wird ein Mehraufwand in der Regel aus zusätzlich aufgewendeter Arbeitszeit des Architekten oder Ingenieurs selbst oder eines Subplaners bestehen. Erfahrungswerte, wie viele Stunden regelmäßig für eine bestimmte Planungsaufgabe benötigt werden, gibt es ebenso wenig wie eine Taxe für die Höhe der Vergütung pro Stunde. Anders als beim Bauvertrag wird beim Architekten- und Ingenieurvertrag regelmäßig auch keine Urkalkulation hinterlegt, die als Bezugspunkt dienen kann": so RegE, BT-Drucks 18/8486, S. 70.

131 Vergleichbar § 632 Abs. 2 BGB als Auffangtatbestand für die „übliche Vergütung": so RegE, BT-Drucks 18/8486, S. 70.

(3) Wird der Vertrag nach Absatz 1 oder 2 gekündigt, ist der Unternehmer nur berechtigt, die Vergütung zu verlangen, die auf die bis zur Kündigung erbrachten Leistungen entfällt.

58 § 650r BGB gewährt infolge Art. 1 Nr. 25 BauVertrRRG im Rahmen eines nach dem 31.12.2017 abgeschlossenen Architekten- oder Honorarvertrags (vgl. Art. 229 § 39 EGBGB), bei dem der Planungs- und Überwachungserfolg bei Vertragsschluss noch nicht festgelegt worden ist (d.h. nach Abschluss der Zielfindungsphase gemäß § 650p Abs. 2 BGB [vorstehende Rdn 27 ff.]), sowohl

- dem **Besteller** in Abs. 1 (nachstehende Rdn 65 ff.) als auch
- dem **Unternehmer** in Abs. 2 (Rdn 79 ff.) – Letzterem aber nur beim Vorliegen bestimmter Voraussetzungen –

ein **besonderes Kündigungsrecht (Sonderkündigungsrecht)**[132] – und zwar ungeachtet des Vorliegens anderer Vertragslösungsrechte.[133]

59 Hat der Besteller seine Zustimmung nach § 650p Abs. 2 S. 2 BGB erteilt, kann der Unternehmer in die zweite Planungsphase übergehen – hat der Besteller seine Zustimmung verweigert, eröffnet § 650r BGB „den Parteien die Möglichkeit, den Vertrag in dieser Phase und auf kostengünstige Weise zu beenden".[134] Der Besteller kann den Vertrag nach § 650r Abs. 1 BGB kündigen – tut er das nicht, eröffnet § 650r Abs. 2 BGB dem Unternehmer die Möglichkeit, den vertraglichen Schwebezustand seinerseits durch Kündigung zu beenden. Kündigt weder der Besteller noch der Unternehmer, verbleibt die weitere Vertragsdurchführung „in der Schwebe".[135]

60 § 650r Abs. 3 BGB regelt im Übrigen abschließend – und ohne Rückgriff auf § 649 BGB – die Folgen in Bezug auf die Vergütungsfrage im Zusammenhang mit der Ausübung des Sonderkündigungsrechts.

61 *Beachte:*

*§ 650r BGB soll im Wege einer Individualvereinbarung abdingbar sein (**Abdingbarkeit**) – nicht jedoch durch AGB (arg.: Wegen der Leitbildfunktion der Norm soll gegenüber einem Verbraucher sowohl ein Ausschluss von dessen Kündigungsrecht nach § 650r Abs. 1 S. 1 BGB als auch ein Verzicht auf die notwendige Beleh-*

---

132 Zur Normstruktur näher jurisPK-BGB/*Stelzner*, § 650r Rn 3 ff.
133 Palandt/*Sprau*, § 650r BGB Rn 1.
134 Palandt/*Sprau*, § 650r BGB Rn 1.
135 Was nicht tragisch sei, da das Kündigungsrecht des Unternehmers nicht befristet ist, er also im Nachgang jederzeit die Möglichkeit zur Kündigung (und damit zur Abrechnung seiner Leistungen) hat: so Palandt/*Sprau*, § 650r BGB Rn 1.

rung nach § 650r Abs. 1 S. 2 BGB bzw. eine Verschärfung der Rechtsfolgen gemäß § 650r Abs. 3 BGB zu dessen Nachteil unwirksam sein, vgl. § 307 Abs. 2 BGB).[136]

Vor allem der Verbraucher soll durch das Sonderkündigungsrecht vor den Rechtsfolgen eines oft übereilt abgeschlossenen umfassenden Architektenvertrags – der alle neun Leistungsphasen des § 34 HOAI beinhaltet – geschützt werden[137] (**Verbraucherschutz**), da diesem ansonsten (d.h. ohne ein Sonderkündigungsrecht) nur die mit erheblichen finanziellen Nachteilen verbundene Möglichkeit der Ausübung des Kündigungsrechts nach § 648 BGB[138] (entspricht § 649 BGB alt) zur Verfügung stünde. **62**

Beachte: **63**

Das Sonderkündigungsrecht nach § 650r BGB erstreckt sich sowohl auf **Architekten-** als auch auf **Ingenieurverträge** (da auch bei Ingenieursleistungen noch hinsichtlich der Planungs- und Überwachungsziele konkretisierungsbedürftige Verträge vorkommen, bei denen der Besteller im weiteren Planungsverlauf erkennt, dass er die Gesamtkosten des Vorhabens unterschätzt hat und daher von der Vertragsdurchführung absehen möchte).[139]

Beachte zudem: **64**

Das Sonderkündigungsrecht erfasst im Übrigen (obgleich ursprünglich eigentlich verbraucherschutzrechtlich intendiert)[140] auch **Verträge zwischen Unternehmern (b2b-Verträge)**, da in diesem Zusammenhang auch im unternehmerischen Bereich wegen des Abschlusses „**gestufter Verträge**" ein praktisches Bedürfnis besteht, den Vertragspartnern eine Lösungsmöglichkeit zu eröffnen.[141]

---

136 Palandt/*Sprau*, § 650r BGB Rn 1.
137 RegE, BT-Drucks 18/8486, S. 70.
138 „Der Besteller kann bis zur Vollendung des Werkes jederzeit den Vertrag kündigen. Kündigt der Besteller, so ist der Unternehmer berechtigt, die vereinbarte Vergütung zu verlangen; er muss sich jedoch dasjenige anrechnen lassen, was er infolge der Aufhebung des Vertrags an Aufwendungen erspart oder durch anderweitige Verwendung seiner Arbeitskraft erwirbt oder zu erwerben böswillig unterlässt. Es wird vermutet, dass dem Unternehmer 5 vom Hundert der auf den noch nicht erbrachten Teil der Werkleistung entfallenden vereinbarten Vergütung zustehen."
139 RegE, BT-Drucks 18/8486, S. 70.
140 *Dammert*, Das neue Bauvertragsrecht, § 4 Rn 79.
141 RegE, BT-Drucks 18/8486, S. 70.

I. Kündigung durch den Besteller nach Vorlage der Planungsgrundlage und der Kostenschätzung

1. Voraussetzungen des (Sonder-)Kündigungsrechts des Bestellers

65 Nach Vorlage der (vollständigen und mangelfreien)[142] Unterlagen gemäß § 650p Abs. 2 BGB[143] (vorstehende Rdn 27 ff. – d.h. der vollständigen Vorlage der [mangelfreien oder objektiv mangelhaften][144] **Planungsgrundlage** und der **Kostenschätzung** zur Zustimmung, mit Abschluss der Zielfindungsphase) kann der Besteller – unabhängig davon, ob er Verbraucher (§ 13 BGB) oder Unternehmer (§ 14 BGB) ist[145] (vorstehende Rdn 64) – nach **§ 650r Abs. 1 S. 1 BGB** den Vertrag **ohne Angabe von Gründen**[146] (schriftlich, vgl. § 650h BGB) kündigen.[147] Dadurch erfährt das Kündigungsrecht des Bestellers eine Aufwertung.[148] Die Norm zielt darauf ab, den Besteller vor den Folgen eines übereilt (d.h. in Unkenntnis von Aufwand und Realisierbarkeit des Bauvorhabens) abgeschlossenen Architekten- und Ingenieurvertrags zu schützen[149] (**Übereilungsschutz**).

66 Das Kündigungsrecht findet seine **Grenze** nur im Falle eines Rechtsmissbrauchs, der Willkür oder Treuwidrigkeit – weshalb der Besteller selbst dann kündigen kann, „wenn sich die vom Unternehmer vorgeschlagene Planung mit (seinen) ursprünglichen Vorstellungen ... deckt".[150]

67 Eine **Teilkündigung** soll (angesichts des Zwecks der Norm, vorstehende Rdn 62) nicht zulässig sein.[151]

68 *Beachte:*

Dammert[152] weist darauf hin, dass der Besteller die Ausübung seines Sonderkündigungsrechts zwar nicht begründen muss – im Falle mangelhafter Unterlagen würde er dadurch aber konkludent die Mangelfreiheit der vorgelegten Unterlagen erklären, weshalb ihn dann die Vergütungspflicht nach § 650r Abs. 3 BGB vollumfänglich treffen würde: „Sind die übergebenen Unterlagen unvollständig oder mangelhaft,

---

142 Ansonsten hat der Besteller auch seine allgemeinen Rechte (z.B. im Falle eines Verzugs des Unternehmers): Palandt/*Sprau*, § 650r BGB Rn 2.
143 Näher jurisPK-BGB/*Stelzner*, § 650r Rn 17 ff.
144 So *Dammert*, Das neue Bauvertragsrecht, § 4 Rn 84.
145 Palandt/*Sprau*, § 650r BGB Rn 2.
146 Eine Begründung ist aber „zweckmäßig": so Palandt/*Sprau*, § 650r BGB Rn 2 – arg.: Parallelität zu § 648 BGB und den unterschiedlichen Rechtsfolgen.
147 Näher jurisPK-BGB/*Stelzner*, § 650r Rn 16.
148 *Dammert*, Das neue Bauvertragsrecht, § 4 Rn 80.
149 RegE, BT-Drucks 18/8486, S. 62.
150 *Dammert*, Das neue Bauvertragsrecht, § 4 Rn 82.
151 Palandt/*Sprau*, § 650r BGB Rn 2.
152 *Dammert*, Das neue Bauvertragsrecht, § 4 Rn 84.

sollte daher vom Sonderkündigungsrecht nach § 650r Abs. 1 BGB kein Gebrauch gemacht werden."[153] Vielmehr sollte der Besteller in einem solchen Fall, da die Vorlage Hauptpflicht des Unternehmers ist, den Weg über eine angemessene Nachfristsetzung (**Möglichkeit eines Rücktritts nach § 323 BGB** bzw. der **Kündigung aus „wichtigem Grund" gemäß § 648a BGB**) gehen oder nach Beauftragung eines anderen Architekten die entstanden Mehrkosten im Wege eines **Schadensersatzanspruch**s (Schadensersatz statt der Leistung – §§ 280 Abs. 1 und 3, 281 BGB bzw. Geltendmachung des Verzugsschadens gemäß § 280 Abs. 2 i.V.m. § 286 BGB) für sich reklamieren.[154]

Der Besteller „wird durch das Sonderkündigungsrecht so gestellt, als hätte er lediglich einen Vertrag über die Erstellung einer Planungsgrundlage und Kostenabschätzung geschlossen".[155] *Dammert*[156] weist im Übrigen darauf hin, dass die Regelung auch eine adäquate Rechtsfolgenregelung in Bezug auf § 650p BGB für den Fall sei, dass Besteller und Unternehmer sich nicht über die wesentlichen Planungs- und Überwachungsziele – insbesondere nicht über die Kosten der Umsetzung – einigen können: „Würde hieran keine spürbare Rechtsfolge geknüpft, wäre die Regelung des § 650p Abs. 2 BGB lediglich ein ‚Papiertiger'."[157]

69

2. Erlöschen des Sonderkündigungsrechts des Bestellers

Das Sonderkündigungsrecht[158] erlischt gemäß **§ 650r Abs. 1 S. 2 BGB zwei Wochen** (Zugang der Kündigungserklärung beim Unternehmer innerhalb dieser Frist)[159] nach Vorlage der Unterlagen (d.h. Zugang der eindeutig nach § 650p Abs. 2 BGB erkennbaren Unterlagen beim Besteller): **endgültiges Erlöschen des Sonderkündigungsrechts, 1. Halbs.**

70

Ist der Besteller jedoch Verbraucher (i.S.v. § 13 BGB), erlischt das Sonderkündigungsrecht nur dann, wenn der Unternehmer ihn (Stichwort: **Verbraucherschutz**) bei (d.h.

71

---

153 *Dammert*, Das neue Bauvertragsrecht, § 4 Rn 84.
154 *Dammert*, Das neue Bauvertragsrecht, § 4 Rn 85.
155 *Dammert*, Das neue Bauvertragsrecht, § 4 Rn 80.
156 *Dammert*, Das neue Bauvertragsrecht, § 4 Rn 81 unter Verweis auf *Dammert*, BauR 2017, 421, 425.
157 *Dammert*, Das neue Bauvertragsrecht, § 4 Rn 81.
158 Näher jurisPK-BGB/*Stelzner*, § 650r Rn 30 ff.
159 Palandt/*Sprau*, § 650r BGB Rn 3.

im Zeitpunkt) der Vorlage der Unterlagen nach § 650p Abs. 2 BGB[160] (Planungsgrundlage und Kostenschätzung) in **Textform** (vgl. § 126b BGB,[161] vorstehend § 2 Rdn 89) über

- das Kündigungsrecht,
- die Frist, in der es ausgeübt werden kann, und
- die Rechtsfolgen der Kündigung

unterrichtet hat (**Belehrungspflicht, 2. Halbs.**).[162]

72 Ein entsprechender **Verbrauchervertrag** i.S.v. § 310 Abs. 3 BGB liegt vor, wenn es sich beim Besteller um einen Verbraucher i.S.v. § 13 BGB und beim Unternehmer (Architekt oder Ingenieur) um einen Unternehmer i.S.v. § 14 BGB handelt. Die entsprechende **Belehrungspflicht** des Unternehmers bei Vorliegen eines Verbrauchervertrags soll dem Verbraucher seine Rechte vollumfänglich bewusst machen, sodass Verbraucher nicht durch bloße Unkenntnis von der Ausübung ihres Kündigungsrechts abgehalten werden.[163]

73 Mit dem endgültigen Erlöschen des Sonderkündigungsrechts besteht der ursprünglich abgeschlossene Vertrag uneingeschränkt weiter[164] (**Fortbestehen des ursprünglichen Vertrags bei Erlöschen des Sonderkündigungsrechts**).

74 *Beachte:*

Auch wenn in Bezug auf einen b2b-Vertrag keine ausdrückliche Hinweispflicht normiert worden ist, „muss (auch) hier vom Unternehmer gefordert werden, dass er (gegenüber einem anderen Unternehmer als Besteller) hinreichend deutlich zum Ausdruck bringt, dass die vorgelegten Unterlagen jene sind, deren Vorlage von § 650p Abs. 2 BGB gefordert wird".[165]

---

160 Erfolgt zu diesem Zeitpunkt keine Belehrung nach Maßgabe des § 650r Abs. 1 S. 2 BGB (oder wird die Belehrung gänzlich unterlassen bzw. ist sie inhaltlich unzureichend, so *Dammert*, Das neue Bauvertragsrecht, § 4 Rn 101), erlischt das Kündigungsrecht des Bestellers nicht: Dieser hat vielmehr ein unbefristetes Kündigungsrecht (nach § 648 BGB) – so *Dammert* (a.a.O., § 4 Rn 93) –, das auch durch Nachholung (Heilung) nicht mehr erlischt: so RegE BT-Drucks 18/8486, S. 69 (Ausnahme: Rechtsmissbrauch, Willkür oder Treuwidrigkeit so *Dammert*, a.a.O., § 4 Rn 93 und 102 ff.). Eine spätere Nachholung einer (nunmehr ordnungsgemäßen) Unterrichtung soll nicht mehr möglich sein: so *Dammert*, a.a.O., § 4 Rn 96 (fehlende Nachholungsmöglichkeit der Unterrichtung, die sicherstellen soll, dass der Unternehmer die Belehrungspflicht ernst nimmt: so RegE, BT-Drucks 18/8486, S. 69).
161 Womit ein Merkblatt in Textform genügen soll: so Palandt/*Sprau*, § 650r BGB Rn 3.
162 Näher jurisPK-BGB/*Stelzner*, § 650r Rn 33 ff.
163 *Dammert*, Das neue Bauvertragsrecht, § 4 Rn 92.
164 *Dammert*, Das neue Bauvertragsrecht, § 4 Rn 89: „Aus der bloßen Tatsache, dass der Besteller innerhalb der Kündigungsfrist keine Kündigung erklärt hat, kann jedoch keine Zustimmung im Sinne des § 650p Abs. 2 BGB geschlossen werden" – weshalb die Parteien in der Zielfindungsphase verbleiben. Der Besteller hat nur noch die (mit Kostenfolgen belastete) Kündigungsmöglichkeit nach § 648 BGB.
165 *Dammert*, Das neue Bauvertragsrecht, § 4 Rn 88.

D. Sonderkündigungsrecht (§ 650r BGB) § 4

Schwenker/Rodemann[166] monieren die **Zwei-Wochen-Frist** nach Zugang der Unterlagen: Die Prüf- und Zustimmungsfrist sei unrealistisch kurz bemessen, was insbesondere dann gelte, wenn Finanzierungsgespräche zu führen oder Gremienentscheidungen einzuholen seien.[167] 75

Für die **Fristberechnung** gelten die allgemeinen Vorschriften der §§ 186 ff. BGB – maßgeblich sind die §§ 187 Abs. 1[168] und 188 Abs. 2[169] BGB.[170] 76

Unterbleibt die notwendige Unterrichtung durch den Unternehmer, besteht das Kündigungsrecht des Verbrauchers weiter fort[171] (**Fortbestehen des Kündigungsrechts**). Dem Unternehmer wird keine Heilungsmöglichkeit dergestalt zugestanden, dass er die Unterrichtung später nachholen kann. „Diese ‚scharfe' Rechtsfolge soll sicherstellen, dass die Belehrungspflicht von Seiten des Unternehmers ernst genommen wird."[172] 77

Die Kündigung – die der **Schriftform** bedarf (vgl. § 650q Abs. 1 i.V.m. §§ 650h, 126 BGB) – muss dem Unternehmer innerhalb der Kündigungsfrist zugehen.[173] 78

II. Kündigung durch den Unternehmer (§ 650r Abs. 2 BGB)

Der Architekt oder Ingenieur hat unter bestimmten Voraussetzungen nach § 650r Abs. 2 BGB ebenfalls das Recht, den Vertrag zu kündigen:[174] Der Unternehmer (Architekt oder Ingenieur) kann dem Besteller (in Schriftform, vgl. § 650h i.V.m. § 126 BGB) gemäß § **650r Abs. 2 S. 1 BGB** eine „angemessene Frist" (die keiner Begründung bedarf)[175] für die Zustimmung nach § 650p Abs. 2 S. 2 BGB (zu der von ihm vorgelegten **vollständigen und mangelfreien Planungsunterlage nebst Kosteneinschätzung** nach § 650p Abs. 2 BGB) setzen (**angemessene Fristsetzung zur Zustimmung**).[176] 79

Die „**Angemessenheit" der Frist** bemisst sich nach den Umständen des konkret in Rede stehenden Einzelfalles (insbesondere nach der Art und dem Umfang des Vorhabens). Sie 80

---

[166] *Erman/Schwenker/Rodemann*, § 650r BGB Rn 4.
[167] So auch *Fuchs*, NZBau 2015, 681.
[168] „Ist für den Anfang einer Frist ein Ereignis oder ein in den Lauf eines Tages fallender Zeitpunkt maßgebend, so wird bei der Berechnung der Frist der Tag nicht mitgerechnet, in welchen das Ereignis oder der Zeitpunkt fällt."
[169] „Eine Frist, die nach Wochen … bestimmt ist, endigt im Falle des § 187 Abs. 1 (BGB) mit dem Ablauf desjenigen Tages der letzten Woche …, welcher durch seine Benennung oder seine Wahl dem Tage entspricht, in den das Ereignis oder der Zeitpunkt fällt, …"
[170] *Dammert*, Das neue Bauvertragsrecht, § 4 Rn 87.
[171] RegE, BT-Drucks 18/8486, S. 70.
[172] RegE, BT-Drucks 18/8486, S. 70.
[173] *Dammert*, Das neue Bauvertragsrecht, § 4 Rn 90.
[174] Näher jurisPK-BGB/*Stelzner*, § 650r Rn 44 f.
[175] Palandt/*Sprau*, § 650r BGB Rn 4.
[176] Näher jurisPK-BGB/*Stelzner*, § 650r Rn 46 ff.

wird im Regelfall **mindestens einen Monat** betragen müssen.[177] Jedenfalls soll es einem (ohne schuldhaftes Zögern [„unverzüglich", vgl. § 121 Abs. 1 S. 1 BGB] handelnden) Besteller möglich sein, „die vorgelegten Unterlagen zu prüfen und sich, ggf. nach Beratung mit anderen Fachleuten, darüber schlüssig zu werden, ob die nunmehr konkreter geplante Ausführung des Vorhabens seinen Wünschen, Bedürfnissen und (auch finanziellen) Möglichkeiten entspricht".[178]

81 *Beachte:*
Es bedarf bei der Fristsetzung **keiner Androhung der Kündigung**.[179]

82 Der Unternehmer kann den Vertrag nach **§ 650r Abs. 2 S. 2 BGB** (dann im Nachgang nur) mit dem Ziel, „einen Stillstand im Rahmen der Zielfindungsphase des § 650p Abs. 2 BGB zu vermeiden",[180] kündigen (**Sonderkündigungsrecht des Unternehmers**),[181] wenn der Besteller

- die **Zustimmung** (zur Fortführung der Arbeiten auf der Grundlage der übermittelten vollständigen und ordnungsgemäßen Planungsgrundlage und der Kostenschätzung) **verweigert** oder (alternativ)
- innerhalb der (ihm vom Unternehmer gesetzten) Frist nach § 650r Abs. 2 S. 1 BGB zur Zustimmung (Rdn 79) **keine Erklärung zu den Unterlagen** abgibt,

d.h. wenn der Besteller nicht an der Fortführung der Planung mitwirkt.[182] Eine **Teilkündigung** soll hingegen nach Sinn und Zweck der Norm ausgeschlossen sein[183] (vorstehende Rdn 67).

83 Problematisch sind Fälle, in denen der Besteller den (vollständigen und mangelfreien) Unterlagen zwar grundsätzlich zugestimmt hat – aber **Änderungsvorbehalte** geltend gemacht hat.[184]

84 Der Gesetzgeber hat bewusst davon Abstand genommen, dem Unternehmer ein Kündigungsrecht ohne rechtfertigende Gründe einzuräumen:[185] Der Besteller müsse sich nämlich zum einen grundsätzlich auf die Vertragserfüllung durch den Unternehmer verlassen können (da ein Wechsel des Architekten oder Ingenieurs für den Besteller mit erheblichen Mehrkos-

---

177 So *Dammert*, Das neue Bauvertragsrecht, § 4 Rn 107.
178 Palandt/*Sprau*, § 650r BGB Rn 4.
179 Palandt/*Sprau*, § 650r BGB Rn 4.
180 *Dammert*, Das neue Bauvertragsrecht, § 4 Rn 105.
181 Näher jurisPK-BGB/*Stelzner*, § 650r Rn 49 ff.
182 RegE, BT-Drucks 18/8486, S. 70.
183 Palandt/*Sprau*, § 650r BGB Rn 4.
184 Zu diesen Problemfällen näher *Dammert*, Das neue Bauvertragsrecht, § 4 Rn 109 ff.: Lösung am Umfang der durch den Besteller vorbehaltenen Änderungen (Rn 112). Wurde den Unterlagen im Wesentlichen zugestimmt oder betreffen die Änderungsvorbehalte wesentliche Grundlagen des Planungsvorschlags?
185 RegE, BT-Drucks 18/8486, S. 70.

ten verbunden sei). Zum anderen sei es für den Besteller in aller Regel auch schwierig, kurzfristig einen anderen, das Bauprojekt zu Ende führenden Fachplaner zu finden.[186]

III. Rechtsfolgen einer Kündigung durch den Besteller bzw. den Unternehmer

Wird der Vertrag nach Maßgabe des Sonderkündigungsrechts gemäß § 650r Abs. 1 BGB durch den Besteller bzw. nach § 650r Abs. 2 BGB durch den Unternehmer gekündigt (d.h. unabhängig davon, welcher der Vertragspartner die Kündigung letztlich ausgesprochen hat – wobei die Kündigung [wie eine solche aus „wichtigem Grund" nach § 648a BGB] zur **ex-nunc-Beendigung des Vertrags** führt),[187] ist der Unternehmer (Architekt oder Ingenieur) gemäß **§ 650r Abs. 3 BGB** (und im Unterschied zur Regelung des Kündigungsrechts des Bestellers nach § 648 BGB)[188] nur berechtigt, die Vergütung zu verlangen, die auf die bis zur Kündigung erbrachten Leistungen entfällt (**begrenzter Vergütungsanspruch des Unternehmers auf die bereits von ihm erbrachten Leistungen**). Die Regelung macht damit mittelbar deutlich, dass Leistungen nach § 650p Abs. 2 BGB nicht ohne Vergütung zu erbringen sind, „es sich also nicht stets um Akquisitionsleistungen handelt".[189] 85

In Bezug auf **Höhe der Vergütung** kann – vorbehaltlich einer anderweitigen ausdrücklichen Vereinbarung – auf die HOAI abgestellt werden. Enthalten die HOAI für die Leistungen des Unternehmers keine Regelung, ist auf die „übliche Vergütung" nach § 650q Abs. 1 i.V.m. § 632 Abs. 2 2. Alt. BGB abzustellen.[190] 86

Beachte: 87

Da es selbst bei einer rechtsmissbräuchlich erklärten Kündigung bzw. bei verweigerter Zustimmung nach § 650p Abs. 2 BGB bei der Rechtsfolge des § 650r Abs. 3 BGB bleibt, kann der Unternehmer über die

- Vergütung nach § 650r Abs. 3 BGB hinaus
- Schadensersatz nur nach
  - § 280 Abs. 1 i.V.m. § 241 Abs. 2 BGB (Verletzung einer Nebenpflicht) bzw. gemäß
  - § 826 BGB (vorsätzliche sittenwidrige Schädigung

verlangen.[191]

---

186 RegE, BT-Drucks 18/8486, S. 70.
187 Palandt/*Sprau*, § 650r BGB Rn 5.
188 Wonach der Unternehmer die vereinbarte Vergütung unter Anrechnung seiner ersparten Aufwendungen verlangen kann.
189 Erman/Schwenker/Rodemann, § 650r BGB Rn 5.
190 *Dammert*, Das neue Bauvertragsrecht, § 4 Rn 114.
191 *Dammert*, Das neue Bauvertragsrecht, § 4 Rn 104.

E. Teilabnahme (§ 650s BGB)

88 § 650s Teilabnahme

Der Unternehmer kann ab der Abnahme der letzten Leistung des bauausführenden Unternehmers oder der bauausführenden Unternehmer eine Teilabnahme der von ihm bis dahin erbrachten Leistungen verlangen.

89 § 640 Abs. 1 BGB (**Abnahme des Werks**) statuiert den **Grundsatz**, wonach der Besteller verpflichtet ist, das vertragsmäßig hergestellte Werk abzunehmen, sofern nicht nach der Beschaffenheit des Werkes die Abnahme ausgeschlossen ist. Wegen „unwesentlicher Mängel" kann die Abnahme nicht verweigert werden (**grundsätzliche Abnahmeverpflichtung erst nach vollständiger Herstellung des geschuldeten Werkes**).

90 Die Neuregelung des § 650s BGB[192] (infolge Art. 1 Nr. 25 BauVertrRRG) billigt dem Architekten bzw. dem Ingenieur für nach dem 31.12.2017 abgeschlossene Verträge (vgl. Art. 229 § 39 EGBGB) ab Abnahme der letzten Leistung des bauausführenden Unternehmers bzw. der bauausführenden Unternehmer erstmals ein **gesetzliches Recht zur Teilabnahme** der bis dato erbrachten Architekten- oder Ingenieurleistungen zu. „Damit wird hinsichtlich des überwiegenden Teils der Leistungen des Architekten oder Ingenieurs ein **Gleichlauf der Verjährungsfrist der Mängelhaftung** mit der des bauausführenden Unternehmers erreicht."[193]

91 *Beachte:*

Die Regelung des § 650s BGB soll individualvertraglich (sowohl zugunsten als auch zulasten des Unternehmers) abdingbar sein (**Abdingbarkeit**) – durch AGB soll jedoch ein Ausschluss der Teilabnahme gegen § 307 Abs. 2 Nr. 1 BGB verstoßen (arg.: Leitbildfunktion des § 650s BGB bzw. Rechtsgedanke des § 308 Nr. 1 Buchst. b BGB [Überprüfungs- und Abnahmepflicht]).[194] Im Übrigen sollen jene Klauseln, die die Teilabnahme nach Abschluss einer Leistungsphase vorsehen, (weiterhin) zulässig sein.[195]

92 *Ratio legis:*

Die Norm[196] zielt auf eine **Reduktion der ungleichen Belastung** von Architekten und Ingenieuren im Zusammenhang mit ihrer **gesamtschuldnerischen Haftung für Bau-**

---

192 Näher *Kuhn*, ZfBR 2017, 211.
193 RegE, BT-Drucks 18/8486, S. 71.
194 So Palandt/*Sprau*, § 650s BGB Rn 1: „jedoch können Zeitpunkt und Umfang der Teilabnahme variiert werden".
195 Palandt/*Sprau*, § 650s BGB Rn 1 unter Bezugnahme auf *Motzke*, NZBau 2017, 251, 257 (allerdings umstritten); *Kuhn*, ZfBR 2017, 211, 217.
196 Näher jurisPK-BGB/*Stelzner*, § 650s Rn 3 ff.

mängel mit dem Bauunternehmer.¹⁹⁷ Die ungleiche Belastung rührt u.a. daher, dass die in Architekten- und Ingenieurverträgen „gebündelten unterschiedlichen Leistungen" in einem umfassenden Vertrag z.B. auch die Objektbetreuung (Leistungsphase 9 nach § 3 HOAI) beinhalten. Damit gehen sie über die eigentliche Bauphase hinaus. In der Folge würde die Verjährungsfrist für Architekten- und Ingenieurleistungen später beginnen als beim bauausführenden Unternehmer – und damit korrespondierend auch das Ende der Verjährungsfrist: „Nach dem Ende der Verjährungsfrist für den bauausführenden Unternehmer haften Architekt und Ingenieur weiterhin für in dieser Phase noch vom Bauherrn geltend gemachte Baumängel, auch wenn diese ggf. überwiegend vom Bauunternehmer zu verantworten sind."¹⁹⁸ Für diesen Fall ist dann ein Rückgriff des in Anspruch Genommenen auf den Bauunternehmer wegen der für diesen dann bereits abgelaufenen Mängelgewährleistungsfrist nicht mehr möglich.

Vor diesem Hintergrund schafft § 650s BGB **Abhilfe**: Durch die Einräumung des Rechts auf Teilabnahme laufen die Verjährungsfristen von bauausführendem Unternehmer und Architekten sowie Ingenieuren für ihre bis zur Bauabnahme erbrachten Leistungen nahezu parallel – mit der Möglichkeit, dass der Planer nach einer Inanspruchnahme durch den Bauherrn noch den bauausführenden Unternehmer in Anspruch nehmen kann.¹⁹⁹

Beachte: 93

Dem Recht des Architekten oder Ingenieurs nach § 650s BGB – **parallel zur Abnahme der Leistungen des bauausführenden Unternehmers eine Teilabnahme zu verlangen** (einklagbarer Teilabnahmeanspruch)²⁰⁰ – kommt damit allerdings dann keine praktische Relevanz zu, wenn er nicht mit über die Planungs- und Bauüberwachungsphase hinausgehenden Tätigkeiten beauftragt worden ist. Bei einer bloßen Beauftragung mit der Planung des Vorhabens kann der Architekt oder Ingenieur nämlich nach dem Ende der Tätigkeit bereits Gesamtabnahme nach § 640 Abs. 1 BGB verlangen – weshalb diese Fälle durch das neue Recht auf Teilabnahme nicht berührt werden.²⁰¹

*Schwenker/Rodemann*²⁰² monieren, dass der Gesetzgeber – wie durchgehend in Bezug auf die gesamte Bauvertragsrechtsnovelle – als Regelfall die Beauftragung eines Generalunter- oder -Generalübernehmers zugrunde gelegt habe (dem sämtliche Bau- und Pla- 94

---

197 RegE, BT-Drucks 18/8486, S. 71.
198 RegE, BT-Drucks 18/8486, S. 71.
199 RegE, BT-Drucks 18/8486, S. 71.
200 Näher jurisPK-BGB/*Stelzner*, § 650s Rn 56 ff.
201 RegE, BT-Drucks 18/8486, S. 71.
202 *Erman/Schwenker/Rodemann*, § 650s BGB Rn 2.

nungsleistungen für das Bauvorhaben übertragen worden sind und der sich ganz oder teilweise der Hilfe von Subunternehmern bedient): „Dieses Modell bildet aber nicht den Regelfall im Baugeschehen"[203] – das Modell könne nicht funktionieren, wenn mehrere Bauunternehmer neben- oder nacheinander tätig seien.[204]

95 Der Unternehmer kann nach § **650s BGB** ab der Abnahme der letzten Leistung[205] des bauausführenden Unternehmers oder der bauausführenden Unternehmer eine **Teilabnahme** der von ihm bis dahin erbrachten Leistungen verlangen[206] – und zwar „unabhängig davon, welche Leistungen der Unternehmer bis zu diesem Zeitpunkt erbracht bzw. ab diesem Zeitpunkt noch zu erbringen hat".[207]

96 **Voraussetzungen eines** (mangels anderweitiger gesetzlicher Vorgaben) formlos möglichen[208] **Teilabnahmeverlangens** sind:

- Die Teilleistung des Unternehmers (Architekt oder Ingenieur) muss vertragsmäßig – d.h. ohne „wesentliche Mängel" – erbracht worden sein (vgl. § 650q Abs. 1 i.V.m. § 640 Abs. 1 BGB - **vertragsmäßig erbrachte Teilleistung**), da der Besteller ansonsten auch eine Teilabnahme verweigern kann.[209]

- Die oder der bauausführende(n) Unternehmer haben/hat die letzte Leistung rechtsgeschäftlich (nicht technisch) abgenommen (**Abnahme [nicht Teilabnahme von Einzelleistungen] der letzten Leistung des bauausführenden Unternehmers**) – „maßgeblich (kommt) es nur auf diejenigen Bauunternehmerleistungen an, deren Ausführung der Architekt unmittelbar fachlich zu überwachen hat"[210] (arg.: **Gleichlauf der Verjährungsfristen** innerhalb der gesamtschuldnerischen Haftung, vorstehende Rdn 92).

97 *Problem:*
Problematisch ist, ob auch eine **Abnahme unter** dem **Vorbehalt von Mängelrechten** nach § 640 Abs. 3 BGB als „Abnahme" i.S.v. § 650s BGB qualifiziert werden kann.

---

203 *Erman/Schwenker/Rodemann*, § 650s BGB Rn 2.
204 *Erman/Schwenker/Rodemann*, § 650s BGB Rn 2: „Soll dann jedes Mal eine Teilabnahme des Architektenwerks stattfinden, wenn das Werk einer der Unternehmer abgenommen wird?" – Konsequenz sei dann eine nicht mehr beherrschbare Aufsplitterung der Verjährungsfristen des Architekten für Pflichtverletzungen bei der Überwachung der einzelnen Unternehmer: so auch *Kuhn*, ZfBR 2017, 211.
205 Näher jurisPK-BGB/*Stelzner*, § 650s Rn 32 f.
206 Zum Abnahmeverlangen näher jurisPK-BGB/*Stelzner*, § 650s Rn 50 f.
207 *Dammert*, Das neue Bauvertragsrecht, § 4 Rn 115.
208 *Dammert*, Das neue Bauvertragsrecht, § 4 Rn 124 – aufgrund der Beweisbelastetheit des Unternehmers für diese anspruchsbegründenden Voraussetzungen rät *Dammert* (a.a.O.) zu Schriftform und Nachweis des Zugangs durch Einschreiben.
209 *Dammert*, Das neue Bauvertragsrecht, § 4 Rn 121.
210 *Dammert*, Das neue Bauvertragsrecht, § 4 Rn 122 unter Bezugnahme auf *Kuhn*, ZfBR 2017, 211, 217.

E. Teilabnahme (§ 650s BGB) § 4

Nimmt der Besteller ein mangelhaftes Werk gemäß § 640 Abs. 1 S. 1 BGB ab, obwohl er den Mangel (positiv) kennt, so stehen ihm nach § 640 Abs. 3 BGB die in § 634 Nr. 1 bis 3 BGB bezeichneten (Mängelgewährleistungs-)Rechte nur zu, wenn er sich seine Rechte wegen des Mangels bei der Abnahme „vorbehält".

Nach *Dammert*[211] ist das Problem unter dem Aspekt „Gleichlauf der Verjährungsfristen" zu lösen: „Nur soweit man den in § 634a Abs. 2 BGB geregelten Verjährungsbeginn den gleichen Voraussetzungen unterwirft wie die Teilabnahme nach § 650s BGB, kann ein solcher Gleichlauf gewährleistet werden."[212]

Weiteres Problem: 98

Der Unternehmer verweigert die Abnahme der letzten Leistung des bauausführenden Unternehmers zu Unrecht (**unrechtmäßige Abnahmeverweigerung**):[213] Greife hinsichtlich dieser Abnahme der letzten Leistung des bauausführenden Unternehmers zum Unternehmer die Abnahmefiktion des § 640 Abs. 2 BGB, so müsse die Leistung des bauausführenden Unternehmers auch im Verhältnis zum Architekten oder Ingenieur als „abgenommen" gelten.

Als „abgenommen" gilt nach der gesetzlichen Fiktion des § 640 Abs. 2 S. 1 BGB ein Werk auch, wenn der Unternehmer dem Besteller nach Fertigstellung des Werks eine angemessene Frist zur Abnahme gesetzt hat und der Besteller die Abnahme nicht innerhalb dieser Frist unter Angabe mindestens eines Mangels verweigert hat.

Die **Abnahmefiktion** tritt dann an die Stelle einer tatsächlichen Abnahme mit der Folge, dass der Architekt oder Ingenieur nach § 650s BGB Teilabnahme seiner bis dahin erbrachten Leistungen verlangen kann.[214] Umgekehrt – verweigert der Besteller die Leistungsabnahme des bauausführenden Unternehmers unter Angabe eines (und sei es auch nur unwesentlichen) Mangels – tritt gegenüber dem bauausführenden Unternehmer keine Abnahmefiktion ein mit der Folge, dass der Architekt oder Ingenieur auch keine Teilabnahme verlangen kann.[215]

Wenn der Architekt oder Ingenieur von seinem Recht auf Teilabnahme nach § 650s BGB 99 Gebrauch gemacht hat, „schließt sich nach Erfüllung aller geschuldeten Leistungen die Schlussabnahme an".[216]

---

211 *Dammert*, Das neue Bauvertragsrecht, § 4 Rn 123.
212 *Dammert*, Das neue Bauvertragsrecht, § 4 Rn 123.
213 *Dammert*, Das neue Bauvertragsrecht, § 4 Rn 125.
214 *Dammert*, Das neue Bauvertragsrecht, § 4 Rn 125.
215 So *Dammert*, Das neue Bauvertragsrecht, § 4 Rn 125.
216 RegE, BT-Drucks 18/8486, S. 71.

100 Beachte:

Außer dem gesetzlich normierten Recht auf Teilabnahme kann ein solches Recht auch (formularmäßig) vertraglich vereinbart werden[217] (**vertraglich vereinbartes Teilabnahmerecht**).

F. Gesamtschuldnerische Haftung mit dem bauausführenden Unternehmer (§ 650t BGB)

101 § 650t Gesamtschuldnerische Haftung mit dem bauausführenden Unternehmer

Nimmt der Besteller den Unternehmer wegen eines Überwachungsfehlers in Anspruch, der zu einem Mangel an dem Bauwerk oder an der Außenanlage geführt hat, kann der Unternehmer die Leistung verweigern, wenn auch der ausführende Bauunternehmer für den Mangel haftet und der Besteller dem bauausführenden Unternehmer noch nicht erfolglos eine angemessene Frist zur Nacherfüllung bestimmt hat.

I. Leistungsverweigerungsrecht des Unternehmers nach § 650t BGB

102 Nimmt der Besteller den Unternehmer (d.h. den Architekten oder den Ingenieur) wegen eines **Überwachungsfehlers**[218] (Planungsfehler genügen hingegen nicht)[219] in Anspruch, der zu einem Mangel an dem Bauwerk oder an der Außenanlage geführt hat[220] ([Mit-]Ursächlichkeit [Kausalität][221] für Mangel,[222] bspw. Schadensersatz nach den §§ 634 Nr. 4, 280, 281 BGB), kann der Unternehmer nach § 650t BGB die Leistung verweigern (**Leistungsverweigerungsrecht als Einrede**),[223] wenn auch der ausführende Bauunternehmer für den Mangel haftet und der Besteller dem bauausführenden Unternehmer noch nicht erfolglos eine angemessene Frist zur Nacherfüllung (nach § 634 Nr. 1 BGB) bestimmt hat (keine erfolglose Fristsetzung).[224]

103 Insoweit besteht **kein Leistungsverweigerungsrecht** des Unternehmers, wenn der Bauunternehmer

---

217 Dazu näher *Dammert*, Das neue Bauvertragsrecht, § 4 Rn 126 ff. (mit Formulierungsvorschlag in Rn 128).
218 Näher jurisPK-BGB/*Stelzner*, § 650t Rn 24 ff.
219 RegE, BT-Drucks 18/8486, S. 71 – arg.: Die Verantwortung trifft dann in erster Linie den Architekten – auch wenn zum Planungsfehler ein Überwachungsfehler hinzutritt: so Palandt/*Sprau*, § 650t BGB Rn 3.
220 Näher jurisPK-BGB/*Stelzner*, § 650t Rn 34 ff. Durch diese Beschränkung (auf Überwachungsfehler) werden **Planungsmängel** nicht in den Anwendungsbereich des Leistungsverweigerungsrechts einbezogen: *Erman/Schwenker/Rodemann*, § 650t BGB Rn 3.
221 Näher jurisPK-BGB/*Stelzner*, § 650t Rn 38 f.
222 Palandt/*Sprau*, § 650t BGB Rn 3.
223 Näher jurisPK-BGB/*Stelzner*, § 650t Rn 56. Palandt/*Sprau*, § 650t BGB Rn 4: ähnlich § 770 BGB.
224 Näher jurisPK-BGB/*Stelzner*, § 650t Rn 43 ff.

F. Gesamtschuldnerische Haftung mit dem bauausführenden Unternehmer § 4

- den Mangel nicht mehr beseitigen kann bzw. muss, oder
- die Mangelbeseitigung zu Recht verweigert, bzw.
- nach Verjährung der Mängelrechte.[225]

§ 650t BGB normiert allein das **Außenverhältnis** zwischen Besteller und Architekt bzw. Ingenieur – die Regelung lässt hingegen das Innenverhältnis zwischen Architekt bzw. Ingenieur und Bauunternehmer unberührt.[226] **104**

> *Beachte:* **105**
> Die Regelung des § 650t BGB soll durch Individualvereinbarung abdingbar sein (**Abdingbarkeit**) – nicht jedoch durch AGB, da dies wegen der Leitbildfunktion der Norm gegen § 307 Abs. 2 Nr. 1 BGB verstoßen soll.[227]

§ 650t BGB statuiert einen **Vorrang der Nacherfüllung** im Verhältnis zwischen Architekt bzw. Ingenieur, bauausführendem Bauunternehmer und Besteller.[228] **106**

II. Ratio legis

Die Norm – eingefügt durch Art. 1 Nr. 25 BauVertrRRG – zielt in Bezug auf nach dem 31.12.2017 abgeschlossene Verträge (vgl. Art. 229 § 39 EGBGB) darauf ab, die überproportionale Belastung der Architekten und Ingenieure im Rahmen ihrer gesamtschuldnerischen Haftung mit dem bauausführenden Unternehmer[229] zu reduzieren.[230] Das Problem liegt darin begründet, dass auch in Fällen, in denen die Verjährungsfrist für Baumängel gegen den bauausführenden Unternehmer noch nicht abgelaufen ist, Bauherren im Rahmen der Reklamation von Baumängeln – die sowohl der Bauunternehmer als auch der Architekt oder Ingenieur zu verantworten haben (und zwar beide nach den Grundsätzen der Mängelhaftung gemäß §§ 633 ff. BGB und, wenn die Mängelansprüche [wie z.B. beim Schadensersatz] auf im Wesentlichen identische Leistungen gerichtet sind, gleichrangig als **Gesamtschuldner** haften)[231] – vorrangig oft Letztere (d.h. den Architekten oder Ingenieur) in Anspruch nehmen (vgl. § 421 BGB), da diese berufsrechtlich zum Abschluss einer **Berufshaftpflichtversicherung** verpflichtet sind, was bestellerseitig die Realisierung von Schadensersatzansprüchen „optimal" sichert.[232] Dies kann, wenn der Architekt oder Ingenieur bzw. deren Versicherung dann im Nachgang versuchen, den Regress- **107**

---

225 Palandt/*Sprau*, § 650t BGB Rn 3.
226 Palandt/*Sprau*, § 650t BGB Rn 3.
227 Palandt/*Sprau*, § 650t BGB Rn 1.
228 RegE, BT-Drucks 18/8486, S. 71.
229 Näher jurisPK-BGB/*Stelzner*, § 650t Rn 40 ff.
230 RegE, BT-Drucks 18/8486, S. 71.
231 Palandt/*Sprau*, § 650t BGB Rn 2.
232 RegE, BT-Drucks 18/8486, S. 71.

anspruch beim Bauunternehmer zu realisieren, zu erheblichen **Problemen** führen (insbesondere dann, wenn der bauausführende Unternehmer zwischenzeitlich bspw. in Insolvenz gegangen ist). Dies führt nach Ansicht des Gesetzgebers „zu einer wirtschaftlich stärkeren Belastung der Architekten und Ingenieure als dies (letztlich) ihrem Beitrag zum Mangel entspricht".[233]

108 Dieses **Ungleichgewicht** will § 650t BGB mit dem Leistungsverweigerungsrecht zugunsten von Architekten oder Ingenieuren beseitigen oder doch zumindest reduzieren, wenn der Besteller nicht zuvor den ausführenden Bauunternehmer erfolglos zur Nacherfüllung aufgefordert hat – um so einen **Interessenausgleich** zwischen Architekten oder Ingenieuren einerseits und Bauunternehmern andererseits herzustellen.[234]

III. Anwendungsprobleme der Norm

109 Die Norm verhindert zumindest bei kleineren und damit leicht behebbaren Baumängeln eine vorschnelle vorrangige Inanspruchnahme des Architekten oder Ingenieurs durch den Besteller. Zugleich wird gesetzlich einer erfolgversprechenden Nachbesserung ein Vorrang vor der Geltendmachung eines Schadensersatzanspruchs (auch in dem durch die Gesamtschuld entstehenden Mehrpersonenverhältnis zwischen dem Bauherrn, dem Architekten oder Ingenieur und dem bauausführenden Unternehmer) eingeräumt[235] – wie dies ja auch bereits in der Relation Besteller – bauausführender Unternehmer der Fall ist (vgl. die §§ 634 ff. BGB, wonach dem Unternehmer zunächst ein Nachbesserungsrecht [sog. **Recht zur zweiten Andienung**] eingeräumt werden muss, bevor der Besteller Mängelhaftungsrechte [z.B. Schadensersatz, Minderung des Vergütungsanspruchs oder Selbstbeseitigung des Schadens] geltend machen kann). Das Recht zur zweiten Andienung würde dem bauausführenden Unternehmer aber dann verweigert, wenn der Besteller im Rahmen der gesamtschuldnerischen Haftung vom Planer und vom bauausführenden Unternehmer den Planer **sofort** in Anspruch nehmen könnte.[236]

110 *Beachte:*

Der Architekt oder Ingenieur kann das Leistungsverweigerungsrecht nach § 650t BGB nur im Falle von **Überwachungsfehlern** *– die zu Mängeln am Bauwerk oder der Au-*

---

[233] RegE, BT-Drucks 18/8486, S. 71.
[234] RegE, BT-Drucks 18/8486, S. 72.
[235] RegE, BT-Drucks 18/8486, S. 72.
[236] RegE, BT-Drucks 18/8486, S. 72 – zumal der solvente Unternehmer nach Ansicht des Gesetzgebers im Regelfall ein Interesse an der Wahrnehmung des Nacherfüllungsrechts habe (arg: Wiederherstellung der „Kundenzufriedenheit"). Im Übrigen sei eine Nacherfüllung regelmäßig kostengünstiger als die Erfüllung des Regressanspruchs des Planers (a.a.O.).

ßenlagen geführt haben – erheben,[237] **nicht jedoch bei Planungsmängeln** (arg.: Bei Letzteren hat der Architekt oder Ingenieur nämlich die Hauptursache für den Mangel selbst gesetzt, weswegen es unangemessen wäre, den Besteller in einer solchen Konstellation zunächst auf eine Inanspruchnahme des Bauunternehmers auf Nacherfüllung zu verweisen.[238]

Beachte zudem: **111**

§ 650t BGB setzt hingegen nicht voraus, dass der Besteller gegen den bauausführenden Unternehmer zuvor geklagt hat:[239] Es reicht vielmehr aus, dass der Besteller dem bauausführenden Unternehmer erfolglos eine angemessene Frist zur Nacherfüllung gesetzt hat (was auch im Mängelgewährleistungsrecht nach § 637 BGB Voraussetzung für die Geltendmachung anderer Mängelgewährleistungsansprüche ist) – arg.: weitergehende Voraussetzungen würden die Geltendmachung der Mängelhaftungsansprüche des Bestellers nur erschweren (und gerade bei größeren Mängeln auch zu einem nicht akzeptablen Zeitverlust führen).[240]

Der Gesetzgeber hat sich zugleich explizit gegen eine **Abschaffung der gesamtschuldnerischen Haftung** ausgesprochen:[241] Dies ginge nur zulasten des Bestellers, mithin insbesondere des Verbrauchers, der eine anderweitige Absicherung seiner Ansprüche vertraglich im Zweifel nicht durchsetzen kann – und beim Wegfall der gesamtschuldnerischen Haftung prozessual benachteiligt würde, da er dann eine korrekte Schadensaufteilung zwischen den am Bau Beteiligten vornehmen müsste (was ihm selbst bei sachverständiger Unterstützung nicht immer gelingen dürfte), um jeden Baubeteiligten einzeln zu verklagen.[242] **112**

Schwenker/Rodemann[243] äußern heftige Kritik an der Norm, da die gesamtschuldnerische Haftung zu einer subsidiären gesamtschuldnerischen Haftung umgedeutet werde – was mit der Judikatur des BGH[244] nicht in Übereinstimmung zu bringen sei, nach der Architekt bzw. Ingenieur und Bauunternehmer (nur) dann Gesamtschuldner sein sollen, wenn sie beide wegen eines Mangels am Bauwerk auf Schadensersatz in Geld wegen Nichterfüllung nach § 635 BGB alt haften. **113**

---

237 RegE, BT-Drucks 18/8486, S. 72.
238 RegE, BT-Drucks 18/8486, S. 72.
239 RegE, BT-Drucks 18/8486, S. 72.
240 RegE, BT-Drucks 18/8486, S. 72.
241 RegE, BT-Drucks 18/8486, S. 72.
242 RegE, BT-Drucks 18/8486, S. 72.
243 *Erman/Schwenker/Rodemann*, § 650t BGB Rn 1.
244 BGH NJW 1965, 1175.

114 „Problematisch ist die in der Praxis recht häufig vorkommende Konstellation, dass der Besteller einen Ausführungsmangel beseitigen lässt und anschließend wegen der dafür aufgewandten Kosten den Architekten oder Ingenieur auf Schadensersatz in Anspruch nimmt, ohne den bauausführenden Unternehmer zur Nacherfüllung aufgefordert zu haben."[245]

---

[245] *Erman/Schwenker/Rodemann*, § 650t BGB Rn 5.

§ 5 Der Bauträgervertrag

A. Einleitung

Untertitel 3 („Bauträgervertrag") – neu eingefügt durch Art. 1 Nr. 25 BauVertrRRG für nach dem 31.12.2017 abgeschlossene Verträge (vgl. Art. 229 § 39 EGBGB) – regelt in den §§ 650u und 650v BGB den Bauträgervertrag erstmals gesetzlich („erster richtiger Schritt")[1] als **eigener Vertragstyp im BGB**,[2] indem (ohne weitere detaillierte Regelungen) aus dem Verbraucherbauvertragsrecht jedenfalls die

- Baubeschreibungspflicht (§§ 650j, 650k Abs. 2 und 3 BGB) und die
- Dokumentationspflicht (§ 650n BGB)

für den Bauträgervertrag übernommen werden.

Der Gesetzgeber erkennt damit einen gesetzlichen Regelungsbedarf für diese **eigenständige Vertragsform mit werkvertragsähnlichem Charakter** (auf der Nahtstelle zwischen Kauf- und Werkvertragsrecht) an,[3] da es bis dato dem Werkvertragsrecht an detaillierten Regelungen fehlte, die dem komplexen Charakter dieses Vertragstyps Rechnung trugen.[4] Gleichwohl „bleiben wesentliche Fragen unbeantwortet, sodass den Vorschriften des Untertitels 3 … zunächst eine Funktion als Platzhalter für noch kommende Anpassungen zukommen dürfte".[5]

Die Judikatur[6] wendet auf Mängel an **neu errichteten** Häusern oder Eigentumswohnungen im Rahmen von Bauträgerverträgen auch dann Werkvertragsrecht (§§ 631 ff. BGB) an, wenn das Bauwerk oder die Eigentumswohnung im Zeitpunkt des Vertragsschlusses schon fertiggestellt sind.

Anders: Eine Wohnung ist nicht mehr „neu", wenn der Bauträger sie vor der Veräußerung längere Zeit vermietet (oder anderweitig genutzt) hat – dann gelangt Kaufgewährleistungsrecht (§§ 434 ff. BGB) zur Anwendung.[7]

Ein Bauträgervertrag über ein noch nicht errichtetes Haus (bzw. eine Wohnung im Geschosswohnungsbau) ist – ebenso beim sog. **Haldenverkauf** (wenn der Bauträger Häuser

---

1 JurisPK-BGB/*Stelzner*, § 650u Rn 5.
2 JurisPK-BGB/*Stelzner*, § 650u Rn 1.
3 JurisPK-BGB/*Stelzner*, § 650u Rn 2.
4 JurisPK-BGB/*Stelzner*, § 650u Rn 3: mit Elementen des Werk-, Kauf-, Auftrags- und Geschäftsbesorgungsrechts.
5 JurisPK-BGB/*Stelzner*, § 650u Rn 4 unter Bezugnahme auf *Pause*, BauR 2017, 430, 440: Keine Regelung erfahren hätten Probleme der Abnahme von Bauträgerleistungen (vor allem bei „Nachzüglerfällen") und jurisPK-BGB/*Stelzner*, § 650u Rn 5: Schutzlücken im sog. „Vormerkungsmodell".
6 BGH MDR 2016, 762.
7 So BGH MDR 2016, 706.

oder Wohnungen auf Vorrat errichtet)[8] – seiner Rechtsnatur nach Werkvertrag i.S.v. § 631 BGB.[9]

B. Der Begriff „Bauträgervertrag" und die auf ihn anwendbaren Vorschriften (§ 650u BGB)

6 § 650u Bauträgervertrag; anwendbare Vorschriften[10]
(1) Ein Bauträgervertrag ist ein Vertrag, der die Errichtung oder den Umbau eines Hauses oder eines vergleichbaren Bauwerks zum Gegenstand hat und der zugleich die Verpflichtung des Unternehmers enthält, dem Besteller das Eigentum an dem Grundstück zu übertragen oder ein Erbbaurecht zu bestellen oder zu übertragen. Hinsichtlich der Errichtung oder des Umbaus finden die Vorschriften des Untertitels 1 Anwendung, soweit sich aus den nachfolgenden Vorschriften nichts anderes ergibt. Hinsichtlich des Anspruchs auf Übertragung des Eigentums an dem Grundstück oder auf Übertragung oder Bestellung des Erbbaurechts finden die Vorschriften über den Kauf Anwendung.
(2) Keine Anwendung finden die §§ 648, 648a, 650b bis 650e, 650k Absatz 1 sowie die §§ 650l und 650m Absatz 1.

7 Ein **Bauträgervertrag**[11] ist nach der Legaldefinition des **§ 650u Abs. 1 S. 1 BGB** – in Übernahme der Definition des § 632a Abs. 2 BGB alt[12] (vgl. auch die Regelung in § 1 der Verordnung über Abschlagszahlungen bei Bauträgerverträgen [BautrVAbschlZVO]) – **ein** (nach dem Parteiwillen einheitlicher)[13] **Vertrag** zwischen einem
- **Bauträger**, d.h.
- gewerberechtlich nach § 34c Abs. 1 S. 1 Nr. 4 Buchst. a GewO ein Gewerbetreibender mit gewerberechtlicher Erlaubnis, der das Bauvorhaben im eigenen Namen (egal ob für eigene oder fremde Rechnung) vorbereitet und/oder durchführt,[14] und
- zivilrechtlich ein Unternehmer, der im Rahmen eines Bauträgervertrags tätig wird (als Bauherr, der auf einem eigenen oder auf einem von ihm zu beschaffenden Grund-

---

8 *Erman/Schwenker/Rodemann*, § 650u BGB Rn 2.
9 BGH BauR 2001, 391.
10 Eingefügt durch Art. 1 Nr. 25 des Gesetzes vom 28.4.2017 (BGBl I, S. 969).
11 Vgl. zur Abgrenzung zur Bauträgertätigkeit i.S.v. § 34c GewO: *Pause*, Das neue Bauvertragsrecht, § 6 Rn 14.
12 „Wenn der Vertrag die Errichtung oder den Umbau eines Hauses oder eines vergleichbaren Bauwerks zum Gegenstand hat und zugleich die Verpflichtung des Unternehmers enthält, dem Besteller das Eigentum an dem Grundstück zu übertragen oder ein Erbbaurecht zu bestellen oder zu übertragen, …"
13 Palandt/*Sprau*, § 650u BGB Rn 2.
14 Palandt/*Sprau*, § 650u BGB Rn 3.

B. Der Begriff „Bauträgervertrag" und die auf ihn anwendbaren Vorschriften § 5

stück baut,[15] und der Vertragspartner der die Bauleistungen erbringenden Unternehmen ist),[16] und einem

- **Besteller** (Erwerber oder Käufer) – sodass, wenn dieser Verbraucher i.S.v. § 13 BGB ist, ein Verbrauchervertrag nach den §§ 310 Abs. 3, 312 Abs. 1 BGB (und i.d.R. eine Bereichsausnahme nach § 312 Abs. 2 Nr. 1 bis 3 BGB) vorliegt: mit korrespondierender Anwendbarkeit der Vorschriften über den Verbraucherbauvertrag gemäß § 650i BGB),[17]

der

- die Errichtung[18] oder den Umbau[19] (Sanierungsmaßnahmen)[20] eines Hauses[21] oder eines vergleichbaren[22] Bauwerks[23] (z.B. Garagen oder Tiefgaragen)[24] zum Gegenstand

---

15 Beachte: Baut der Unternehmer auf dem Grundstück des Bestellers, liegt kein Bauträgervertrag, sondern regelmäßig ein Bau- oder Werklieferungsvertrag vor – u.U. auch ein Verbraucherbauvertrag: so Palandt/*Sprau*, § 650u BGB Rn 3.
16 Palandt/*Sprau*, § 650u BGB Rn 3.
17 Palandt/*Sprau*, § 650u BGB Rn 4.
18 Gleichbedeutend mit Neubau: so jurisPK-BGB/*Stelzner*, § 650u Rn 16 – der darauf verweist (a.a.O., Rn 17), dass die Regelung des Bauträgervertragsrechts auch bereits fertiggestellte Häuser oder vergleichbare Bauwerke dann erfassen kann, „wenn der Vertrag im Übrigen das Gepräge eines Bauträgervertrags hat", z.B. Fälle im Geschosswohnungsbau (wenn einzelne Wohnungen bereits im Zeitpunkt der Errichtung verkauft werden, einzelne [„Nachzüglerfälle"] aber erst nach Fertigstellung und Abnahme des Gemeinschaftseigentums – worauf die Rechtsprechung einheitlich Werkvertragsrecht (§§ 631 ff. BGB) anwendet (obwohl das werkvertragliche Element bereits erfüllt ist): BGHZ 210, 206 = NJW 2016, 2878; BGH NJW 1985, 1551. Zur „Errichtung" gehören auch die entsprechenden Planungsleistungen, die keine selbstständigen Pflichten i.S.v. § 650p BGB darstellen: Palandt/*Sprau*, § 650u BGB Rn 7.
19 Vgl. § 2 Abs. 5 HOAI. Klassischer Umbau, aber auch „grundlegende" Modernisierungen und Sanierungen von Altbauten (Maßnahmen, die nach Art und Umfang einem Neubau vergleichbar sind), so jurisPK-BGB/*Stelzner*, § 650u Rn 25. Wenn § 650u BGB – anders als § 650i Abs. 1 BGB – auch keine „wesentliche" Umbaumaßnahme fordere, sei hieraus und aus der Ausrichtung von § 650i BGB am Schutzzweck der VerbrRRL zu entnehmen, dass der in § 650u Abs. 1 S. 1 BGB geforderte Eingriff in die Bauwerkskonstruktion nicht die für den Verbraucherbauvertrag geforderte Intensität erreichen müsse: Palandt/Sprau, § 650u BGB Rn 7 – erfasst würden daher auch Teilsanierungen. Zur „Umgestaltung eines vorhandenen Bauwerks mit wesentlichen Eingriffen in Konstruktion und Bestand": Palandt/*Sprau*, § 650u BGB Rn 7.
20 *Pause*, Das neue Bauvertragsrecht, § 6 Rn 11 f.: I.S. „umfassender Entkernungen, also Baumaßnahmen, die einem Neubau gleichkommen" – aber auch „Umbauten, bei denen nur partielle Bauleistungen erbracht werden, sofern sie ebenfalls mit **wesentlichen Eingriffen in die Konstruktion** oder den Bestand verbunden sind" (Rn 12 – d.h. auch Bauvorhaben unter der Schwelle einer Kernsanierung, mithin punktuelle Sanierungen).
21 „Haus" ist jedes Gebäude, das für den ständigen Aufenthalt von Menschen bestimmt ist": *Pause*, Das neue Bauvertragsrecht, § 6 Rn 14. Vgl. zudem *Pause*, a.a.O., § 6 Rn 7: z.B. zum Wohnen, aber auch zur geschäftlichen Nutzung; weiterhin Palandt/*Sprau*, § 650u BGB Rn 7 – natürlich auch eine Nutzung durch Wohnen.
22 „Vergleichbar sind nicht nur Bauwerke zu Wohnzwecken": so jurisPK-BGB/*Stelzner*, § 650u Rn 30 – das Bauwerk müsse aber nach Art und Umfang einem Haus gleich sein (bspw. [so jurisPK-BGB/*Stelzner*, § 650u Rn 31]; Palandt/*Sprau*, § 650u BGB Rn 7] Garagen, Gartenlauben oder technische Anlagen [z.B. ein Umspannwerk, eine Schleuse oder ein Kanal], die allerdings feste Verbindung mit dem Boden aufweisen) – nicht hingegen Außenanlagen.
23 „Bauwerke" sind (sofern sie Häusern vergleichbar sind) „unbewegliche mit dem Erdboden festverbundene Sachen, die unter Einsatz von Arbeit und Material hergestellt wurden": so *Pause*, Das neue Bauvertragsrecht, § 6 Rn 7; Palandt/*Sprau*, § 650u BGB Rn 7.
24 *Pause*, Das neue Bauvertragsrecht, § 6 Rn 8.

§ 5 Der Bauträgervertrag

hat (**Herstellungsverpflichtung einer Bauleistung – als werkvertragliches Element**) und der **zugleich**
- die Verpflichtung des Unternehmers enthält, dem Besteller das Eigentum an dem Grundstück zu übertragen oder ein Erbbaurecht zu bestellen oder zu übertragen (**Grundstücksverschaffungspflicht – als kaufvertragliches Element**).

Der Vertrag kann auch noch ggf. weitere Bestandteile des Auftrags- (§§ 662 ff. BGB) und Geschäftsbesorgungsrechts (§§ 675 ff. BGB) beinhalten.[25]

8 *Beachte:*

§ 650u BGB ist im Rahmen einer Individualvereinbarung bis zur Grenze des § 650o BGB abdingbar (**Abdingbarkeit**) – im Rahmen von AGB soll dem Bauträgervertrag als Typenvertrag jedoch Leitbildfunktion bei der AGB-Prüfung nach § 307 Abs. 2 BGB zukommen.[26]

9 *Beachte zudem:*

Der Bauträgervertrag ist nach § 311b Abs. 1 BGB formbedürftig.[27]

10 Auf der **Tatbestandsseite** normiert § 650u Abs. 1 BGB die Anwendungsvoraussetzungen der Regelungen des Bauträgervertragsrechts – auf der **Rechtsfolgenseite** die Anwendung
- des Werkvertragsrechts (§§ 631 ff. BGB) auf die Herstellungsverpflichtung und
- des Kaufvertragsrechts (§§ 433 ff. BGB) in Bezug auf die Grundstücksverschaffungsverpflichtung.

11 *Beachte:*

Pause[28] ist unter Bezugnahme auf die vom BGH[29] vertretene Ansicht der Auffassung, dass wegen Mängeln in Bezug auf bereits fertiggestellte – aber noch neue – Bauwerke Werkvertragsrecht (§§ 631 ff. BGB – mithin die §§ 634 ff. BGB) anzuwenden ist.

12 *Beachte zudem:*

Nach *Stelzner*[30] kommt es in Bezug auf die Anwendbarkeit des Gewährleistungsrechts unverändert darauf an, „ob sich der geltend gemachte Anspruch aus der grund-

---

25 Palandt/*Sprau*, § 650u BGB Rn 2 und 11.
26 Palandt/*Sprau*, § 650u BGB Rn 12.
27 Palandt/*Sprau*, § 650u BGB Rn 5.
28 *Pause*, Das neue Bauvertragsrecht, § 6 Rn 9 f.
29 BGH NZBau 2016, 551: allerdings sei eine vom Bauträger vermietete und erst drei Jahre nach Fertigstellung vermietete Wohnung nach der Verkehrsanschauung nicht mehr „neu" – womit nunmehr Kaufmängelgewährleistungsrecht greift.
30 JurisPK-BGB/*Stelzner*, § 650u Rn 12.

stücksbezogenen Komponente des Vertrags oder aus der Verpflichtung zur Errichtung des Bauwerks herleitet".

C. Die auf den Bauträgervertrag anwendbaren Vorschriften

Das auf den Bauträgervertrag anwendbare Recht bestimmt § 650u Abs. 1 S. 2 und Abs. 2 BGB. **13**

I. Anwendung des Werk-, Bau- und Verbraucherbauvertragsrechts

Hinsichtlich der **Errichtung oder des Umbaus (Herstellungsverpflichtung)** finden nach **§ 650u Abs. 1 S. 2 BGB** (neben den Vorgaben der MaBV) die Vorschriften des Untertitels 1 (Werkvertrag) – d.h. die §§ 631 bis 651 BGB (Werk-, Bau- und Verbraucherbauvertragsrecht) – Anwendung, mithin **14**

- die allgemeinen werkvertraglichen Vorschriften (§§ 631 bis 650 BGB),
- die Vorschriften über den Bauvertrag (§§ 650a bis 650h BGB) und
- die Vorschriften über den Verbraucherbauvertrag (§§ 650i bis 650n BGB), einschließlich
- der Regelung über die Unabdingbarkeit (§ 650o BGB).

Keine Anwendung findet jedoch Untertitel 2 (Architekten- und Ingenieurvertrag – mithin die §§ 650p bis 650t BGB). **15**

Die Vorschriften des Untertitels 1 – d.h. die §§ 631 bis 650o BGB (Werk-, Bau- und Verbraucherbauvertragsrecht) – finden im Übrigen auch nur insoweit Anwendung, als sich aus dem Untertitel 3 (**Bauträgervertragsrecht** – den §§ 650u und 650v BGB [vgl. insbesondere die umfassenden Ausnahmen nach § 650u Abs. 2 BGB, nachstehende Rdn 19 ff.]) nichts anderes ergibt (**Regel-Ausnahme-Prinzip**). **16**

Anwendung auf den Bauträgervertrag finden demnach[31] folgende **17**

- **werkvertragliche Vorschriften**:
- §§ 631, 632 BGB (vertragstypische Pflichten und Vergütung),
- § 632a BGB (Abschlagszahlungen),
  - ergänzt durch § 650m BGB (zur Höhe und Absicherung beim Verbraucherbauvertrag)
  - modifiziert durch § 650v BGB (nachstehende Rdn 31 ff.),
- §§ 633 ff. BGB (Sach- und Rechtsmängelhaftung in Bezug auf die Herstellungsverpflichtung),

---

31 *Pause*, Das neue Bauvertragsrecht, § 6 Rn 21.

- § 634a BGB (Verjährung) und
- §§ 640, 641 BGB (Abnahme);[32]
- **bauvertragliche Vorschriften**:[33]
- § 650g Abs. 1 bis 3 BGB (Zustandsfeststellung bei verweigerter Abnahme) und
- § 650g Abs. 4 BGB (Schlussabrechnung);[34]
- **verbraucherbauvertragliche Vorschriften**:[35]
- § 650j und § 650k Abs. 2 und Abs. 3 BGB i.V.m. Art. 249 EGBGB (Baubeschreibungspflicht – sofern der Erwerber Verbraucher i.S.v. § 13 BGB ist [vgl. auch die öffentlich-rechtlichen Informationspflichten nach Maßgabe von § 11 MaBV]),
- § 650m Abs. 2 BGB (Sicherung von Abschlagszahlungen) und
- § 650u BGB (Herausgabe von Unterlagen).

II. Anwendung des Kaufvertragsrechts

18 Hinsichtlich des Anspruchs auf Übertragung des Eigentums an dem Grundstück oder auf Übertragung oder Bestellung des Erbbaurechts (d.h. in Bezug auf die kaufvertragsrechtliche Ebene) finden gemäß § 650u Abs. 1 S. 3 BGB die Vorschriften über den Kauf (§§ 433 ff. BGB) Anwendung (vgl. auch die Formvorschrift des § 311b Abs. 1 BGB). Die Übertragung des Eigentums vollzieht sich nach den §§ 873, 925 BGB – vgl. zum Wohnungserbbaurecht auch § 30 WEG.

III. Einschränkung der Anwendbarkeit des Werkvertragsrechts

19 Keine Anwendung auf den Bauträgervertrag finden nach **§ 650u Abs. 2 BGB** bestimmte werkvertragsrechtliche Vorschriften.[36]

---

32 Zu den Problemen „Teilabnahme" und „Abnahme von Gemeinschaftseigentum" näher *Pause*, Das neue Bauvertragsrecht, § 6 Rn 36 ff.
33 *Pause*, Das neue Bauvertragsrecht, § 6 Rn 22.
34 Zum Verhältnis von Schlussabrechnung und § 3 MaBV: *Pause*, Das neue Bauvertragsrecht, § 6 Rn 57 f.
35 *Pause*, Das neue Bauvertragsrecht, § 6 Rn 23.
36 Näher jurisPK-BGB/*Stelzner*, § 650u Rn 34 f.

C. Die auf den Bauträgervertrag anwendbaren Vorschriften §5

1. Keine freie Kündigung des Werkvertrags nach § 648 BGB (§ 649 BGB alt)

Der Ausschluss des Rechts zur freien Kündigung des Werkvertrags nach § 648 BGB[37] liegt darin begründet, dass der Bauträger grundsätzlich zur Erbringung einer **Gesamtleistung** (die sich aus den Elementen **Grundstücksveräußerung** und **Bauwerkserrichtung** zusammensetzt) verpflichtet und berechtigt ist. Die beiden Elemente sind für den Bauträger aus kalkulatorischen und bautechnischen Gründen miteinander verknüpft – sodass sie „gegenüber einem vertragstreuen Bauträger nicht durch eine freie Kündigung des Erwerbers getrennt werden können".[38]

20

Dies entspricht auch bereits der bisherigen Judikatur des BGH,[39] der eine freie Kündigung des Bauträgervertrags wegen der in ihm enthaltenen kaufvertraglichen Elemente und des wirtschaftlichen Zwecks verneint hatte. Würde man dem Besteller ein freies Kündigungsrecht zugestehen, könnte der Erwerber das Grundstück (bzw. den Grundstücksanteil einschließlich der bis zum Kündigungszeitpunkt erbrachten Leistungen) gegen eine entsprechende Vergütung verlangen und danach mit einem anderen Bauunternehmer weiterbauen.[40] Auch wäre eine Kündigung des Bauträgervertrags noch vor dem Beginn der Bauarbeiten möglich, wodurch der Besteller das Eigentum am Grundstück erlangen und mit einem anderen Bauunternehmer (weiter-)bauen könnte.[41] Ein freies Kündigungsrecht – losgelöst von einem Kündigungsgrund – liefe dem wirtschaftlichen Zweck des Bauträgervertrags zuwider.[42] „Zudem würden insbesondere im Geschosswohnungsbau mit Blick auf die Gesamtherstellungsverpflichtung erhebliche Probleme im Verhältnis des Kündigenden zu den übrigen Erwerbern entstehen".[43]

21

2. Keine Kündigung aus wichtigem Grund nach § 648a BGB

§ 648a BGB Kündigung aus wichtigem Grund

„(1) Beide Vertragsparteien können den Vertrag aus wichtigem Grund ohne Einhaltung einer Kündigungsfrist kündigen. Ein wichtiger Grund liegt vor, wenn dem kündigenden Teil unter

22

---

37 „Der Besteller kann bis zur Vollendung des Werkes jederzeit den Vertrag kündigen. Kündigt der Besteller, so ist der Unternehmer berechtigt, die vereinbarte Vergütung zu verlangen; er muss sich jedoch dasjenige anrechnen lassen, was er infolge der Aufhebung des Vertrags an Aufwendungen erspart oder durch anderweitige Verwendung seiner Arbeitskraft erwirbt oder zu erwerben böswillig unterlässt. Es wird vermutet, dass danach dem Unternehmer 5 vom Hundert der auf den noch nicht erbrachten Teil der Werkleistung entfallenden vereinbarten Vergütung zustehen."
38 RegE, BT-Drucks 18/8486, S. 73.
39 BGH NJW 1986, 925.
40 RegE, BT-Drucks 18/8486, S. 73.
41 RegE, BT-Drucks 18/8486, S. 73.
42 RegE, BT-Drucks 18/8486, S. 73.
43 RegE, BT-Drucks 18/8486, S. 73.

Berücksichtigung aller Umstände des Einzelfalls und unter Abwägung der beiderseitigen Interessen die Fortsetzung des Vertragsverhältnisses bis zur Fertigstellung des Werks nicht zugemutet werden kann.

(2) Eine Teilkündigung ist möglich; sie muss sich auf einen abgrenzbaren Teil des geschuldeten Werks beziehen.

(3) § 314 Absatz 2 und 3 gilt entsprechend.

(4) Nach der Kündigung kann jede Vertragspartei von der anderen verlangen, dass sie an einer gemeinsamen Feststellung des Leistungsstandes mitwirkt. Verweigert eine Vertragspartei die Mitwirkung oder bleibt sie einem vereinbarten oder einem von der anderen Vertragspartei innerhalb einer angemessenen Frist bestimmten Termin zur Leistungsstandfeststellung fern, trifft sie die Beweislast für den Leistungsstand zum Zeitpunkt der Kündigung. Dies gilt nicht, wenn die Vertragspartei infolge eines Umstands fernbleibt, den sie nicht zu vertreten hat und den sie der anderen Vertragspartei unverzüglich mitgeteilt hat.

(5) Kündigt eine Vertragspartei aus wichtigem Grund, ist der Unternehmer nur berechtigt, die Vergütung zu verlangen, die auf den bis zur Kündigung erbrachten Teil des Werks entfällt.

(6) Die Berechtigung, Schadensersatz zu verlangen, wird durch die Kündigung nicht ausgeschlossen."

23 Der Gesetzgeber[44] weist darauf hin, dass der BGH[45] zwar bei Vorliegen eines „wichtigen Grundes" die Möglichkeit einer Teilkündigung des werkvertraglichen Teils eines Bauträgervertrags mit der Folge einer Teilabwicklung bejaht habe, doch habe es sich dabei um eine Einzelfallentscheidung mit Ausnahmecharakter gehandelt.[46] Die **Einheitlichkeit des Bauträgervertrags** (Herstellungs- und Grundstücksverschaffungspflicht) und die Ausübung der Rechte aus diesem sollen es ausschließen, sich teilweise von diesem zu lösen.[47] „Vielmehr soll nur noch eine Gesamtabwicklung des Vertrages im Rahmen eines Rücktritts möglich sein."[48]

24 Ein **Rücktritt** kommt in folgenden Fällen in Betracht:
- § 634 Nr. 3 i.V.m. §§ 636, 323, 326 Abs. 5 BGB – bei **wesentlichen Mängeln des Werks**.
- § 324 i.V.m. § 241 Abs. 2 BGB – beim **Vorliegen gravierender, nicht leistungsbezogener (Schutz-)Pflichtverletzungen durch den Bauträger**.
- Ggf. kommt vor der Abnahme auch ein verzugsbedingter **Prognoserücktritt** nach den §§ 286 Abs. 1, 323 Abs. 1 und 4 BGB in Betracht.[49]

---

44 RegE, BT-Drucks 18/8486, S. 73.
45 BGH NJW 1986, 925.
46 RegE, BT-Drucks 18/8486, S. 73.
47 RegE, BT-Drucks 18/8486, S. 73.
48 RegE, BT-Drucks 18/8486, S. 73.
49 *Pause*, Das neue Bauvertragsrecht, § 6 Rn 44.

3. Kein Anordnungsrecht des Bestellers nach den §§ 650b, 650c und 650d BGB

Die Einführung eines Anordnungsrechts[50] beim Bauträgervertrag würde nach Ansicht des Gesetzgebers[51] zu erheblichen rechtlichen und tatsächlichen Problemen führen.[52] So könne bspw. im Geschosswohnungsbau kaum einem einzelnen Erwerber ein Anordnungsrecht in Bezug auf das **Gemeinschaftseigentum** eingeräumt werden – ein Anordnungsrecht in Bezug auf das **Sondereigentum** bereite wegen der so bewirkten Änderungen auf das Gemeinschaftseigentum oder das Sondereigentum anderer Wohnungseigentümer auch erhebliche Schwierigkeiten, „mit der Folge, dass der Bauträger die Änderung nur nach entsprechenden Vertragsänderungen im Verhältnis zu den anderen Wohnungseigentümern umsetzen könnte".[53]

25

4. Keine Bauhandwerkersicherungshypothek (§ 650e BGB – § 648 Abs. 1 BGB alt)

Die Norm kann allein schon deshalb auf den Bauträgervertrag keine Anwendung finden,[54] weil der Bauträger nicht auf einem Grundstück baut, das im Eigentum des Bestellers steht.[55]

26

5. Keine Anwendung der Regelung zur Baubeschreibung, wonach der Inhalt derselben zum Vertragsinhalt wird (§ 650k Abs. 1 BGB)

Einer Anwendung dieser Norm auf den Bauträgervertrag[56] bedarf es nicht, weil nach § 311b Abs. 1 S. 1 BGB der gesamte Vertragsinhalt – einschließlich der Baubeschreibung – der notariellen Beurkundung bedarf, womit die Baubeschreibung unmittelbar zum Vertragsinhalt wird.[57]

27

---

50 Näher jurisPK-BGB/*Stelzner*, § 650u Rn 41 ff.
51 RegE, BT-Drucks 18/8486, S. 73.
52 Kritisch zur Gesetzesbegründung *Pause*, Das neue Bauvertragsrecht, § 6 Rn 66 ff.: „überzeugen nicht", da es sich bei § 650u Abs. 2 BGB auch um „nachgiebiges Recht" handele. Die Norm verbiete es den Parteien nicht, „wie bisher **Sonderwunschvereinbarungen** (zu) treffen und dazu im Bauträgervertrag die generellen, abstrakten Bedingungen, unter denen nachträgliche Änderungen der vereinbarten Bauleistung möglich sein sollen, fest (zu) legen": *Pause*, Das neue Bauvertragsrecht, § 6 Rn 68 unter Bezugnahme auf *Pause*, BauR 2017, 430, 441. Kritisch auch jurisPK-BGB/*Stelzner*, § 650u Rn 42: „Weder Inhalt noch Begründung der Regelung vermögen ... zu überzeugen".
53 RegE, BT-Drucks 18/8486, S. 73.
54 Näher jurisPK-BGB/*Stelzner*, § 650u Rn 44.
55 RegE, BT-Drucks 18/8486, S. 73.
56 Näher jurisPK-BGB/*Stelzner*, § 650u Rn 45 ff.
57 RegE, BT-Drucks 18/8486, S. 73.

§ 5 Der Bauträgervertrag

6. Kein Widerrufsrecht (§ 650l Abs. 1 BGB)

28 Wegen der notariellen Beurkundung des Bauträgervertrags[58] ist der Erwerber durch die Belehrungspflicht des Notars und die in § 17 Abs. 2 Buchst. a Nr. 2 BeurkG vorgesehene Zeit für die Prüfung des Vertragsentwurfs – im Regelfall zwei Wochen – nach Ansicht des Gesetzgebers[59] hinreichend vor Übereilung geschützt, weswegen kein praktisches Bedürfnis bestehe, „ihm eine weitere Bedenkzeit über das Widerrufsrecht zu verschaffen".[60]

7. Keine Anwendbarkeit der Obergrenze für Abschlagszahlungen (§ 650m Abs. 1 BGB)

29 § 650m Abs. 1 BGB findet keine Anwendung,[61] da die Norm mit der in § 3 Abs. 2 Makler- und Bauträgerverordnung[62] enthaltenen Regelung über die Zahlung von Teilbeträgen je nach Baufortschritt nicht vereinbar ist.[63]

---

58 Näher jurisPK-BGB/*Stelzner*, § 650u Rn 48.
59 RegE, BT-Drucks 18/8486, S. 73.
60 RegE, BT-Drucks 18/8486, S. 73.
61 Näher jurisPK-BGB/*Stelzner*, § 650u Rn 49.
62 (2) Der Gewerbetreibende darf in den Fällen des Absatzes 1 die Vermögenswerte ferner in bis zu sieben Teilbeträgen entsprechend dem Bauablauf entgegennehmen oder sich zu deren Verwendung ermächtigen lassen. Die Teilbeträge können aus den nachfolgenden Vomhundertsätzen zusammengesetzt werden:
1. 30 vom Hundert der Vertragssumme in den Fällen, in denen Eigentum an einem Grundstück übertragen werden soll, oder 20 vom Hundert der Vertragssumme in den Fällen, in denen ein Erbbaurecht bestellt oder übertragen werden soll, nach Beginn der Erdarbeiten,
2. vom der restlichen Vertragssumme
   – 40 vom Hundert nach Rohbaufertigstellung, einschließlich Zimmererarbeiten,
   – 8 vom Hundert für die Herstellung der Dachflächen und Dachrinnen,
   – 3 vom Hundert für die Rohinstallation der Heizungsanlagen,
   – 3 vom Hundert für die Rohinstallation der Sanitäranlagen,
   – 3 vom Hundert für die Rohinstallation der Elektroanlagen,
   – 10 vom Hundert für den Fenstereinbau, einschließlich der Verglasung,
   – 6 vom Hundert für den Innenputz, ausgenommen Beiputzarbeiten,
   – 3 vom Hundert für den Estrich,
   – 4 vom Hundert für die Fliesenarbeiten im Sanitärbereich,
   – 12 vom Hundert nach Bezugsfertigkeit und Zug um Zug gegen Besitzübergabe,
   – 3 vom Hundert für die Fassadenarbeiten,
   – 5 vom Hundert nach vollständiger Fertigstellung.
Sofern einzelne der in Satz 2 Nr. 2 genannten Leistungen nicht anfallen, wird der jeweilige Vomhundertsatz anteilig auf die übrigen Raten verteilt. Betrifft das Bauvorhaben einen Altbau, so gelten die Sätze 1 und 2 mit der Maßgabe entsprechend, daß der hiernach zu errechnende Teilbetrag für schon erbrachte Leistungen mit Vorliegen der Voraussetzungen des Absatzes 1 entgegengenommen werden kann.
63 RegE, BT-Drucks 18/8486, S. 74.

Beachte: **30**
Wenn der Besteller beim Bauträgervertrag Verbraucher i.S.v. § 13 BGB ist, gelangen – vorbehaltlich eines Ausschlusses nach § 650u Abs. 2 BGB (vorstehende Rdn 19 ff.) – die Regelungen des Verbraucherbaurechts (d.h. § 650i, § 650j und § 650n BGB) auf den Bauträgervertrag zur Anwendung.[64]

D. Abschlagszahlungen (§ 650v BGB)

§ 650v Abschlagszahlungen **31**
Der Unternehmer kann von dem Besteller Abschlagszahlungen nur verlangen, soweit sie gemäß einer Verordnung auf Grund von Artikel 244 des Einführungsgesetzes zum Bürgerlichen Gesetzbuche vereinbart sind.

§ 650v BGB[65] normiert – ohne inhaltliche Änderung – die aus systematischen Gründen in **32** den Untertitel 3 – „Bauträgervertrag" – verlagerte Vorschrift des § 632a Abs. 2 BGB alt[66] über **Abschlagszahlungen bei Bauträgerverträgen**.[67] Die Regelung zielt auf „einen Schutz des Bestellers vor überhöhten Abschlagszahlungen und auf Klarstellung der Rechtslage durch Übernahme der öffentlich-rechtlichen Sondervorschrift der §§ 3 Abs. 1 und 2 und § 7 MaBV in das allgemeine Zivilrecht und deren Absicherung gegen Unwirksamkeit nach (den) §§ 305 ff. (BGB)".[68]

Zum Nachteil des Bestellers ist § 650v BGB **nicht abdingbar** – was sich aus dem Schutz- **33** zweck von § 650v BGB ergibt und in Bezug auf die MaBV aus ihrem Charakter als Verbotsgesetz i.S.v. § 134 BGB[69] (vgl. § 12 MaBV – beachte jedoch § 7 Abs. 2 MaBV).

---

64 JurisPK-BGB/*Stelzner*, § 650u Rn 50 f.
65 Infolge Art. 1 Nr. 25 des Gesetzes vom 28.4.2017 (BGBl I, S. 969).
66 § 632a BGB, eingeführt mit dem Gesetz zur Beschleunigung fälliger Zahlungen vom 30.3.2000 (BGBl I, S. 330), hat zum ersten Mal eine Regelung über Abschlagszahlungen im BGB-Werkvertragsrecht getroffen: näher jurisPK-BGB/*Stelzner*, § 650v Rn 1 – dessen Anwendungsbereich mit dem Forderungssicherungsgesetz vom 23.10.2008 (BGBl I, S. 2022) durch § 632a Abs. 2 BGB auf Fälle der Errichtung oder des Umbaus eines Hauses bzw. eines vergleichbaren Bauwerks erweitert wurde. § 632a Abs. 2 BGB alt hatte folgenden Wortlaut: „Wenn der Vertrag die Errichtung oder den Umbau eines Hauses oder eines vergleichbaren Bauwerks zum Gegenstand hat und zugleich die Verpflichtung des Unternehmers enthält, dem Besteller das Eigentum an dem Grundstück zu übertragen oder ein Erbbaurecht zu bestellen oder zu übertragen, können Abschlagszahlungen nur verlangt werden, soweit sie gemäß einer Verordnung auf Grund von Artikel 244 des Einführungsgesetzes zum Bürgerlichen Gesetzbuche vereinbart sind."
67 RegE, BT-Drucks 18/8486, S. 74.
68 Palandt/*Sprau*, § 650v BGB Rn 1.
69 Palandt/*Sprau*, § 650v BGB Rn 1.

34 *Beachte:*

Nach der Intention des Gesetzgebers[70] soll – da eine grundlegende Änderung des Bauträgervertragsrechts nicht beabsichtigt ist – auch das Recht der Abschlagszahlungen bei Bauträgerverträgen inhaltlich nicht verändert werden. Der Unternehmer kann Abschlagszahlungen nunmehr in Höhe des Wertes der von ihm erbrachten und aufgrund des Vertrags geschuldeten Leistungen verlangen.[71]

35 *Beachte zudem:*

Der Verweis auf eine Verordnung nach Art. 244 EGBGB (**Verordnung über Abschlagszahlungen bei Bauträgerverträgen** – AbschlagsV, nachstehende Rdn 38 ff.) führt letztlich zu einer Anwendung der **Bauträger-Makler-Verordnung** (MaBV) und deren Art. 3 Abs. 2, nach dem die Höhe der zulässigen Abschlagszahlungen sich nach dem jeweiligen **Baufortschritt** bemisst.

36 Der (vorleistungspflichtige) Unternehmer kann (mit dem Ziel, ihn zu entlasten und ihn von den mit der Vorfinanzierung verbleibenden Risiken zu schützen)[72] beim Bauträgervertrag (i.S.v. § 650u Abs. 1 BGB) vom Besteller nach § 650v BGB Abschlagszahlungen (abweichend von § 632a Abs. 1 S. 1 BGB) nur verlangen, soweit sie gemäß einer Verordnung aufgrund von Art. 244 EGBGB vereinbart sind.

37 *Beachte:*

Die Norm erfasst Bauträgerverträge, die ab dem 1.1.2018 abgeschlossen worden sind – für vor diesem Zeitpunkt abgeschlossene Bauträgerverträge gelangt nach Art. 229 § 39 EGBGB das bis dato geltende Recht (vgl. § 632a BGB) zur Anwendung.

38 Art. 244 EGBGB ermächtigt das das Bundesministerium der Justiz und für Verbraucherschutz, im Einvernehmen mit dem Bundesministerium für Wirtschaft und Energie durch **Rechtsverordnung** ohne Zustimmung des Bundesrates auch **unter Abweichung von § 650m BGB zu regeln**,

- welche Abschlagszahlungen bei Werkverträgen verlangt werden können, die die Errichtung oder den Umbau eines Hauses oder eines vergleichbaren Bauwerks zum Gegenstand haben, insbesondere
- wie viele Abschläge vereinbart werden können,
- welche erbrachten Gewerke hierbei mit welchen Prozentsätzen der Gesamtbausumme angesetzt werden können,

---

[70] BT-Drucks 18/8486, S. 27 und 72.
[71] JurisPK-BGB/*Stelzner*, § 650v Rn 5 unter Bezugnahme auf BT-Drucks 18/8486, S. 27.
[72] BT-Drucks 18/8486, S. 46 – arg.: Die Vergütung ist nach § 641 Abs. 1 S. 1 BGB erst bei Abnahme des Werks zu entrichten.

D. Abschlagszahlungen (§ 650v BGB) § 5

- welcher Abschlag für eine in dem Vertrag enthaltene Verpflichtung zur Verschaffung des Eigentums angesetzt werden kann und
- welche Sicherheit dem Besteller hierfür zu leisten ist.

Die ab dem 1.1.2018 geltende **Verordnung über Abschlagszahlungen bei Bauträgerverträgen** (AbschlagsV, i.d.F. vom 28.4.2017) – die selbst wieder auf die Makler- und Bauträgerverordnung (MaBV)[73] verweist – hat folgenden Wortlaut: 39

„In Werkverträgen, die die Errichtung oder den Umbau eines Hauses oder eines vergleichbaren Bauwerks auf einem Grundstück zum Gegenstand haben und zugleich die Verpflichtung des Unternehmers enthalten, dem Besteller das Eigentum an dem Grundstück zu übertragen oder ein Erbbaurecht zu bestellen oder zu übertragen, kann der Besteller zur Leistung von Abschlagszahlungen entsprechend § 3 Abs. 2 der Makler- und Bauträgerverordnung unter den Voraussetzungen ihres § 3 Abs. 1 verpflichtet werden. Unter den Voraussetzungen des § 7 der Makler- und Bauträgerverordnung kann der Besteller auch abweichend von ihrem § 3 Abs. 1 und 2 zur Leistung von Abschlagszahlungen verpflichtet werden. § 650m Abs. 2 und 3 des Bürgerlichen Gesetzbuchs findet Anwendung."

§ 3 Abs. 2 der Verordnung über die Pflichten der Makler, Darlehensvermittler, Bauträger und Baubetreuer (Makler- und Bauträgerverordnung – MaBV) hat – in Bezug auf besondere Sicherungspflichten des Bauträgers – folgenden Wortlaut: 40

„Der Gewerbetreibende darf in den Fällen des Abs. 1 die Vermögenswerte ferner in bis zu sieben Teilbeträgen entsprechend dem Bauablauf entgegennehmen oder sich zu deren Verwendung ermächtigen lassen. Die Teilbeträge können aus den nachfolgenden Vomhundertsätzen zusammengesetzt werden:
1. 30 vom Hundert der Vertragssumme in den Fällen, in denen Eigentum an einem Grundstück übertragen werden soll, oder 20 vom Hundert der Vertragssumme in den Fällen, in denen ein Erbbaurecht bestellt oder übertragen werden soll, nach Beginn der Erdarbeiten,
2. vom der restlichen Vertragssumme
   – 40 vom Hundert nach Rohbaufertigstellung, einschließlich Zimmererarbeiten,
   – 8 vom Hundert für die Herstellung der Dachflächen und Dachrinnen,
   – 3 vom Hundert für die Rohinstallation der Heizungsanlagen,
   – 3 vom Hundert für die Rohinstallation der Sanitäranlagen,
   – 3 vom Hundert für die Rohinstallation der Elektroanlagen,
   – 10 vom Hundert für den Fenstereinbau, einschließlich der Verglasung,
   – 6 vom Hundert für den Innenputz, ausgenommen Beiputzarbeiten
   – 3 vom Hundert für den Estrich,
   – 4 vom Hundert für die Fliesenarbeiten im Sanitärbereich,
   – 12 vom Hundert nach Bezugsfertigkeit und Zug um Zug gegen Besitzübergabe,
   – 3 vom Hundert für die Fassadenarbeiten,
   – 5 vom Hundert nach vollständiger Fertigstellung.

---

[73] BGBl I 1990, S. 2479.

Sofern einzelne der in S. 2 Nr. 2 genannten Leistungen nicht anfallen, wird der jeweilige Vomhundertsatz anteilig auf die übrigen Raten verteilt. Betrifft das Bauvorhaben einen Altbau, so gelten die Sätze 1 und 2 mit der Maßgabe entsprechend, dass der hiernach zu errechnende Teilbetrag für schon erbrachte Leistungen mit Vorliegen der Voraussetzungen des Absatzes 1 entgegengenommen werden kann."

41 *Beachte:*

Aufgrund der Anwendbarkeit der MaBV sind die Vertragsparteien des Bauträgervertrags bei der Vereinbarung von Abschlagszahlungen nicht frei – vielmehr darf (zum Schutz des Bestellers zu dessen Lasten) von den Abschlagszahlungsraten nach § 3 Abs. 2 MaBV nicht abgewichen werden:[74] „Diese sind insoweit einerseits zwingendes Recht und andererseits gesetzliches Leitbild i.S. des § 307 Abs. 1 Nr. 1 BGB".[75] Eine zulasten des Bestellers abweichende Regelung führt nach § 134 BGB i.V.m. § 12 MaBV zur Nichtigkeit der Preisvereinbarung und in der Folge zur Anwendung von § 641 Abs. 1 BGB[76] (Fälligkeit der Gesamtvergütung erst mit Abnahme des Werks).

42 § 3 Abs. 1 MaBV lautet wie folgt:

„Der Gewerbetreibende darf in den Fällen des § 34c Abs. 1 S. 1 Nr. 3 Buchst. a der Gewerbeordnung, sofern dem Auftraggeber Eigentum an einem Grundstück übertragen oder ein Erbbaurecht bestellt oder übertragen werden soll, Vermögenswerte des Auftraggebers zur Ausführung des Auftrages erst entgegennehmen oder sich zu deren Verwendung ermächtigen lassen, wenn
1. der Vertrag zwischen dem Gewerbetreibenden und dem Auftraggeber rechtswirksam ist und die für seinen Vollzug erforderlichen Genehmigungen vorliegen, diese Voraussetzungen durch eine schriftliche Mitteilung des Notars bestätigt und dem Gewerbetreibenden keine vertraglichen Rücktrittsrechte eingeräumt sind,
2. zur Sicherung des Anspruchs des Auftraggebers auf Eigentumsübertragung oder Bestellung oder Übertragung eines Erbbaurechts an dem Vertragsobjekt eine Vormerkung an der vereinbarten Rangstelle im Grundbuch eingetragen ist; bezieht sich der Anspruch auf Wohnungs- oder Teileigentum oder ein Wohnungs- oder Teilerbbaurecht, so muss außerdem die Begründung dieses Rechts im Grundbuch vollzogen sein,
3. die Freistellung des Vertragsobjekts von allen Grundpfandrechten, die der Vormerkung im Rang vorgehen oder gleichstehen und nicht übernommen werden sollen, gesichert ist, und zwar auch für den Fall, daß das Bauvorhaben nicht vollendet wird,
4. die Baugenehmigung erteilt worden ist oder, wenn eine Baugenehmigung nicht oder nicht zwingend vorgesehen ist,
   a) von der zuständigen Behörde bestätigt worden ist, dass
      aa) die Baugenehmigung als erteilt gilt oder
      bb) nach den baurechtlichen Vorschriften mit dem Vorhaben begonnen werden darf, oder

---

[74] JurisPK-BGB/*Stelzner*, § 650v Rn 11.
[75] JurisPK-BGB/*Stelzner*, § 650v Rn 11.
[76] JurisPK-BGB/*Stelzner*, § 650v Rn 11.

D. Abschlagszahlungen (§ 650v BGB) § 5

b) wenn eine derartige Bestätigung nicht vorgesehen ist, von dem Gewerbetreibenden bestätigt worden ist, dass
   aa) die Baugenehmigung als erteilt gilt oder
   bb) nach den baurechtlichen Vorschriften mit dem Bauvorhaben begonnen werden darf, und nach Eingang dieser Bestätigung beim Auftraggeber mindestens ein Monat vergangen ist.

Die Freistellung nach S. 1 Nr. 3 ist gesichert, wenn gewährleistet ist, daß die nicht zu übernehmenden Grundpfandrechte im Grundbuch gelöscht werden, und zwar, wenn das Bauvorhaben vollendet wird, unverzüglich nach Zahlung der geschuldeten Vertragssumme, andernfalls unverzüglich nach Zahlung des dem erreichten Bautenstand entsprechenden Teils der geschuldeten Vertragssumme durch den Auftraggeber. Für den Fall, dass das Bauvorhaben nicht vollendet wird, kann sich der Kreditgeber vorbehalten, an Stelle der Freistellung alle vom Auftraggeber vertragsgemäß im Rahmen des Abs. 2 bereits geleisteten Zahlungen bis zum anteiligen Wert des Vertragsobjekts zurückzuzahlen. Die zur Sicherung der Freistellung erforderlichen Erklärungen einschließlich etwaiger Erklärungen nach S. 3 müssen dem Auftraggeber ausgehändigt worden sein. Liegen sie bei Abschluss des notariellen Vertrages bereits vor, muß auf sie in dem Vertrag Bezug genommen sein; andernfalls muss der Vertrag einen ausdrücklichen Hinweis auf die Verpflichtung des Gewerbetreibenden zur Aushändigung der Erklärungen und deren notwendigen Inhalt enthalten."

Die **Ausnahmevorschrift** des § 7 MaBV – nach der der Bauträger (Unternehmer) abweichend von § 3 MaBV Abschlagsforderungen fordern darf, wenn er eine qualifizierte Sicherheit (die den Anforderungen des § 2 Abs. 2 bis 6 MaBV genügen muss) für alle etwaigen Ansprüche des Auftraggebers auf Rückgewähr oder Auszahlung seiner Vermögenswerte (i.S.v. § 2 Abs. 1 S. 1 MaBV) leistet – hat folgenden Wortlaut: **43**

„(1) Gewerbetreibende im Sinne des § 34c Abs. 1 S. 1 Nr. 3 Buchst. a der Gewerbeordnung, die **44** dem Auftraggeber Eigentum an einem Grundstück zu übertragen oder ein Erbbaurecht zu bestellen oder zu übertragen haben, sind von den Verpflichtungen des § 3 Abs. 1 und 2, des § 4 Abs. 1 und der §§ 5 und 6, die übrigen Gewerbetreibenden im Sinne des § 34c Abs. 1 der Gewerbeordnung sind von den Verpflichtungen des § 2, des § 3 Abs. 3 und der §§ 4 bis 6 freigestellt, sofern sie Sicherheit für alle etwaigen Ansprüche des Auftraggebers auf Rückgewähr oder Auszahlung seiner Vermögenswerte im Sinne des § 2 Abs. 1 S. 1 geleistet haben. § 2 Abs. 2, Abs. 4 S. 2 und 3 und Abs. 5 S. 1 gilt entsprechend. In den Fällen des § 34c Abs. 1 S. 1 Nr. 3 Buchstabe a der Gewerbeordnung, in denen dem Auftraggeber Eigentum an einem Grundstück übertragen oder ein Erbbaurecht bestellt oder übertragen werden soll, ist die Sicherheit aufrechtzuerhalten, bis die Voraussetzungen des § 3 Abs. 1 erfüllt sind und das Vertragsobjekt vollständig fertiggestellt ist. Ein Austausch der Sicherungen der §§ 2 bis 6 und derjenigen des § 7 ist zulässig.
(2) Der Gewerbetreibende ist von den in Abs. 1 S. 1 erwähnten Verpflichtungen auch dann freigestellt, wenn es sich bei dem Auftraggeber um
1. eine juristische Person des öffentlichen Rechts oder ein öffentlich-rechtliches Sondervermögen oder

2. einen in das Handelsregister oder das Genossenschaftsregister eingetragenen Kaufmann handelt und der Auftraggeber in gesonderter Urkunde auf die Anwendung dieser Bestimmungen verzichtet. Im Falle des Satzes 1 Nr. 2 hat sich der Gewerbetreibende vom Auftraggeber dessen Eigenschaft als Kaufmann durch einen Auszug aus dem Handelsregister oder dem Genossenschaftsregister nachweisen zu lassen."

§ 6 Exkurs: Zentrale Änderungen der kaufrechtlichen Mängelgewährleistung infolge der Baurechtsreform

A. Einleitung

Hinweis:
Der Exkurs ist die wortgetreue Übernahme eines Aufsatzes des Verfassers, der in ZAP 2018, 119 unter dem Titel „Der Aufwendungsersatzanspruch des Käufers für den Ausbau einer mangelhaften und den Einbau einer mangelfreien Sache" erschienen ist.

Mit der Reform des Bauvertragsrechts hat auch die kaufrechtliche Mängelgewährleistung zum 1.1.2018 wesentliche Änderungen erfahren.[1] Dabei kommt der Gesetzgeber mit der Neuregelung des § 439 Abs. 3 BGB (nachstehende Rdn 6 ff.) zwar den Vorgaben des EuGH in der Rechtssache *Weber und Putz* (Rdn 2) zum Aus- und Einbau im Zusammenhang mit der Nacherfüllung nach[2] – er weicht jedoch mit der Gesetz gewordenen reinen Aufwendungsersatzlösung von der bisherigen BGH-Rechtsprechung[3] im Nachgang zur EuGH-Entscheidung ab (Rdn 3).

1

B. Ausgangslage

I. Das EuGH-Urteil vom 16.6.2011

Mit Urt. v. 16.6.2011 hat der EuGH in der Rechtssache *Weber und Putz*[4] auf eine Vorlage des BGH vom 14.1.2009[5] entschieden, dass der Verkäufer einer beweglichen Sache im Rahmen der Nacherfüllung gegenüber dem Verbraucher verpflichtet sein kann, die bereits in eine andere Sache eingebaute mangelhafte Kaufsache auszubauen und eine mangelfreie Ersatzsache einzubauen oder die Kosten für beides zu tragen. Damit hat der EuGH eine Ausweitung des Nacherfüllungsanspruchs des Verbrauchers gegenüber der bis dato geübten Rechtspraxis in Deutschland vollzogen.

2

---

1 *Dauner-Lieb*, NZBau 2015, 684; *Lenkeit* in: Dammert/Lenkeit/Oberhauser/Pause/Stretz, Das neue Bauvertragsrecht, § 7 (S. 249 ff.).
2 Zum Problem näher *Augenhofer/Appenzeller/Holm*, JuS 2011, 680; *Brors*, NJW 2013, 3329; *Horn*, NJW 2017, 289; *Jaensch*, NJW 2012, 1025; *Kaiser*, JZ 2011, 978; *Lenkeit*, IBR 2012, 262; *v. Westphalen*, BB 2015, 2883.
3 BGHZ 192, 148.
4 C 65/09 und 87/09 = Slg. 2011, I-5257 = NJW 2011, 2269 = EWiR 2011, 489 (*Klees*). Dazu *Popescu*, BauR 2011, 1734; *Maultzsch*, GPR 2011, 253.
5 VIII ZR 70/08, NJW 2009, 1660.

| § 6 | Exkurs: Zentrale Änderungen der kaufrechtlichen Mängelgewährleistung |

3   Der BGH hatte bis zur Entscheidung des EuGH angenommen, dass der Nacherfüllungsanspruch des Käufers als Modifikation des ursprünglichen Erfüllungsanspruchs zu begreifen sei (vgl. § 433 Abs. 1 S. 2 BGB) mit der Folge, dass der Anspruch auf Nacherfüllung in seinem Umfang nicht weiter reichen könne als der ursprüngliche Anspruch auf Erfüllung.[6] Der Erfüllungsanspruch gehe nach § 433 Abs. 1 BGB regelmäßig aber nur auf Übereignung und Übergabe einer mangelfreien Kaufsache. Der BGH wollte infolgedessen dem Verbraucher einen Ersatz weitergehender Kosten gegen den Verkäufer, verursacht durch den Ausbau einer mangelhaften und den Einbau einer mangelfreien Kaufsache nur gewähren, wenn die weitergehenden Voraussetzungen eines Schadensersatzanspruchs nach den §§ 437 Nr. 3, 440, 280 ff. BGB vorliegen – der Verkäufer also nach § 280 Abs. 1 BGB insbesondere schuldhaft gehandelt hatte.

4   Nach Ansicht des EuGH in der Rechtssache *Weber und Putz* (vorstehende Rdn 2) erfasst hingegen bereits der Nacherfüllungsanspruch des Verbrauchers nach § 437 Nr. 1 BGB in seiner Auslegung an den Vorgaben des Art. 3 Abs. 2 und 3 der Richtlinie 1999/44 zu bestimmten Aspekten des Verbrauchsgüterkaufs und der Garantien für Verbrauchsgüter (VerbrGKRL) auch den Ausbau der mangelhaften Kaufsache und den Einbau einer mangelfreien Ersatzsache.

II. Richtlinienkonforme Rechtsfortbildung des BGH durch teleologische Reduktion

5   Der BGH[7] hatte im Nachgang zur Entscheidung des EuGH in richtlinienkonformer Auslegung des § 439 Abs. 1 2. Alt. BGB anerkannt, dass die Nacherfüllungsvariante „Lieferung einer mangelfreien Sache" auch den Ausbau und den Abtransport der mangelhaften Kaufsache erfasst. Zugleich hatte er konstatiert, dass das in § 439 Abs. 3 S. 3 BGB alt dem Verkäufer eingeräumte Recht, die einzig mögliche Form der Abhilfe wegen (absolut) unverhältnismäßiger Kosten zu verweigern, mit Art. 3 VerbrGKRL nicht vereinbar sei. Die dadurch auftretende Regelungslücke sei bis zu einer gesetzlichen Neuregelung durch eine teleologische Reduktion des § 439 Abs. 3 BGB alt für Fälle des Verbrauchsgüterkaufs zu schließen. Die Vorschrift sei beim Verbrauchsgüterkauf einschränkend dahingehend anzuwenden, dass ein Verweigerungsrecht des Verkäufers nicht bestehe, wenn nur eine Art der Nacherfüllung möglich ist oder der Verkäufer die andere Art der Nacherfüllung zu Recht verweigert. In diesen Fällen beschränke sich das Recht des Verkäufers, die Nacherfüllung in Gestalt der Ersatzlieferung wegen unverhältnismäßiger Kosten zu verweigern, auf das Recht, den Käufer bezüglich des Ausbaus der mangelhaften Kaufsache und des Einbaus der als Ersatz gelieferten Kaufsache auf die Kostenerstattung in Höhe

---

6 BGH v. 15.7.2008 – VIII ZR 211/07, BGHZ 177, 224 – Parkettstäbe.
7 BGHZ 192, 148 = NJW 2012, 1072.

eines angemessenen Betrages zu verweisen. Bei der Bemessung dieses Betrages seien der Wert der Sache in mangelfreiem Zustand und die Bedeutung des Mangels zu berücksichtigen. Zugleich sei zu gewährleisten, dass durch die Beschränkung auf eine Kostenbeteiligung des Verkäufers das Recht des Käufers auf Erstattung der Aus- und Einbaukosten nicht ausgehöhlt werde.

C. Aufwendungsersatz für Ein- und Ausbauleistungen (§ 439 Abs. 3 BGB)

Hat der Käufer die mangelhafte Sache gemäß ihrer Art und ihrem Verwendungszweck in eine andere Sache eingebaut oder an eine andere Sache angebracht, ist der Verkäufer nach der Neuregelung des § 439 Abs. 3 S. 1 BGB im Rahmen der Nacherfüllung jetzt verpflichtet, dem Käufer die erforderlichen Aufwendungen für das Entfernen der mangelhaften und den Einbau oder das Anbringen der nachgebesserten oder gelieferten mangelfreien Sache zu ersetzen. 6

I. Konsequenzen der gesetzgeberischen Umsetzung der EuGH-Entscheidung

§ 439 Abs. 3 S. 1 BGB setzt die EuGH-Entscheidung für sämtliche Kaufverträge und beide Arten der Nacherfüllung nach § 439 Abs. 1 BGB (Mangelbeseitigung und Lieferung einer mangelfreien Sache) um. 7

Die Neuregelung begegnet der vormals restriktiven Handhabung des Nacherfüllungsanspruchs zulasten der Handwerker und Bauunternehmer: Sie schuldeten ihrem Auftragnehmer im Rahmen der werkvertraglichen Nacherfüllung nach § 635 BGB in der Regel den Ausbau des mangelhaften Baumaterials und den Einbau des mangelfreien Ersatzmaterials bei zum Teil sehr hohen Kosten. Vom Verkäufer des (mangelhaften) Baumaterials konnte der Werkunternehmer hingegen oft nur die Lieferung einer neuen Kaufsache verlangen – wohingegen er die Kosten für den Ausbau und den erneuten Einbau der mangelfreien Sache selbst tragen musste (wenn – wie im Regelfall – die Voraussetzungen eines Schadensersatzanspruchs mangels eines Verschuldens des Verkäufers nicht erfüllt waren). Der Gesetzgeber[8] verweist darauf, dass die Aus- und Einbaukosten die dem Handwerker aus dem Werkvertrag zustehende Vergütung bei Weitem übersteigen können, bspw. wenn die Materialien an schwer zugänglichen Stellen verbaut wurden oder verwendete Kleinteile von geringem Wert wegen Mängeln ausgetauscht werden müssen. 8

---

8 RegE, BT-Drucks 18/8486, S. 39.

II. Anwendungsbereich: alle Kaufvertragsverhältnisse und beide Alternativen der Nacherfüllung

9   Die Neuregelung führt nun in Bezug auf alle Kaufvertragsverhältnisse – auch außerhalb des Verbrauchsgüterkaufs nach § 474 Abs. 1 BGB – zu einer Entlastung der Handwerker und anderer Unternehmer: Diese können den Verkäufer der mangelhaften Kaufsache jetzt auch dann wegen der Kosten der Aus- und Einbauleistungen in Anspruch nehmen, wenn der Verkäufer die Mangelhaftigkeit nicht zu vertreten hat (mithin kein Schadensersatzanspruch nach § 280 Abs. 1 BGB gegen ihn begründet ist).

10 Dabei macht es keinen Unterschied, ob die mangelhafte Kaufsache, die der Käufer vor Auftreten des Mangels gemäß seiner Art und seinem Verwendungszweck verbaut hat, ausgebaut werden muss, um eine neu gelieferte Sache zu verbauen oder ob eine solche Sache ausgebaut werden muss, um den Mangel beseitigen zu können und sodann wieder sach- und fachgerecht zu verbauen: Bei beiden Alternativen der Nacherfüllung würden den Käufer nämlich weitere Aus- und Einbaukosten treffen, die er bereits einmal aufgewendet hat – und die er bei mangelfreier Erfüllung des Vertrags nicht noch ein weiteres Mal tragen muss.[9]

11 Der Gesetzgeber hat letztlich von der Einführung eines ursprünglich vorgesehenen Wahlrechts des Verkäufers – ob er den Aus- und Einbau selbst vornehmen möchte oder ob er sich zum Ersatz der angemessenen Aufwendungen hierfür verpflichten möchte – abgesehen[10] und räumt dem Käufer nur einen Anspruch auf Ersatz seiner Aufwendungen ein. Damit ist es zu einer **reinen Aufwendungsersatzlösung** gekommen.

III. Voraussetzungen des Aufwendungsersatzanspruchs

1. Art- und verwendungszweckgemäßer Einbau der Sache

12 Voraussetzung des Anspruchs ist ein art- und verwendungszweckgemäßer Einbau der Sache – d.h. dass der Käufer die gekaufte Sache also gutgläubig und ihrer Art und ihrem Verwendungszweck gemäß in die andere Sache eingebaut hat. Ansonsten würde der Anspruch Fälle erfassen, in denen der Käufer nicht schutzwürdig ist. Der Anspruch wäre dann im Übrigen für den Verkäufer auch nicht vorhersehbar. Ob der Einbau art- und verwendungszweckgemäß erfolgt ist, ist grundsätzlich objektiv zu beurteilen. Dabei kommt es darauf an, ob der Käufer die Kaufsache durch den vorweggenommenen Einbau bestimmungsgemäß verwendet hat oder nicht, bspw. einen Einbau entgegen der funktionellen Bestimmung der Kaufsache vorgenommen hat.[11]

---

9 RegE, BT-Drucks 18/8486, S. 39.
10 Vgl. RegE, BT-Drucks 18/8486, S. 39.
11 RegE, BT-Drucks 18/8486, S. 39 f.

C. Aufwendungsersatz für Ein- und Ausbauleistungen (§ 439 Abs. 3 BGB) § 6

2. Gutgläubiger Einbau durch den Käufer

§ 439 Abs. 3 S. 2 BGB setzt die vom EuGH vorgegebene Beschränkung des Aufwendungsersatzanspruchs auf Fälle um, in denen der Käufer die Kaufsache gutgläubig eingebaut hat:[12] § 442 Abs. 1 BGB ist gemäß § 439 Abs. 3 S. 2 BGB mit der Maßgabe anzuwenden, dass für die Kenntnis des Käufers an die Stelle des Vertragsschlusses der Einbau oder das Anbringen der mangelhaften Sache durch den Käufer tritt.

Nach § 442 Abs. 1 S. 1 BGB sind die Rechte eine Käufers wegen eines Mangels ausgeschlossen, wenn er bei Vertragsschluss den Mangel kennt. Ist dem Käufer ein Mangel infolge grober Fahrlässigkeit unbekannt geblieben, kann der Käufer gemäß § 442 Abs. 1 S. 2 BGB Rechte wegen dieses Mangels nur geltend machen, wenn der Verkäufer den Mangel arglistig verschwiegen oder eine Garantie für die Beschaffenheit der Sache übernommen hat.

§ 442 Abs. 1 BGB findet damit über § 439 Abs. 3 S. 2 BGB auf Aus- und Einbaufälle dergestalt Anwendung, dass es für eine Kenntnis des Käufers nicht auf den Zeitpunkt des Vertragsschlusses ankommt, sondern auf den Zeitpunkt des Einbaus der mangelhaften Kaufsache durch den Käufer. Das hat folgende Konsequenzen:[13]

- Kennt der Käufer den Mangel der Kaufsache bereits im Zeitpunkt des Vertragsschlusses, sind seine Mangelrechte bereits nach § 442 Abs. 1 S. 1 BGB ausgeschlossen.[14]
- Erlangt der Käufer nach Vertragsschluss – aber noch vor dem Einbau der Kaufsache – Kenntnis von einem Mangel, sind seine Rechte wegen eines Mangels nicht nach § 442 Abs. 1 S. 1 BGB ausgeschlossen – es sei denn, es handelt sich um den Aufwendungsersatzanspruch für Aus- und Einbaukosten nach § 439 Abs. 3 S. 1 BGB. Für diesen gilt Folgendes:[15]
- Verbaut der Käufer die Sache in Kenntnis eines Mangels, ist er in Bezug auf die infolgedessen erforderlich werdenden Aus- und Einbauleistungen nicht schutzwürdig. Es ist dem Käufer damit zuzumuten, dass er – wenn er den Mangel der Kaufsache kennt – zunächst seinen Nacherfüllungsanspruch nach § 437 Nr. 1 i.V.m. § 439 Abs. 1 BGB gegen seinen Verkäufer geltend macht, bevor er die Sache verbaut: Er hat jedenfalls keinen Aufwendungsersatzanspruch gegen seinen Verkäufer nach § 439 Abs. 3 S. 1 BGB, wenn er den Mangel beim Einbau der mangelhaften Sache kannte.
- Ist dem Käufer beim Einbau ein Mangel der Kaufsache infolge grober Fahrlässigkeit unbekannt geblieben, gelangt über § 439 Abs. 2 S. 2 BGB die Regelung des § 442 Abs. 1 S. 2 BGB entsprechend zur Anwendung. Danach kann der Käufer Rechte we-

---

12 RegE, BT-Drucks 18/8486, S. 40.
13 RegE, BT-Drucks 18/8486, S. 40.
14 RegE, BT-Drucks 18/8486, S. 40.
15 RegE, BT-Drucks 18/8486, S. 40 f.

gen eines Mangels nur geltend machen, wenn der Verkäufer den Mangel arglistig verschwiegen oder eine Garantie für die Beschaffenheit der Sache übernommen hat.

D. Rückgriffsansprüche des Verkäufers

16 Da zu erwarten steht, dass der Verkäufer infolge der Neuregelung des § 439 Abs. 3 S. 1 BGB (vorstehende Rdn 7 ff.) künftig sehr viel häufiger auf Ersatz der Aus- und Einbaukosten durch den Käufer in Anspruch genommen werden wird (Ansprüche, die von erheblichem Umfang sein können), hat der Gesetzgeber mit den §§ 445a und b BGB versucht, einen Ausgleich für die ausgeweitete Mängelhaftung zugunsten des Verkäufers zu schaffen.

17 So wurden auch die Regressvorschriften zugunsten des Verkäufers ausgeweitet:[16] Da Mängel an verkauften Sachen oft auf Fehler zurückzuführen sind, die im Rahmen der Herstellung oder durch eine unsachgemäße Aufbewahrung bei Zwischenhändlern oder Lieferanten verursacht worden sind, sollen sowohl der Letztverkäufer als auch die Zwischenhändler die Aufwendungen, die ihnen im Rahmen der Erfüllung ihrer Nacherfüllungspflichten entstehen, im Regresswege in der Lieferkette besser durchsetzen, und sie möglichst bis zum Verursacher des Mangels weiterreichen können.[17]

I. Rückgriff gegen den Lieferanten (§ 445a Abs. 1 BGB)

18 Der Verkäufer kann beim Verkauf einer neu hergestellten Sache von dem Verkäufer, der ihm die Sache verkauft hatte (Legaldefinition des Lieferanten), nach § 445a Abs. 1 BGB Ersatz der Aufwendungen verlangen, die er im Verhältnis zum Käufer nach § 439 Abs. 2 und 3 sowie gemäß § 475 Abs. 4 und 6 BGB zu tragen hatte, wenn der vom Käufer geltend gemachte Mangel bereits beim Übergang der Gefahr auf den Verkäufer vorhanden war **(Regressanspruch auf Aufwendungsersatz)**.

19 § 445a Abs. 1 BGB entspricht inhaltlich der Rückgriffsregelung des § 478 Abs. 2 BGB alt beim Verbrauchsgüterkauf, wobei die Legaldefinition in § 478 Abs. 1 BGB alt ergänzt worden ist.[18] Der beschränkte Anwendungsbereich der Altregelung – auf den Verbrauchsgüterkauf – wird auf alle Kaufverträge, die neu hergestellte Sachen zum Gegenstand haben, ausgeweitet.

20 Der (Letzt-)Verkäufer, der vom Käufer im Wege der Nacherfüllung in Anspruch genommen wird, hat gegen seinen Lieferanten einen Anspruch auf Ersatz der Nacherfüllungsaufwendungen, die er – der (Letzt-)Verkäufer – im Verhältnis zum Käufer nach § 439

---

16 RegE, BT-Drucks 18/8486, S. 41.
17 RegE, BT-Drucks 18/8486, S. 41.
18 RegE, BT-Drucks 18/8486, S. 41.

Abs. 2 und 3 sowie § 475 Abs. 4 und 6 BGB zu tragen hatte, wenn der vom Käufer geltend gemachte Mangel bereits beim Übergang der Gefahr auf den Verkäufer vorhanden war.

§ 445a Abs. 1 BGB ist eine **eigenständige Anspruchsgrundlage** und statuiert einen **selbstständigen Regressanspruch**, der – unabhängig vom sonst zu beachtenden Vorrang der Nacherfüllung – nun auch dann besteht, wenn es sich beim letzten Kaufvertrag in der Lieferkette um einen solchen zwischen zwei Unternehmern (b2b) handelt.[19]

21

Das Tatbestandsmerkmal „zu tragen hatte" setzt (wie in der Altregelung des § 478 Abs. 2 BGB) voraus, dass der Letztverkäufer seinerseits zur Nacherfüllung verpflichtet gewesen sein muss – und dass ihm auch kein Leistungsverweigerungsrecht gegenüber dem (Letzt-)Käufer zustand.[20] Der Lieferant kann daher dem Rückgriffsanspruch ggf. entgegenhalten, dass der Letztverkäufer von einer an sich gegebenen Möglichkeit abgesehen hat, die Nacherfüllung wegen Unverhältnismäßigkeit nach § 439 Abs. 4 BGB zu verweigern oder gegenüber einem (Letzt-)Käufer, der Verbraucher ist, den Aufwendungsersatz nach § 475 Abs. 4 BGB auf einen „angemessenen Betrag" zu beschränken.

22

II. Entbehrlichkeit einer Fristsetzung beim Regress (§ 445a Abs. 2 BGB)

Für die in § 437 BGB bezeichneten Rechte des Verkäufers gegen seinen Lieferanten bedarf es wegen des vom Käufer geltend gemachten Mangels nach § 445a Abs. 2 BGB der sonst erforderlichen Fristsetzung nicht, wenn der Verkäufer die verkaufte neu hergestellte Sache als Folge ihrer Mangelhaftigkeit zurücknehmen musste oder der Käufer den Kaufpreis gemindert hat.

23

§ 445a Abs. 2 BGB entspricht im Wesentlichen der Altregelung des Verbrauchsgüterkaufs (b2c) in § 478 Abs. 1 BGB. Die Neuregelung erfasst jetzt auch Kaufverträge zwischen Unternehmern (b2b).

24

Sie modifiziert verschiedene Regelungen des Gewährleistungsrechts: Für die in § 437 BGB bezeichneten Rechte des Verkäufers gegen seinen Lieferanten bedarf es wegen des vom Käufer geltend gemachten Mangels der ansonsten – nach den §§ 323 Abs. 1, 441 Abs. 1 bzw. § 281 Abs. 1 BGB – erforderlichen Fristsetzung für Rücktritt, Minderung oder Schadensersatz statt der Leistung nicht, da es sich um einen unselbstständigen Regress handelt:[21] „Dem Rückgriff des (Letzt-)Verkäufers dienen in erster Linie seine allgemeinen kaufrechtlichen Rechte und Ansprüche nach § 437 Nr. 1 bis 3 BGB, deren Bestehen § 445a Abs. 2 BGB im Übrigen, d.h. abgesehen von dem Erfordernis einer fruchtlosen Fristsetzung, voraussetzt."

25

---

19 RegE, BT-Drucks 18/8486, S. 41.
20 RegE, BT-Drucks 18/8486, S. 41.
21 RegE, BT-Drucks 18/8486, S. 42.

III. Lieferkette

26 Nach § 445a Abs. 3 BGB – entsprechend der Altregelung des § 478 Abs. 5 BGB – finden § 445a Abs. 1 (vorstehende Rdn 18 ff.) und Abs. 2 BGB (Rdn 23 ff.) auf die Ansprüche des Lieferanten und der übrigen Käufer in der Lieferkette gegen den jeweiligen Verkäufer entsprechende Anwendung, wenn der Schuldner Unternehmer ist.

27 Die Vorgaben über den Verkäuferregress nach § 445a Abs. 1 und 2 BGB gelten damit entsprechend in der gesamten Lieferkette – sofern die Parteien des jeweils in Rede stehenden Kaufvertrags nur Unternehmer i.S.v. § 14 BGB sind. Damit will der Gesetzgeber[22] Nachteile aus der Mangelhaftigkeit einer Sache möglichst bis zu dem Unternehmer weitergeben, „in dessen Bereich der Mangel entstanden ist".

28 Die entsprechende Anwendbarkeit von § 445a Abs. 1 und 2 BGB hat zur Folge, dass auch in der Lieferkette etwaige Fristsetzungen als Voraussetzung für Rücktritt, Minderung oder Schadensersatz entbehrlich sind, wenn der jeweilige Gläubiger die mangelhafte Sache nach § 445a Abs. 2 BGB von seinem Abnehmer zurücknehmen musste. „Im Bereich des selbstständigen Regresses des Verkäufers sind die dem Abnehmer nach § 445a Abs. 1 BGB erstatteten Nacherfüllungsaufwendungen im Verhältnis des Gläubigers zum jeweiligen Lieferanten, in entsprechender Anwendung von § 445a BGB, als ersatzfähige Nacherfüllungsaufwendungen anzusehen."[23]

IV. Untersuchungs- und Rügeobliegenheit beim Handelskauf

29 § 377 HGB bleibt nach § 445a Abs. 4 BGB – entsprechend der Altregelung für den Verbrauchsgüterkauf in § 478 Abs. 6 BGB – (durch die Regelungen über den Rückgriff des Verkäufers nach § 445a BGB und die Sonderbestimmungen über den Rückgriff des Unternehmers nach § 478 BGB neu) unberührt. Damit kann eine Verletzung der ausdrücklich vorbehaltenen Untersuchungs- und Rügeobliegenheit das Entstehen der Regresskette verhindern oder diese unterbrechen.[24]

E. Verjährung von Rückgriffsansprüchen

30 § 445b BGB trifft in seinem Abs. 1 eine eigenständige Verjährungsregelung für Aufwendungsersatzansprüche (Rdn 31 f.), in Abs. 2 eine Sonderregelung zugunsten des Letztverkäufers (Rdn 33 f.) und in Abs. 3 eine Verjährungsregelung bei der Weitergabe des Regresses in der Lieferkette (Rdn 35).

---

22 Vgl. RegE, BT-Drucks 18/8486, S. 42.
23 RegE, BT-Drucks 18/8486, S. 42.
24 RegE, BT-Drucks 18/8486, S. 42.

E. Verjährung von Rückgriffsansprüchen   § 6

I. § 445b Abs. 1 BGB als eigenständige Verjährungsregelung für Aufwendungsersatzansprüche

Die in § 445a Abs. 1 BGB bestimmten Aufwendungsersatzansprüche (vorstehende Rdn 18 ff.) verjähren nach § 445b Abs. 1 BGB – entsprechend der früheren Regelung in Bezug auf den Verbrauchsgüterkauf in § 479 Abs. 1 BGB alt – in zwei Jahren ab Ablieferung der Sache. Wegen der Ausweitung des Anwendungsbereichs des Rückgriffs des Verkäufers (auch auf die Beziehung b2b) war eine Verlagerung der Regelung aus dem Recht des Verbrauchsgüterkaufs heraus (§§ 474 ff. BGB) geboten.   31

Da die Verjährung des selbstständigen Regressanspruchs des Verkäufers nach § 445a Abs. 1 BGB von der allgemeinen Verjährungsregelung des § 438 BGB nicht erfasst wird, beinhaltet § 445a BGB eine eigenständige Verjährungsregel für diese Aufwendungsersatzansprüche.[25]   32

II. § 445b Abs. 2 BGB als Sonderregelung zugunsten des Letztverkäufers

Die Verjährung der in den §§ 437 und 445a Abs. 1 BGB (vorstehende Rdn 18 ff.) bestimmten Ansprüche des Verkäufers gegen seinen Lieferanten wegen eines Mangels einer verkauften neu hergestellten Sache tritt nach § 445b Abs. 2 S. 1 BGB – entsprechend der alten Systematik nach § 479 Abs. 2 BGB a.F. – frühestens zwei Monate nach dem Zeitpunkt ein, in dem der Verkäufer die Ansprüche des Käufers erfüllt hat. Die Sonderregelung zugunsten des Letztverkäufers soll in einem zeitlich begrenzten Rahmen gewährleisten, „dass ein Verkäufer, der den Gewährleistungsansprüchen seines Käufers ausgesetzt ist, an dem Rückgriff in der Lieferkette nicht auf Grund der Verjährung seiner Ansprüche gehindert ist".[26]   33

Diese Ablaufhemmung endet – im Interesse der Rechtssicherheit für den Lieferanten – gemäß § 445b Abs. 2 S. 2 BGB spätestens fünf Jahre nach dem Zeitpunkt, in dem der Lieferant die Sache dem Verkäufer abgeliefert hat (Obergrenze).   34

III. Verjährung bei der Weitergabe des Regresses in der Lieferkette

§ 445b Abs. 1 und 2 BGB finden nach § 445b Abs. 3 BGB – entsprechend der Altregelung in § 479 Abs. 3 BGB – auf die Ansprüche des Lieferanten und der übrigen Käufer in der Lieferkette gegen den jeweiligen Käufer entsprechende Anwendung, wenn der Schuldner Unternehmer i.S.v. § 14 BGB ist.   35

---

25 RegE, BT-Drucks 18/8486, S. 42.
26 RegE, BT-Drucks 18/8486, S. 42.

F. Beschränktes Leistungsverweigerungsrecht des Unternehmers beim Verbrauchsgüterkauf (§ 475 Abs. 4 BGB)

36 Ist die eine Art der Nacherfüllung nach § 275 Abs. 1 BGB ausgeschlossen oder kann der Unternehmer diese nach § 275 Abs. 2 oder 3 oder § 439 Abs. 4 S. 1 BGB verweigern, kann er nach § 475 Abs. 4 S. 1 BGB die andere Art der Nacherfüllung nicht wegen Unverhältnismäßigkeit der Kosten nach § 439 Abs. 4 S. 1 BGB verweigern.

I. Ausschluss der Einrede der absoluten Unverhältnismäßigkeit

37 Für das Recht des Verbrauchsgüterkaufs statuiert § 475 Abs. 4 S. 1 BGB eine Sonderregelung zu § 439 Abs. 4 BGB und schließt dabei die Leistungsverweigerung des Verkäufers wegen einer „absoluten Unverhältnismäßigkeit" aus. Die Regelung erfasst auch jene Fälle, in denen beide Alternativen der Nacherfüllung nach § 437 Nr. 1 BGB gemäß § 439 Abs. 1 BGB zwar möglich sind – aber jeweils für sich genommen zu unverhältnismäßigen Kosten führen.[27]

38 § 475 Abs. 4 S. 1 BGB statuiert damit einen Ausschluss der Einrede der absoluten Unverhältnismäßigkeit – und zwar für folgende Konstellationen:

- Fälle, in denen nur noch eine Nacherfüllungsart verbleibt, weil die andere unmöglich oder relativ unverhältnismäßig ist, und
- Fälle, in denen jede Nacherfüllungsart (für sich betrachtet) unverhältnismäßig hohe Kosten verursacht.

39 § 475 Abs. 4 BGB setzt Art. 3 Abs. 2 Unterabs. 2 VerbrGKRL in der Auslegung der Entscheidung des EuGH in der Rechtssache Weber und Putz[28] um: Danach ist es ausgeschlossen, dass eine nationale gesetzliche Regelung dem Verkäufer das Recht gewährt, die einzig mögliche Art der Abhilfe wegen ihrer absoluten Unverhältnismäßigkeit zu verweigern. Der Unionsgesetzgeber wollte nach Ansicht des EuGH dem Verkäufer das Recht zur Verweigerung der Nachbesserung des mangelhaften Verbrauchsguts oder der Ersatzlieferung nur im Fall der Unmöglichkeit oder einer relativen Unverhältnismäßigkeit gewähren. Erweist sich nur eine dieser beiden Abhilfen als möglich, kann der Verkäufer die einzige Abhilfe, durch die sich der vertragsgemäße Zustand des Verbrauchsguts herstellen lässt, somit nicht verweigern – weswegen die Altregelung des § 439 Abs. 3 S. 3 2. Halbs. BGB für den Bereich des Verbrauchsgüterkaufs nicht europarechtskonform war.[29]

---

27 RegE, BT-Drucks 18/8486, S. 43.
28 C 65/09 und 87/09, NJW 2011, 2269, vorstehende Rdn 2.
29 RegE, BT-Drucks 18/8486, S. 43.

II. Ausnahme: Die einzig mögliche Art der Nacherfüllung würde aufgrund der Aus- und Einbaukosten zu unverhältnismäßigen Kosten führen

Der EuGH[30] hat in der Rn 74 seiner Entscheidung eine Ausnahme von dem nun in § 475 Abs. 4 S. 1 BGB normierten Grundsatz, dass der Unternehmer die einzig mögliche Art der Nacherfüllung nicht wegen ihrer absoluten Unverhältnismäßigkeit verweigern kann, nur für den Fall zugelassen, dass die einzig mögliche Art der Nacherfüllung aufgrund der Aus- und Einbaukosten zu unverhältnismäßigen Kosten führen würde: Art. 3 Abs. 3 VerbrGKRL schließe es nicht aus, dass der Anspruch des Verbrauchers auf Erstattung der Aus- und Einbaukosten, falls erforderlich, auf einen „angemessenen Betrag" beschränkt werde. 40

Diese Ausnahme setzt § 475 Abs. 4 S. 2 BGB für beide Arten der Nacherfüllung – nämlich für die Mangelbeseitigung wie für die Lieferung einer mangelfreien Sache – hinsichtlich aller Aufwendungen um, die zu einer Unverhältnismäßigkeit der Nacherfüllung führen können.[31] § 475 Abs. 4 S. 2 BGB verschafft dem Unternehmer (Verkäufer) ein als Einrede ausgestaltetes, **beschränktes Leistungsverweigerungsrecht**: Ist die andere Art der Nacherfüllung wegen der Höhe der Aufwendungen nach § 439 Abs. 2 oder § 439 Abs. 3 S. 1 BGB „unverhältnismäßig", kann der Unternehmer gemäß § 475 Abs. 4 S. 2 BGB den Aufwendungsersatz auf einen „angemessenen Betrag" beschränken. Das beschränkte Leistungsverweigerungsrecht umfasst die zum Zweck der Nacherfüllung erforderlichen Aufwendungen – insbesondere Transport-, Wege-, Arbeits- und Materialkosten nach § 439 Abs. 2 BGB.[32] 41

Bei der **Bemessung dieses „angemessenen Betrags"** sind nach § 475 Abs. 4 S. 3 BGB insbesondere der Wert der Sache in mangelfreiem Zustand und die Bedeutung des Mangels zu berücksichtigen. Die Regelung folgt den Vorgaben des EuGH, der entschieden hatte, dass zum einen der Wert, den die Kaufsache hätte, wenn sie mangelfrei wäre, und die Bedeutung des Mangels bei der Berechnung zu berücksichtigen sind. Der Zweck der VerbrGKRL, ein hohes Verbraucherschutzniveau zu gewährleisten, müsse – so der EuGH[33] – ebenfalls Berücksichtigung finden. Zugleich dürfe das Nacherfüllungsrecht des Verbrauchers durch die Beschränkung des Anspruchs auf Ersatz der Aus- und Einbaukosten in der Praxis nicht ausgehöhlt werden. 42

---

30 NJW 2011, 2269.
31 RegE, BT-Drucks 18/8486, S. 44.
32 RegE, BT-Drucks 18/8486, S. 44.
33 NJW 2011, 2269.

43 Nach Ansicht des Gesetzgebers[34] hat dies zur Folge, dass sich der angemessene Betrag nicht allein am Kaufpreis orientieren darf: Bei der Bedeutung des Mangels werde es regelmäßig darauf ankommen, ob der Mangel der eingebauten Sache deren Verwendungsfähigkeit beeinträchtigt oder lediglich ästhetischer Natur ist. Einem lediglich ästhetischen Mangel der Kaufsache komme zumeist eine deutlich geringere Bedeutung zu, als wenn die Kaufsache ihre bestimmungsgemäße Funktion infolge des Mangels nicht oder nur eingeschränkt erfüllen kann.

44 Bei Vorliegen eines rein ästhetischen Mangels sei es im Einzelfall auch denkbar, lediglich einen solchen Kostenbetrag als „angemessen" anzusehen, der unter dem Wert der ursprünglichen Kaufsache liegt.[35]

45 Der Gesetzgeber hat davon abgesehen, eine gesetzliche Obergrenze für den Anspruch des Käufers nach § 439 Abs. 3 S. 1 BGB zu fixieren. Dies sei nicht möglich, da die potenziellen Fälle einer Beeinträchtigung der Funktion oder Ästhetik der Kaufsache vielgestaltig seien, weswegen Aus- und Wiedereinbaukosten unterschiedlich hoch ausfallen könnten:[36] „Die Bemessung des vom Verkäufer zu ersetzenden Betrages dieser Aufwendungen muss die Rechtsprechung anhand der Umstände des jeweiligen Einzelfalls vornehmen."

III. Anwendbarkeit des § 440 S. 1 BGB auf Fälle, in denen der Verkäufer die Nacherfüllung nach § 475 Abs. 4 S. 2 BGB beschränken kann

46 § 440 S. 1 BGB ist nach § 475 Abs. 5 BGB auch in den Fällen anzuwenden, in denen der Verkäufer die Nacherfüllung gemäß § 475 Abs. 4 S. 2 BGB (vorstehende Rdn 37 ff.) beschränkt.

47 § 475 Abs. 5 BGB nimmt das neu geschaffene, beschränkte Leistungsverweigerungsrecht des Unternehmers nach § 475 Abs. 4 S. 2 BGB in die Fallgruppen auf, bei deren Vorliegen es nach § 440 S. 1 BGB einer Nachfristsetzung durch den Käufer nicht bedarf. Folglich kann der Verbraucher sogleich – d.h. anstatt einer Nacherfüllung – eine angemessene Minderung des Kaufpreises verlangen oder vom Vertrag zurücktreten, wenn sein Anspruch auf Erstattung der Aus- und Einbaukosten nach § 439 Abs. 3 S. 1 BGB (vorstehende Rdn 6 ff.) aufgrund einer Einrede des Unternehmers nach § 475 Abs. 4 S. 2 BGB auf einen „angemessenen Betrag" beschränkt ist.

48 Mit § 475 Abs. 5 BGB trägt der Gesetzgeber Art. 3 Abs. 5 letzter Gedankenstrich VerbrGKRL in der Auslegung, die die Regelung durch den EuGH[37] erfahren hat, Rechnung: Der Umstand, dass der Verbraucher die Herstellung des vertragsgemäßen Zustands

---

34 RegE, BT-Drucks 18/8486, S. 44.
35 RegE, BT-Drucks 18/8486, S. 45 unter Bezugnahme auf BGHZ 192, 148, vorstehend unter Rdn 3.
36 RegE, BT-Drucks 18/8486, S. 45.
37 NJW 2011, 2269, Rn 77.

der mangelhaften Sache nur erlangen kann, indem er einen Teil der Kosten selber trägt (worauf ein nur teilweiser Ersatz der Aus- und Einbaukosten faktisch hinausläuft), stelle für diesen eine „erhebliche Unannehmlichkeit" i.S.d. VerbrGKRL dar, die der Käufer nicht hinnehmen müsse. Vielmehr könne er anstelle der Nacherfüllung sogleich Sekundärrechte geltend machen.[38]

G. Vorschussanspruch des Verbrauchers

§ 475 Abs. 6 BGB statuiert einen Vorschussanspruch des Verbrauchers gegen den Unternehmer für Aufwendungen im Rahmen der Nacherfüllung gemäß § 439 Abs. 2 und 3 BGB: Der Verbraucher kann nach § 475 Abs. 6 BGB vom Unternehmer für Aufwendungen, die ihm im Rahmen der Nacherfüllung gemäß § 439 Abs. 2 und 3 BGB entstehen und die vom Unternehmer zu tragen sind, Vorschuss verlangen.

49

Einen entsprechenden Vorschussanspruch hatte der BGH[39] schon aus dem früher geltenden Recht hergeleitet. Der Anspruch besteht bereits vor der Durchführung von Nacherfüllungsmaßnahmen und soll den Verbraucher davor schützen, mit solchen Nacherfüllungskosten in Vorleistung treten zu müssen, die der Verkäufer zu tragen hat.[40]

50

H. Sonderregelung zu den allgemeinen Vorschriften des Rückgriffs des Verkäufers nach § 445a BGB für den Verbrauchsgüterkauf

Nach § 478 Abs. 1 BGB findet § 477 BGB in den Fällen des § 445a Abs. 1 und 2 BGB – sofern der letzte Vertrag in der Lieferkette ein Verbrauchsgüterkauf (§ 474 BGB) ist – mit der Maßgabe Anwendung, dass die Frist mit dem Übergang der Gefahr auf den Verbraucher beginnt.

51

I. Zusammenfassung

Die neue kaufrechtliche Mängelhaftung infolge der Reform des Bauvertragsrechts gewährt dem Käufer mit § 439 Abs. 3 BGB in Umsetzung der unionsrechtlichen Vorgaben nach der VerbrGKRL einen gesetzlichen Anspruch gegen den Verkäufer auf Ersatz der erforderlichen Aufwendungen für das Entfernen einer mangelhaften (Ausbau) und den

52

---

38 RegE, BT-Drucks 18/8486, S. 45.
39 Urt. v. 13.4.2011 – VIII ZR 220/10, NJW 2011, 2278 Rn 37.
40 RegE, BT-Drucks 18/8486, S. 45.

Einbau oder das Anbringen einer nachgebesserten oder gelieferten mangelfreien Sache – und zwar im Sinne einer **reinen Aufwendungsersatzlösung**.

53 Hat der Käufer die mangelhafte Sache gemäß ihrer Art und ihrem Verwendungszweck in eine andere Sache eingebaut oder an eine andere Sache angebracht, ist der Verkäufer im Rahmen der Nacherfüllung verpflichtet, dem Käufer die erforderlichen Aufwendungen für das Entfernen der mangelhaften und den Einbau oder das Anbringen der nachgebesserten oder gelieferten mangelfreien Sache zu ersetzen.

54 Der Lieferant muss also im Rahmen der Mängelgewährleistung dem Käufer die Aufwendungen ersetzen, die diesem durch den Ausbau der mangelhaften und den Einbau der mangelfreien Sache entstehen. Der Anwendungsbereich der vormals nur für den Verbrauchsgüterkauf bestehenden Rückgriffsmöglichkeit des Unternehmers gegenüber seinem Lieferanten wegen Aufwendungsersatz – die der Unternehmer im Verhältnis zu seinen Abnehmern zu tragen hat – wurde auf sämtliche Kaufverträge erweitert. Allerdings kann der Käufer nicht mehr „Aus- und Einbau" der Sache als Teil des Nacherfüllungsanspruchs nach § 437 Nr. 1 BGB selbst verlangen – sondern ist auf einen Anspruch auf Ersatz der dafür erforderlichen Aufwendungen beschränkt.

55 Die §§ 445a und b BGB gewähren ein Rückgriffsrecht für die Aus- und Einbaukosten für die gesamte Lieferkette. Beim Verbrauchsgüterkauf statuiert § 475 Abs. 4 BGB einen Ausschluss der Einrede der absoluten Unverhältnismäßigkeit.

Stichwortverzeichnis

fette Zahlen = Paragrafen, magere Zahlen = Randnummern

Abdingbarkeit **3** 178 ff.
- halbzwingendes Recht **3** 180 ff.
- Umgehungsverbot **3** 182

Abschlagszahlungen **3** 119 ff.
- Abdingbarkeit **3** 122
- Begrenzung **3** 128 ff.
- Berechnung **3** 126
- Mängel **3** 127
- Pauschalierung des Anspruchs **3** 125
- Recht des Unternehmers **3** 123 ff.

Angebot über Mehr- oder Mindervergütung **2** 52, 56

Angebotserstellung **2** 61

Anordnungsrecht des Bestellers **2** 32 ff., 78 ff.
- Befolgungspflicht **2** 88
- Konsensprinzip **2** 35
- Textformerfordernis **2** 89 ff.
- Willenserklärung **2** 86

Architekten- und Ingenieursvertrag **4** 1 ff.
- anwendbare Vorschriften **4** 47 f.
- Anordnungsrecht des Bestellers **4** 47
- Bauhandwerkersicherung **4** 47
- Konkretisierung der Vertragspflichten **4** 48
- Leistungsverweigerungsrecht **4** 48
- Schriftformerfordernis **4** 47
- Sicherungshypothek **4** 47
- Teilabnahme **4** 48
- Vergütungsanpassung **4** 47
- Vertragsänderung **4** 47
- Zustandsfeststellung **4** 47
- Außenanlagen **4** 24
- Bauwerke **4** 23
- Formfreiheit **4** 14
- Hauptpflichten **4** 6 ff.
- Kosteneinschätzung **4** 32 ff.
- Pflichtverletzung **4** 33 f.
- Leistungs- und Umsetzungsphase **4** 10
- Leistungspflichten **4** 15 ff.
- Leistungserfolg **4** 16
- Leistungsumfang **4** 16
- Planungserfolg **4** 17
- Planungsziele **4** 15
- Überwachungsziele **4** 15
- Umfang der Einzelleistungen **4** 19
- Planungsgrundlage **4** 27
- Vergütungsanpassung **4** 49 ff.
- Auffangtatbestand **4** 55

- dreistufiges Feststellungsprocedere **4** 49 ff.
- freie Vereinbarkeit **4** 54
- Vergütungsanspruch **4** 39 ff.
- Vorhaben **4** 9
- Werkvertrag **4** 2 ff.
- Zielfindungsphase **4** 10, 27 ff.
- Zustimmung des Bestellers **4** 42 ff.
- Obliegenheit **4** 44

Außenanlage **2** 16 f.
- Definition **2** 16

Baubeschreibung **3** 36 ff.
- Abdingbarkeit **3** 38
- Inhalt **3** 47 ff.
- Bauzeit **3** 52
- Dauer der Baumaßnahme **3** 53
- informatorischer Mindestinhalt **3** 49 f.
- Schadensersatz **3** 56
- wesentliche Eigenschaften **3** 48
- Rechtzeitigkeit **3** 46
- Textformerfordernis **3** 45
- vertragliche Informationspflicht **3** 37 ff.

Bauglieder **2** 15

Bauhandwerkersicherung **2** 181 ff.
- Anwendungsausschluss **2** 213 ff.
- Aufrechnung **2** 197
- Häuslebauer-Privileg **2** 183
- Kostenerstattungsanspruch **2** 202 f.
- Nichterfüllung **2** 205 ff.
- Kündigungsrecht **2** 208 ff.
- Leistungverweigerungsrecht **2** 207
- Sicherheitsleistung **2** 189 f.
- Sicherungsmittel **2** 199 ff.
- Unabdingbarkeit **2** 219
- Unbeachtlichkeit der Einredebehaftetheit **2** 196
- Verlangen des Unternehmers **2** 193
- Voraussetzungen **2** 186 ff.
- Wahlrecht **2** 203
- Widerrufsvorbehalt **2** 198

Bauteile **2** 15

Bauträgervertrag **5** 1 ff.
- Abschlagszahlungen **5** 31 ff.
- Abdingbarkeit **5** 33
- Ausnahme **5** 43
- Makler- und Bauträgerverordnung **5** 39 ff.
- Verordnung über Abschlagszahlungen **5** 35 ff.

221

Stichwortverzeichnis

- anwendbare Vorschriften **5** 13 ff.
  - Anordnungsrecht des Bestellers **5** 25
  - Baubeschreibung **5** 27
  - Bauhandwerkersicherung **5** 26
  - freie Kündigung **5** 20 f.
  - Kaufvertragsrecht **5** 18
  - Kündigung aus wichtigem Grund **5** 22 ff.
  - Obergrenze für Abschlagszahlungen **5** 29
  - Regel-Ausnahme-Prinzip **5** 16 f.
  - Werkvertragsrecht **5** 19 ff.
  - Widerrufsrecht **5** 28
- Definition **5** 6 ff.
- Grundstücksverschaffungspflicht **5** 7
- Herstellungverpflichtung **5** 7
- Rechtsfolgen **5** 10 ff.
Bauvertrag **2** 4 ff.
- Bauvertragsbegriff **2** 5
- Legaldefiniftion **2** 5
Bauvertragsrecht **2** 1
Bauwerk **2** 11 ff.
- Beseitung **2** 22
- Definition **2** 12
- Herstellung **2** 20
- Instandhaltung **2** 25 ff.
  - Begriff **2** 29
  - Definition **2** 27
- Umbau **2** 23
- Wiederherstellung **2** 21
Bauwerksleistung **2** 6
Bedenkenanzeige **2** 50
Beweislastverteilung **2** 73 f.

Dokumentation **3** 158 ff.
- Abdingbarkeit **3** 161
- Anspruch **3** 160
- Ausführungsunterlagen **3** 169 ff.
- Baudokumentation **3** 166 f.
- Beschaffungspflicht **3** 164
- Herausgabepflicht **3** 164
- Herstellungspflicht **3** 164
- Rechtzeitigkeit **3** 164
- Unterlagen für Dritte **3** 173 ff.
  - berechtigte Erwartungen **3** 175

Einstweilige Verfügung **2** 152 ff.
- Antrag des Bestellers **2** 162
- Antrag des Unternehmers **2** 163
- Glaubhaftmachung Verfügungsanspruch **2** 160
- Verfügungsgrund
  - erhöhte Anforderungen **2** 165
  - gesetzliche Vermutung **2** 156 ff.

Einvernehmliche Lösung **2** 37 ff.
- Einvernehmen **2** 37, 45 ff.
- Werkserfolg **2** 37

Gesamtschuldnerische Haftung **4** 101 ff.
- Abdingbarkeit **4** 105
- Planungsmängel **4** 110
- Überwachungsfehler **4** 110
Gesetzgeberische Intention **1** 9

Hochbauten **2** 12

Kaufrechtliche Mängelgewährleistung **6** 1 ff.
- Anwendungsbereich **6** 9 ff.
- Aufwendungsersatz **6** 6
- Konsequenzen im Werkvertrag **6** 7 f.
- Leistungsverweigerungsrecht **6** 36 ff.
  - angemessener Betrag **6** 42
  - Ausnahme **6** 40 ff.
  - beschränkte Nacherfüllung **6** 46 ff.
  - beschränktes Leistungsverweigerungsrecht **6** 41
  - Einrede der absoluten Unverhältnismäßigkeit **6** 37 ff.
- Nacherfüllung **6** 2 ff.
- richtlinienkonforme Rechtsfortbildung **6** 5
- Rückgriffsansprüche des Verkäufers **6** 16 ff.
  - Aufwendungsersatz **6** 18
  - Entbehrlichkeit der Fristsetzung **6** 23 ff.
  - gegen Lieferanten **6** 18 ff.
  - Lieferkette **6** 26 ff.
  - selbständiger Regressanspruch **6** 21
  - Untersuchungs- und Rügeobliegenheit **6** 29
- Sonderregelung für Verbrauchsgüterkauf **6** 51
- Verjährung **6** 30 ff.
  - eigenständige Regelung **6** 31 f.
  - Letztverkäufer **6** 33 f.
  - Lieferkette **6** 35
  - Voraussetzungen **6** 12 ff.
  - Einbau der Sache **6** 12
  - guter Glauben **6** 13 f.
  - Zeitpunkt **6** 15
- Vorschussanspruch **6** 49 f.
- Zusammenfassung **6** 52 ff.
  - reine Aufwendungsersatzlösung **6** 52
Kündigung
- Arten **2** 269 f.
- Schriftform **2** 260 ff.

Mehr- oder Mindervergütung
- Abschlagszahlungen **2** 137 ff.
- 80%-Regelung **2** 141 ff.

Stichwortverzeichnis

- Fälligkeit **2** 146
- Rechtschutz des Bestellers **2** 143
- Rückgewähranspruch **2** 148
- Zinspflicht **2** 148
- alternativer Berechnungsmaßstab **2** 122 ff.
- angemessene Zuschläge **2** 111 ff.
- aufwandsbezogener Vergütungsanspruch **2** 106
- Berechnungmodell **2** 101
- Berechnungsmaßstab **2** 103 ff.
- hypothetische Kosten **2** 109
- Ist-Kosten **2** 109
- tatsächliche Kosten **2** 109
- Unternehmerwahlrecht **2** 134
- Urkalkulation
  - Aufschlüsselung **2** 131 f.
  - Begriff **2** 125
  - Vermutung der Angemesenheit **2** 126 ff.
- vorkalkulatorische Preisfortschreibung **2** 122

Nachtragsangebot **2** 60

Planungsverantwortung **2** 76 f.
Privilegierung der VOB/B **1** 2

Reform des Bauvertragsrechts **1** 3 ff.

Sachmängelhaftung **1** 11
Sicherheitsleistung **3** 136 ff.
- Abdingbarkeit **3** 145
- Abschlagszahlung **3** 141
- Arten **3** 147 f.
- Einbehalt **3** 140, 143
- Kumulation **3** 144
- Leistungserfüllungssicherheit **3** 139
- Unwirksamkeit **3** 153
- Verbraucherprivileg **3** 150 ff.
- Vertragserfüllungssicherheit **3** 138
- Vorleistungsrisiko **3** 156
Sicherungshypothek **2** 169 ff.
- Abdingbarkeit **2** 180
- Architektenverträge **2** 176
- Erfüllung **2** 178 f.
- fehlende Verwendung **2** 177
- Ingenieurverträge **2** 176
Sonderkündigungsrecht **4** 57 ff.
- b2b-Verträge **4** 64
- des Bestellers **4** 65 ff.
  - Erlöschen **4** 70 ff.
  - Fristberechnung **4** 76
  - Grenze **4** 66
  - Voraussetzungen **4** 65 ff.
- des Unternehmers **4** 79 ff.
  - Änderungsvorbehalt **4** 83

- Angemessenheit der Frist **4** 80
- Zustimmungsfrist **4** 79
- Rechtsfolgen **4** 85 ff.
- Vergütung **4** 86 f.

Teilabnahme **4** 88 ff.
- Abdingbarkeit **4** 91
- Abnahmefiktion **4** 98
- Abnahmevorbehalt **4** 97
- vertraglich **4** 100
- Voraussetzungen **4** 96
Teilarbeiten **2** 18
Tiefbauten **2** 12

Verbraucherbauvertrag **3** 1 ff.
- Baubeschreibung **3** 62 ff.
- Auslegung **3** 69 ff.
- Beweislastumkehr **3** 66
- Kündigungsrecht **3** 79 ff.
- Leistungszeit **3** 75 f.
- Rechtsfolgen **3** 67 ff., 77 ff.
- Schadensersatz **3** 77 f.
- Teilleistung **3** 81 ff.
- Unklarheitenregelung **3** 74
- Definition **3** 4 ff.
- erhebliche Umbaumaßnahme **3** 16 ff.
  - Definition **3** 18
  - Generalunternehmer **3** 19 ff.
  - Inhalt **3** 58 ff.
  - Abdingbarkeit **3** 60
  - Neubau **3** 12 ff.
- nicht-privilegierte Bauverträge **3** 25
- Textformerfordernis **3** 26 ff.
  - Heilung **3** 32 f.
- Unternehmer **3** 11
- Verbraucher **3** 7 ff.
- Außen-GbR **3** 8 f.
- Wohnungseigentümergemeinschaft **3** 10
Vergütungsanpassung **2** 98 ff.
Vertragsänderung **2** 32 ff.
- Verfahrenablauf **2** 36
- Zusammenfassung **2** 97
Vorschriften, ergänzend **2** 24

Widerrufsbelehrung
- Anforderungen **3** 105
- Deutlichkeitsgebot **3** 107
- fehlerhaft **3** 117 f.
- Inhalt **3** 108 ff.
- Muster **3** 111 ff.
- Pflicht **3** 103 ff.

223

Stichwortverzeichnis

Widerrufsrecht **3** 82 ff.
- Abdingbarkeit **3** 84
- Frist **3** 94 ff.
- notarielle Beurkundung **3** 89 ff.
- Rückgewährschuldverhältnis **3** 99
  - Sachmangel **3** 100

Zumutbarkeit
- Beispiele **2** 64
- Interessenabwägung **2** 66

Zumutbarkeit der Änderung **2** 52 ff.
Zumutbarkeitskriterium **2** 54
Zustandsfeststellung **2** 220 ff.
- Beweislastumkehr **2** 247
- Dokumentationsfunktion **2** 232
- doppelte Vermutungswirkung **2** 246
- einseitig **2** 237 ff.
- Fälligkeit der Vergütung **2** 253 f.
- formelle Anforderungen **2** 235
- konkretisierte Abnahmeverweigerung **2** 229
- Obliegenheit des Bestellers **2** 230
- Risikoeinschränkung **2** 246
- sachlicher Anwendungsbereich **2** 223
- Schlussrechnung **2** 255
  - Prüffähigkeit **2** 156 ff.
- Vermutungswirkung **2** 244 ff.